プリント形式のリアル過去問で本番の臨場感！

神奈川県

栄光学園中学校

2025年春受験用

解答集

本書は，実物をなるべくそのままに，プリント形式で年度ごとに収録しています。
問題用紙を教科別に分けて使うことができるので，本番さながらの演習ができます。

■ 収録内容

・解答集（この冊子です）

書籍ＩＤ番号，この問題集の使い方，最新年度実物データ，リアル過去問の活用，
解答例と解説，ご使用にあたってのお願い・ご注意，お問い合わせ

・2024（令和６）年度 ～ 2020（令和２）年度　学力検査問題

○は収録あり	年度	'24	'23	'22	'21	'20
■ 問題収録		○	○	○	○	○
■ 解答用紙		○	○	○	○	○
■ 配点						

全教科に解説があります

注）国語問題文非掲載：2024年度の【一】，2023年度の【二】，2022年度の【二】，2020年度の【二】

問題文の非掲載につきまして

著作権上の都合により，本書に収録している過去入試問題の本文の一部を掲載しておりません。ご不便をおかけし，誠に申し訳ございません。

本文の一部を掲載できなかったことによる国語の演習不足を補うため，論説文および小説文の演習問題のダウンロード付録があります。弊社ウェブサイトから書籍ＩＤ番号を入力してご利用ください。

なお，問題の量，形式，難易度などの傾向が，実際の入試問題と一致しない場合があります。

教英出版

■　書籍ＩＤ番号

入試に役立つダウンロード付録や学校情報などを随時更新して掲載しています。
教英出版ウェブサイトの「ご購入者様のページ」画面で，書籍ＩＤ番号を入力してご利用ください。

（有効期限：2025年9月30日まで）

【入試に役立つダウンロード付録】
「要点のまとめ（国語／算数）」
「課題作文演習」ほか

■　この問題集の使い方

年度ごとにプリント形式で収録しています。針を外して教科ごとに分けて使用します。①片側，②中央のどちらかでとじてありますので，下図を参考に，問題用紙と解答用紙に分けて準備をしましょう（解答用紙がない場合もあります）。

針を外すときは，けがをしないように十分注意してください。また，針を外すと紛失しやすくなりますので気をつけましょう。

①　片側でとじてあるもの

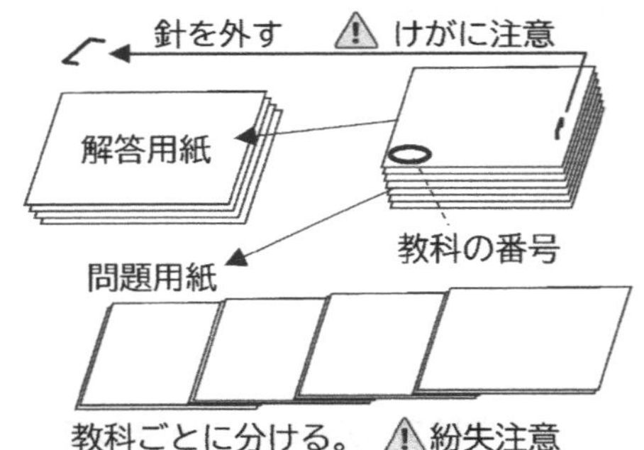

②　中央でとじてあるもの

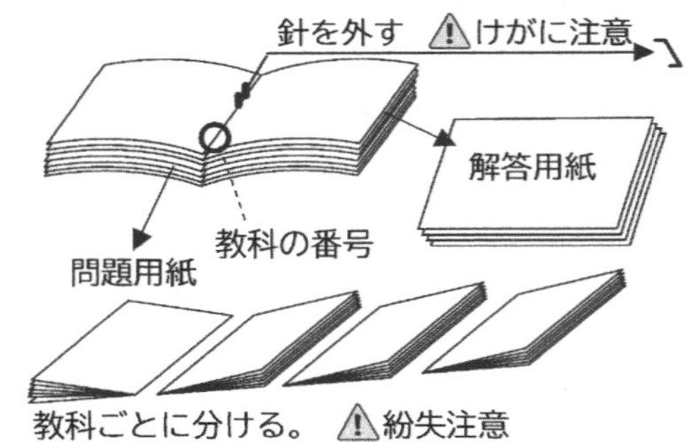

※教科数が上図と異なる場合があります。
　解答用紙がない場合や，問題と一体になっている場合があります。
　教科の番号は，教科ごとに分けるときの参考にしてください。

■　最新年度　実物データ

実物をなるべくそのままに編集していますが，収録の都合上，実際の試験問題とは異なる場合があります。実物のサイズ，様式は右表で確認してください。

問題用紙	Ａ４冊子(二つ折り) 国：Ｂ５冊子(二つ折り)
解答用紙	国(Ｂ４)／理・社(Ａ３)：片面プリント 算：Ａ４両面プリント

リアル過去問の活用

～リアル過去問なら入試本番で力を発揮することができる～

✿本番を体験しよう！

問題用紙の形式（縦向き／横向き），問題の配置や余白など，実物に近い紙面構成なので本番の臨場感が味わえます。まずはパラパラとめくって眺めてみてください。「これが志望校の入試問題なんだ！」と思えば入試に向けて気持ちが高まることでしょう。

✿入試を知ろう！

同じ教科の過去数年分の問題紙面を並べて，見比べてみましょう。

①　問題の量

毎年同じ大問数か，年によって違うのか，また全体の問題量はどのくらいか知っておきましょう。どのくらいのスピードで解けば時間内に終わるのか，大問ひとつにかけられる時間を計算してみましょう。

②　出題分野

よく出題されている分野とそうでない分野を見つけましょう。同じような問題が過去にも出題されていることに気がつくはずです。

③　出題順序

得意な分野が毎年同じ大問番号で出題されていると分かれば，本番で取りこぼさないように先回りして解答することができるでしょう。

④　解答方法

記述式か選択式か（マークシートか），見ておきましょう。記述式なら，単位まで書く必要があるかどうか，文字数はどのくらいかなど，細かいところまでチェックしておきましょう。計算過程を書く必要があるかどうかも重要です。

⑤　問題の難易度

必ず正解したい基本問題，条件や指示の読み間違いといったケアレスミスに気をつけたい問題，後回しにしたほうがいい問題などをチェックしておきましょう。

✿問題を解こう！

志望校の入試傾向をつかんだら，問題を何度も解いていきましょう。ほかにも問題文の独特な言いまわしや，その学校独自の答え方を発見できることもあるでしょう。オリンピックや環境問題など，話題になった出来事を毎年出題する学校だと分かれば，日頃のニュースの見かたも変わってきます。

こうして志望校の入試傾向を知り対策を立てることこそが，過去問を解く最大の理由なのです。

✿実力を知ろう！

過去問を解くにあたって，得点はそれほど重要ではありません。大切なのは，志望校の過去問演習を通して，苦手な教科，苦手な分野を知ることです。苦手な教科，分野が分かったら，教科書や参考書に戻って重点的に学習する時間をつくりましょう。今の自分の実力を知れば，入試本番までの勉強の道すじが見えてきます。

✿試験に慣れよう！

入試では時間配分も重要です。本番で時間が足りなくなってあわてないように，リアル過去問で実戦演習をして，時間配分や出題パターンに慣れておきましょう。教科ごとに気持ちを切り替える練習もしておきましょう。

✿心を整えよう！

入試は誰でも緊張するものです。入試前日になったら，演習をやり尽くしたリアル過去問の表紙を眺めてみましょう。問題の内容を見る必要はもうありません。どんな形式だったかな？受験番号や氏名はどこに書くのかな？…ほんの少し見ておくだけでも，志望校の入試に向けて心の準備が整うことでしょう。

そして入試本番では，見慣れた問題紙面が緊張した心を落ち着かせてくれるはずです。

※まれに入試形式を変更する学校もありますが，条件はほかの受験生も同じです。心を整えてあせらずに問題に取りかかりましょう。

2024 解答例 令和6年度　栄光学園中学校

《国　語》

【一】問一．エ　問二．ア　問三．客観的に語ることなどできない、体感を通じて伝えるしかないもの。
問四．おそらく客　問五．自分の思いや感覚を他者の価値観と比べ、自分が率直に感じたことを否定してまで、客観性について悩みながら生きること。

【二】問一．カンナが引っ越す前になんとか会いたいと思っているが、家を知らない上に、いそがしくしているだろうと思うと会いにも行けず、つらく、やるせなくなっている。　問二．見栄をはり、店の休業をカンナに伝えていなかったが、知られてしまったから。　問三．キッチンに立つ父を見て、毎日店に来て父とすごしていたことを思い出し、もしかするとそんな日常は二度ともどってこないかもしれないと思い、悲しくなったから。
問四．貧しい暮らしから脱出し、祖父のもとでふつうの暮らしができるのが楽しみだと話しても、自分の気持ちはアオイにはわからないだろうと言った　問五．ウ

【三】1．障害　2．土俵　3．俳優　4．調停　5．旅費　6．復興　7．欲望　8．裏　9．縮　10．拾

《算　数》

1　(1)(ア)384　(イ)1536　(2)1，3，5，6，4，2　(3)5　(4)26　(5)217

2　(1)$2\frac{2}{3}$　(2)22分30秒後　(3)12分45秒後　※(4)$5\frac{1}{3}$，8

3　(1)(ア)45　(イ)1157　(2)(ア)32　(イ)1326
(3)(ア)4，6，8，9　(イ)右表

一の位	0	1	2	3	4
個数	個	個	個	個	1 個
一の位	5	6	7	8	9
個数	個	6 個	個	22 個	10 個

4　(1)$2\frac{2}{3}$　(2)(ア)4　(イ)$1\frac{1}{3}$
(3)(ア)三角形が4面，四角形が1面　(イ)2

※の求め方は解説を参照してください。

《理　科》

問1．ア，エ，カ　問2．プラ…10.9　素焼き…4.8　問3．プラ…14.2　素焼き…12.2　問4．ウ
問5．(1)プラ…25　素焼き…51　(2)プラ…192　素焼き…400　(3)プラ…19　素焼き…39　問6．オ
問7．方法…同じ素焼き鉢を2個用意し，一方の素焼き鉢の側面をラップでおおう。それぞれの鉢について，鉢だけの重さをはかった後，乾いた土800gとたっぷりの水を入れ，鉢底の穴から水が流れ出なくなったら，鉢の重さをはかる。昼間は日なたに鉢を置き，ときどき重さをはかる。　予想…側面をラップでおおった鉢の方が，同じ期間での重さの減少が小さい。　問8．予想…ア　理由…ピーマンが根から水を吸収し，その水が水蒸気となって葉から出ていくから。　問9．土の温度が上がりやすく，水を逃がしにくい。　問10．記号…エ　時刻…14
問11．次ページ図　問12．次ページ図　問13．次ページ図　問14．イ

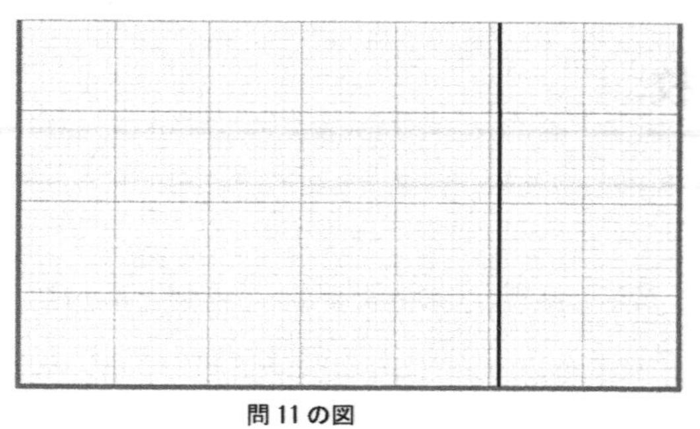
問 11 の図

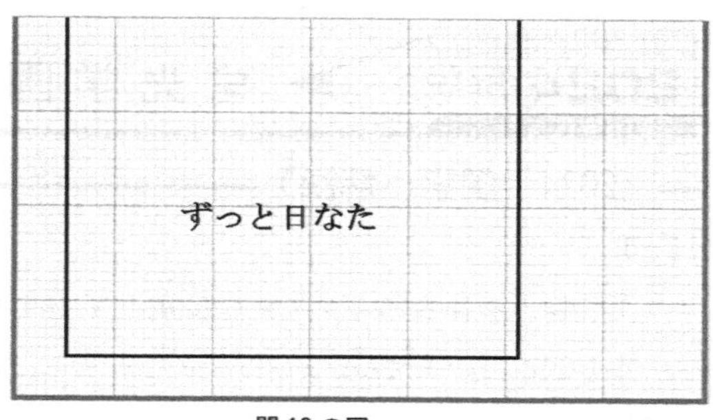

問 12 の図

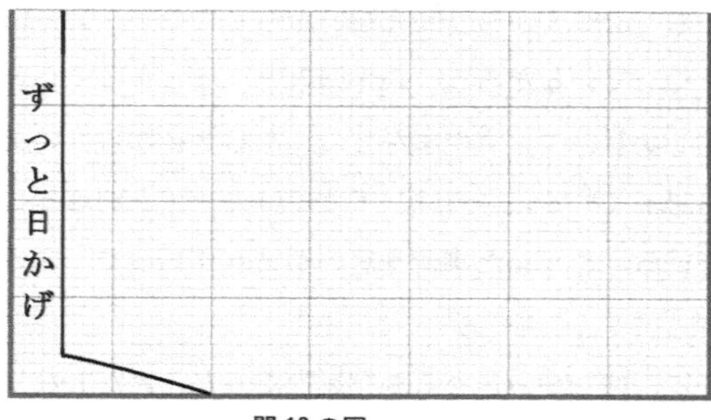

問 13 の図

《社　会》

1 問1．エ　問2．銅鐸　問3．布

2 問1．B．宋　C．明　問2．イ　問3．ア　問4．エ　問5．小さくて持ち運びやすいから。／長期間保存でき，貯蔵しやすいから。／多くの人やモノが集まるなかで，媒介として効率的に取り引きできるから。などから2つ

3 問1．エ　問2．(1)石見銀山…ウ　佐渡金山…ア　(2)川に堆積した土砂の中から砂金を見つけ出していた。
問3．家来への恩賞。

4 問1．重さを量って価値を決めていた。　問2．宿場町　問3．ウ　問4．ア　問5．イ　問6．錦絵

5 問1．地租改正　問2．国名…中国　通貨単位…元　問3．偽造される可能性が高くなる。
問4．アルミニウム　問5．金と比べて…希少性が低く，入手しやすい点。　鉄と比べて…さびにくいのに加え，やわらかくて加工がしやすい点。

6 問1．朝廷によって貨幣が造られた飛鳥時代から奈良時代には，主に都やその周辺で使われた。平安時代の終わりごろには中国銭が輸入されて貿易港周辺で使われるようになり，鎌倉時代になると地方でも使われはじめ，室町時代には港や市で広く使われるようになった。戦国時代には戦国大名が貨幣の製造や管理をして各領地で使われ，江戸時代になると，幕府が全国共通の貨幣を流通させるようになったことから，農村でも使われるようになった。
問2．朝廷や幕府，政府などが貨幣を発行・管理することで，原料である金属そのものの価値から，貨幣として保証された価値を持つようになった。全国共通の貨幣や，信用をもとに紙に価値を持たせた紙幣も発行するようになり，利便性も向上させた。

《2024 国語 解説》

【一】

著作権上の都合により文章を掲載しておりませんので、解説も掲載しておりません。ご不便をおかけし、誠に申し訳ございません。

【二】

問一 1～3行前に「カンナの引っこしは、明日だ……。もしかして、もう会えないかもしれない。会いにいきたいけれど、家を知らない。それに、きっと準備でいそがしくしているだろう、いきいきと、はりきって」とある。アオイは、カンナが引っこす前に会いたいと思っている。しかし、カンナの家がどこにあるかを知らない上に、引っこしの準備でいそがしいだろうから会えないだろうとも思っている。さらに、アオイはカンナと別れることをさみしく思っているが、カンナは引っこすのを楽しみにしている。こうした事情や思いがまざりあって、アオイはつらく、やるせない思いをいだいている。

問二 次の行に「この前会ったとき、もう休業していたのに、休むかも、としか言えなかった。わたしなりに見栄をはっていたのだ」とある。店が休業していることをカンナに知られたことで、気まずくなっているのである。

問三 直後に「毎日、下校時にここにきて、お父さんとふたりですごした時間が、急によみがえってきた。ああ、もう～気持ちが暗いほうへ、暗いほうへと引きずられていく」とある。ここより前で、「お父さん」が「おたがいに、まっさらな気持ちで再出発だね」と言ったのに対して、アオイは「再出発できるの？」と言っている。この部分から、アオイは、「お父さん」の店が再開できるかどうかわからないと思っていることが読み取れる。アオイは、キッチンに立つ「お父さん」を見たことで、店が休業する前のことを思い出し、あのような日常はもどってこないかもしれないと思い、悲しくなっている。

問四 アオイからの「とげのある反応」とは、2行前の「ふうん。そんなふうに、わたしのことを思ってたんだ」という言葉を指している。これは、カンナが「こんな気持ち、アオイにはわかんないよね」と言ったことに対する反応である。

問五 カンナはアオイに対して、「あたし、明日の朝、九時には出発しちゃうんだ。それで、アオイにだけは会っておきたくて」と言っており、わざわざアオイに会うために「お父さん」の店にやって来たことがわかる。こうした行動から考えると、傍線部④の少し前までは、カンナはアオイとの気持ちの隔たりを感じていない。そして、カレーについても、気持ちよくごちそうしてもらうつもりでいたはずである。しかし、傍線部④の直前にあるやりとりを経て、カンナはアオイとの環境の違いを実感し、気持ちに隔たりが生じた。このようなカンナの変化は、「ふっとカンナの顔つきが変わった～近寄りがたい雰囲気」という部分や、「やっぱり、アオイにわかるわけがないんだよ」「だってアオイは、あたしから見たらとってもめぐまれてるもん」という言葉から読み取れる。その結果、「タダで食べるのは気をつかうから」とあるように、一方的にごちそうされるわけにはいかないという気持ちになったのである。よって、ウが適する。

―《2024　算数　解説》

1　(1)(ア)　右図のようになるから，4段目の数は**384**になる。

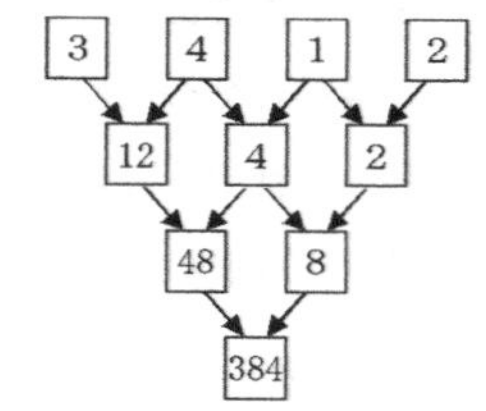

(イ)　1段目で両端(りょうたん)に並べた数よりも，真ん中の2つに並べた数の方が，下の段にいくほどかけあわされる回数が増えていく。全体が左右対称だから，両端の2つの数がかけあわされる回数は同じであり，真ん中の2つの数がかけあわされる回数も同じである。よって，1段目に3，2，4，1と並べたときの4段目の数は，問題の図の場合と同じく，**1536**になる。

(2)　**【解き方】1段目の数は，A．両端の数，B．両端から1つ内側の数，C．両端から2つ内側の数，の3種類に分けることができる。6段目の数は1段目の数をいくつかかけあわせた式で表すことができるが，その中にA，B，Cがそれぞれ何個ずつふくまれるかを調べていく。**

2つあるAの数のうち1つについて考えると，図の端(はし)にそうように1回ずつかけられていくので，6段目の数に1個だけふくまれる。

2つあるBの数のうちの1つについて，各段でその数がかけられていく回数を調べると，右の図Iのようになる(左上の回数と右上の回数を足していく)。したがって，6段目の数に5個ふくまれる。

同様に，2つあるCの数のうちの1つについて，図IIのようになるから，6段目の数に10個ふくまれる。

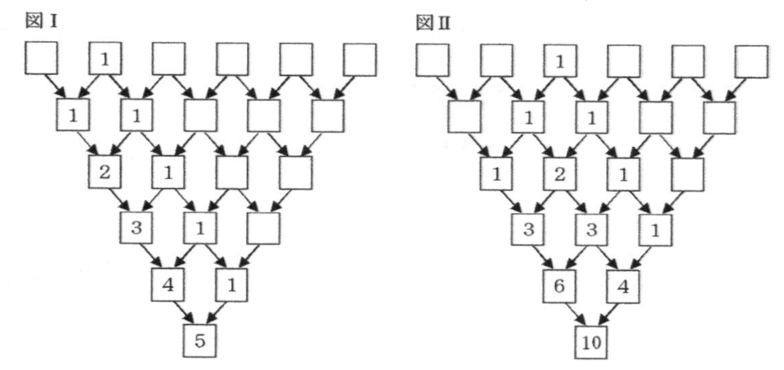

よって，6段目の数が最も大きくなるのは，**Aが1と2，Bが3と4，Cが5と6**のときである。

(3)　1段目の数で5以外に素因数に5をふくむ数はない。(2)より，5がBの位置にあるので，6段目の数に5は5個ふくまれる。よって，6段目の数は5で最大**5**回割り切れる。

(4)　**【解き方】1段目の数において，素数の積で表したときに2をふくむ個数は，2が1個，4が2個，6が1個である。(2)をふまえる。**

2はBの位置にあるから，6段目の数に5個ふくまれる。4はCの位置にあるから，6段目の数に10個ふくまれる。6はAの位置にあるから，6段目の数に1個ふくまれる。

よって，6段目の数は2で最大，1×5＋2×10＋1×1＝**26**(回)割り切れる。

(5) **【解き方】１段目の数において，素数の積で表したときに２をふくむ個数は，２が１個，４が２個，６が１個，８が３個である。したがって，４と８を両端から３つ内側に，２と６を両端から２つ内側におけばよい。**

両端から２つ内側にある数と両端から３つ内側にある数それぞれについて，８段目の数にふくまれる個数を調べると，それぞれ図Ⅲ，図Ⅳのようになる。よって，８段目の数は２で最大，$1\times21+1\times21+2\times35+3\times35=$ **217(回)**割り切れる。

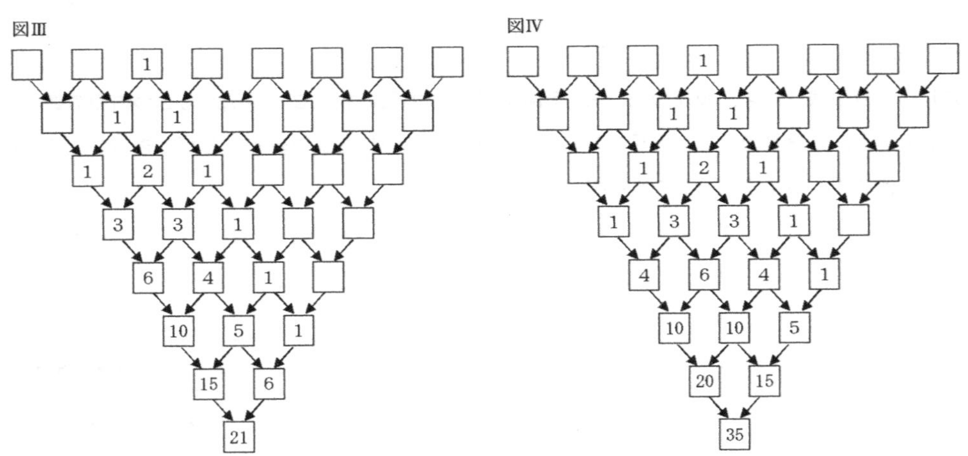

2 (1) 『始めの状態』からＡ，Ｃを同時に開けると，７分30秒後＝$7\frac{1}{2}$分後＝$\frac{15}{2}$分後に水が20Ｌになって Ｂが開く。したがって，ＡとＣを合わせると，$(60-20)\div\frac{15}{2}=\frac{16}{3}$より，毎分$\frac{16}{3}$Ｌの割合で排水される。

さらに７分30秒後＝$\frac{15}{2}$分後に水が０Ｌになるので，ＡとＢとＣを合わせると，$20\div\frac{15}{2}=\frac{8}{3}$より，毎分$\frac{8}{3}$Ｌの割合で排水される。よって，Ｂが１分間に給水する量は，$\frac{16}{3}-\frac{8}{3}=\frac{8}{3}=$ **$2\frac{2}{3}$(Ｌ)**

(2) 『始めの状態』からＡ，Ｂ，Ｃを同時に開けると，装置①～④のいずれも作動せず，水がなくなるまで毎分$\frac{8}{3}$Ｌの割合で排水されていく。よって，$60\div\frac{8}{3}=\frac{45}{2}=22\frac{1}{2}$(分後)→**22分30秒後**に水槽が空になる。

(3) 『始めの状態』からＢ，Ｄを同時に開けると，先にＤが閉まり，その後Ｂが閉まるので，水の量は，60Ｌ→40Ｌ→70Ｌ，と変化する。Ｂだけで水を70－40＝30(Ｌ)ためるのにかかる時間は，$30\div\frac{8}{3}=\frac{45}{4}$(分)だから，Ｂ，Ｄがともに開いていた時間は，$15-\frac{45}{4}=\frac{15}{4}$(分)である。したがって，ＢとＤを合わせると，$(60-40)\div\frac{15}{4}=\frac{16}{3}$より，毎分$\frac{16}{3}$Ｌの割合で排水される。これより，Ｄが１分間に排水する量は，$\frac{8}{3}+\frac{16}{3}=8$(Ｌ)である。

『始めの状態』からＡ，Ｃ，Ｄを同時に開けると，まず40Ｌになるまで排水され，このときＤが閉まる。ＡとＣとＤを合わせると，$\frac{16}{3}+8=\frac{40}{3}$より，毎分$\frac{40}{3}$Ｌの割合で排水されるから，$(60-40)\div\frac{40}{3}=\frac{3}{2}$(分後)にＤが閉まる。

この後は毎分$\frac{16}{3}$Ｌの割合で水が20Ｌになるまで排水され，このときＢが開く。Ｂが開くのはＤが閉まってから，$(40-20)\div\frac{16}{3}=\frac{15}{4}$(分後)である。

この後は毎分$\frac{8}{3}$Ｌの割合で水がなくなるまで排水されるので，さらに$20\div\frac{8}{3}=\frac{15}{2}$(分後)に水槽が空になる。

よって，求める時間は，$\frac{3}{2}+\frac{15}{4}+\frac{15}{2}=12\frac{3}{4}$(分後)→**12分45秒後**

(4) **【解き方】装置②が壊れていない場合と壊れている場合で分けて考える。**

装置②が壊れていない場合，まず水がたまっていき，70Ｌになったときに Ｂが閉まる。その後も水がたまっていき，80Ｌになったときに Ｄが開く。これでＡとＤだけが開いている状態となり，この後水槽がいっぱいになることはないのだから，Ａが１分間に給水する量は，Ｄが１分間に排水する量の８Ｌ以下である。

装置②が壊れている場合，Bが閉まらないので，水が80Lになったときに A，B，Dが開いている状態になる。
この後水槽がいっぱいになるので，AとBが1分間に給水する量は，Dが1分間に排水する量の8Lより多い。
したがって，Aが1分間に給水する量は，$8-2\frac{2}{3}=5\frac{1}{3}$(L)より多い。
よって，Aが1分間に給水する量は，**$5\frac{1}{3}$Lより多く8L以下**である。

3　以下の解説では，各位のうちまだ数がはっきりしていない位を□で表す。例えば，12□は，百の位が1，十の位が2で一の位がまだはっきりしていない数を表す。

(1)(ア)　**【解き方】3桁の『足し算の数』は，百の位と十の位の和が1以上9以下になる。百の位で場合分けをして考える。**

1□□の『足し算の数』は，十の位が0～8の9通りある。2□□の『足し算の数』は，十の位が0～7の8通りある。このように考えていくと，3□□は7通り，4□□は6通り，……，9□□は1通り，となる。
よって，全部で，9＋8＋7＋……＋1＝**45**(個)

(イ)　**【解き方】4桁の『足し算の数』のうち，小さい方から60－45＝15(番目)の数を求める。**

10□□の『足し算の数』は，十の位が0～8の9通りある。11□□の『足し算の数』は，十の位が0～7の8通りある。よって，11□□で最大の『足し算の数』1179よりも，9＋8－15＝2(番)前の数を求めればよいので，求める数は，**1157**である。

(2)(ア)　**【解き方】百の位で場合分けをして考える。**

1□□の『かけ算の数』は，十の位が0～9の10通り。2□□の『かけ算の数』は，十の位が0～4の5通り。
3□□の『かけ算の数』は，十の位が0～3の4通り。4□□の『かけ算の数』は，十の位が0～2の3通り。
5□□の『かけ算の数』は，十の位が0～1の2通り。6□□，7□□，8□□，9□□の『かけ算の数』も2通りずつある。よって，全部で，10＋5＋4＋3＋2×5＝**32**(個)

(イ)　**【解き方】4桁の『かけ算の数』のうち，小さい方から60－32＝28(番目)の数を求める。**

10□□の『かけ算の数』は，十の位が0～9の10通り。11□□の『かけ算の数』は，十の位が0～9の10通り。
12□□の『かけ算の数』は，十の位が0～4の5通り。13□□の『かけ算の数』は，十の位が0～3の4通り。
よって，13□□で最大の『かけ算の数』1339よりも，10＋10＋5＋4－28＝1(番)前の数を求めればよいので，求める数は，**1326**である。

(3)(ア)　**【解き方】『足し算の数』でも『かけ算の数』でもある数をAとする。『かけ算の数』を考えるとき，1である位はいくつあってもかけ算の結果に影響(えいきょう)しない。したがって，1以外の整数を2つ以上かけあわせて，計算結果が1けたになるものを考える。かけ合わせた数の和が計算結果よりも小さい場合は，Aを作るために，位の数として1を増やして，うめあわせればよい。**

『足し算の数』の一の位は1以上だから，Aの一の位が0になることはない。よって，Aのどの位も0ではない。
2×2＝4だから，224はAである。したがって，4はAの一の位になりうる。
2×3＝6で，2＋3＝5は6に1足りないから，1である位を1つ増やして1236とすると，Aになる。つまり，6はAの一の位になりうる。
2×4＝8だから，8はAの一の位になりうる。3×3＝9だから，9はAの一の位になりうる。
以上より，求める数は，**4，6，8，9**である。

(イ)　**【解き方】**(ア)をふまえる。また，右の「組み合わせの数の求め方」を利用する。

組み合わせの数の求め方

異なる10個のものから順番をつけずに3個選ぶときの組み合わせの数は，

全体の個数　選ぶ個数

$$\frac{⑩\times 9\times 8}{③\times 2\times 1}=120(\text{通り})$$

選ぶ個数　選ぶ個数

つまり，異なるn個からk個選ぶときの組み合わせの数の求め方は，$\dfrac{(\text{n個からk個選ぶ並べ方の数})}{(\text{k個からk個選ぶ並べ方の数})}$

一の位が4のAは，224の1個である。

一の位が6のAは上3桁が1，2，3だから，これらを並べかえて，$3\times 2\times 1=$**6**(個)できる。

次に，一の位が8のAについて考える。

$2\times 4=8$より，11248はAである。上4桁の1，1，2，4の並べ方は，2と4になる2つの位の選び方が，$\dfrac{4\times 3}{2\times 1}=6$(通り)で，さらに2と4のうち2を大きい位にするか4を大きい位にするかで2通りあるから，合わせて，$6\times 2=12$(通り)ある。

$2\times 2\times 2=8$より，112228はAである。上5桁の1，1，2，2，2の並べ方は，1になる2つの位の選び方に等しいから，$\dfrac{5\times 4}{2\times 1}=10$(通り)ある。

したがって，一の位が8のAは全部で，$12+10=$**22**(個)できる。

次に，一の位が9のAについて考える。$3\times 3=9$より，111339はAである。上5桁の1，1，1，3，3の並べ方は，3になる2つの位の選び方に等しいから，$\dfrac{5\times 4}{2\times 1}=10$(通り)ある。したがって，一の位が9のAは**10**個できる。

4　(1)　**【解き方】立体Xは右図の色つきの四角すいである。**

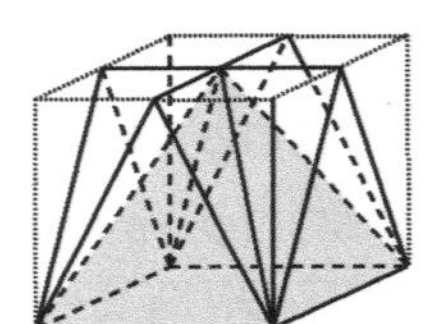

立体Xの底面積は，$2\times 2=4$(㎠)，高さは2㎝だから，

体積は，$4\times 2\div 3=\dfrac{8}{3}=2\dfrac{2}{3}$(㎤)

(2)(ア)　**【解き方】2つの三角柱で共通する辺や頂点を探す。**

図I

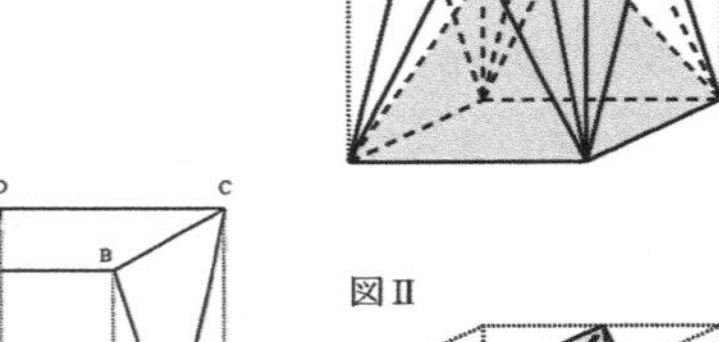

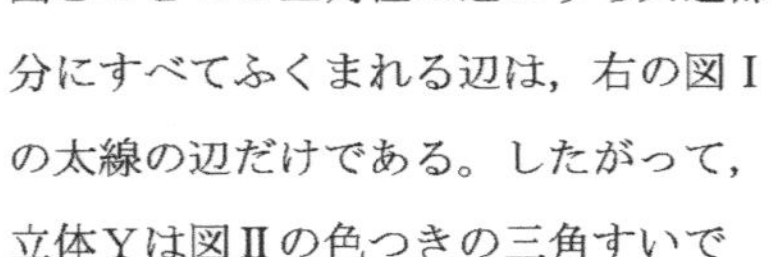

図2の2つの三角柱の辺のうち共通部分にすべてふくまれる辺は，右の図Iの太線の辺だけである。したがって，立体Yは図IIの色つきの三角すいであり，面は**4**面ある。

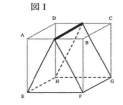

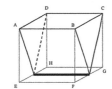

図II

(イ)　立体Yは，図IIIのように作図すると，底面積が三角形IJKの面積で，高さがLMの三角すいと体積が等しい。よって，立体Yの体積は，

$(2\times 2\div 2)\times 2\div 3=\dfrac{4}{3}=1\dfrac{1}{3}$(㎤)

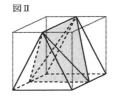

図III

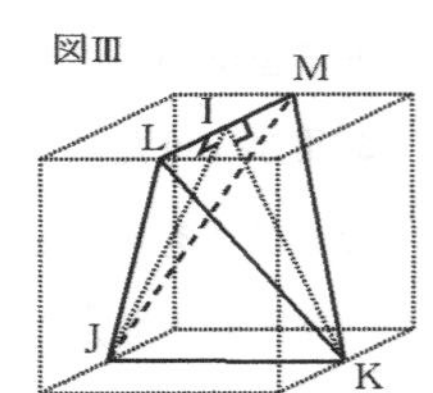

(3)(ア)　**【解き方】2つの三角柱で共通する辺や頂点を探す。**

図IV

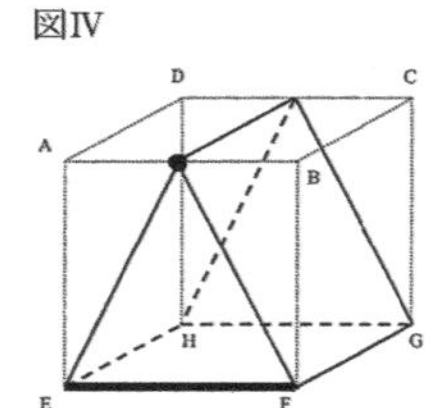

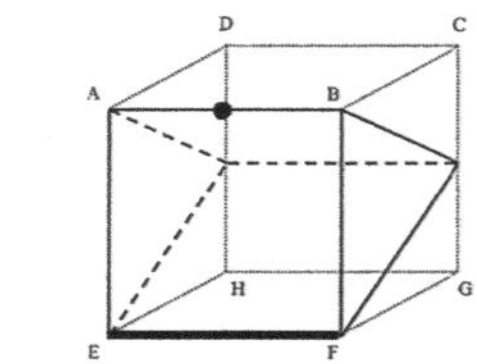

図3の2つの三角柱の辺のうち共通部分にすべてふくまれる辺は，右の図IVの太線の辺だけである。また，●の点で交わる。さらに，左の三角柱の奥の底面と，右の三角柱の奥にある辺が交わる。したがって，立体Zは図Vの色つきの

図V

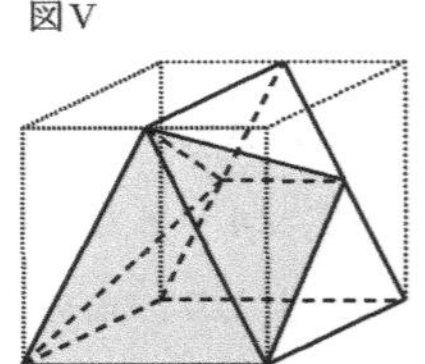

四角すいであり，立体Ｚの面は，**三角形が４面，四角形が１面**ある。

（イ）　**【解き方】三角柱を，底面と垂直な３本の辺を通るように切断してできる立体の体積は，（底面積）×（底面と垂直な辺の長さの平均）で求めることができる。**

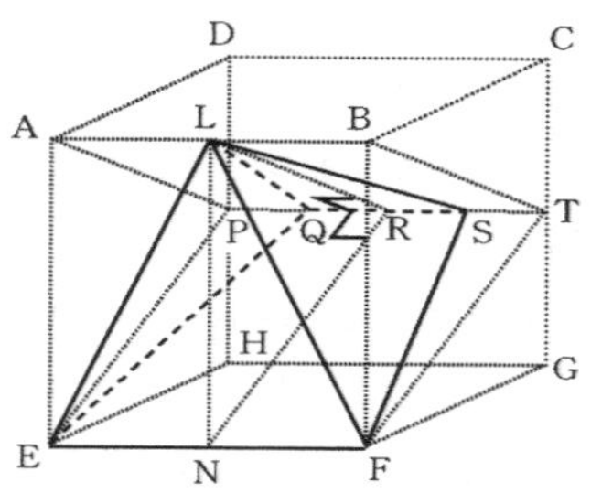

右のように作図する。立体Ｚは，三角柱ＡＥＰ‐ＢＦＴを切断してできる立体である。ＰＴは面ＤＨＧＣを２等分する直線だから，

ＱＳ＝ＰＴ÷２＝１(cm)　　したがって，立体Ｚの体積は，底面積が三角形ＬＮＲの面積で，高さが$\frac{0+QS+EF}{3}=\frac{0+1+2}{3}$＝１(cm)の三角柱の体積と等しく，（２×２÷２）×１＝**２**(cm³)

《2024　理科　解説》

問２

プラ鉢(ばち)…８時の温度が29.8℃，最も上がったときの温度が15時30分ごろの40.7℃だから，差は40.7－29.8＝10.9(℃)である。　素焼き鉢…８時の温度が29.2℃，最も上がったときの温度が14時ごろの34.0℃だから，差は34.0－29.2＝4.8(℃)である。

問３

プラ鉢…８時の温度が29.6℃，最も上がったときの温度が15時30分ごろの43.8℃だから，差は43.8－29.6＝14.2(℃)である。　素焼き鉢…８時の温度が28.9℃，最も上がったときの温度が15時ごろの41.1℃だから，差は41.1－28.9＝12.2(℃)である。

問４

ウ○…実験２の結果の上から３つ目で，素焼き鉢の色が図４のように変わったのは，素焼き鉢が水を吸収したためだと考えられる。

問５

⑴プラ鉢…７月15日の18時では795ｇ，７月16日の６時では770ｇと読み取ると，795－770＝25(ｇ)となる。

素焼き鉢…７月15日の18時では941ｇ，７月16日の６時では890ｇと読み取ると，941－890＝51(ｇ)となる。

⑵プラ鉢…７月16日の６時では770ｇ，７月16日の18時では578ｇと読み取ると，770－578＝192(ｇ)となる。

素焼き鉢…７月16日の６時では890ｇ，７月16日の18時では490ｇと読み取ると，890－490＝400(ｇ)となる。

⑶プラ鉢…７月16日の18時では578ｇ，７月17日の６時では559ｇと読み取ると，578－559＝19(ｇ)となる。

素焼き鉢…７月16日の18時では490ｇ，７月17日の６時では451ｇと読み取ると，490－451＝39(ｇ)となる。

問６

⑴では51÷25＝2.04(倍)，⑵では400÷192＝2.08…(倍)，⑶では39÷19＝2.05…(倍)である。

問７

ある条件の影響(えいきょう)について調べるときには，その条件だけが異なる２つ以上の実験を行い，結果を比べる。ここでは，素焼き鉢の側面からの水の蒸発について調べたいので，側面から水が蒸発できるものとできないもので，重さの減少量のちがいを調べ，側面から水が蒸発できるものの方が重さの減少量が大きければ，側面からも水が蒸発していると判断することができる。

問８

ピーマン(植物)を植えた場合には，鉢からの蒸発だけでなく，植物からも水が出ていく。このため，鉢の種類にかかわらず，ピーマンを植えていない場合と比べて水の減り方が速くなる。植物の根から吸い上げられた水が，葉に多くある気孔から水蒸気となって出ていく現象を蒸散という。

問10

太陽は，東の地平線からのぼり，南の空で最も高くなった後，西の地平線にしずむ。かげは太陽がある方向と反対方向にできるから，棒のかげの先端は，西→北→東の順に移動する。また，太陽が高い位置にあるときほど，かげは短く，かげの先端の移動距離も短くなる。さらに，測定をした７月20日では，日の出・日の入りの位置が真東・真西よりも北寄りになるので，日の出直後や日の入り直前の棒のかげの先端の位置は南寄りになる。以上より，棒のかげの先端の道すじはエのようになり，Ｐは12時の２時間後の14時の点である。

問11

問10のエより，８時の棒(15cm)のかげの先端が，棒から真西に19cmの位置にできていることに着目する。塀とそのかげの長さの関係も15：19になるので，栄一君の家の庭では，東側の塀(1.5ｍ)から西に1.9ｍの位置に塀のかげの先端ができる。

問12

問10のエで，８時から13時までの間，西，北，東のそれぞれの方向について，かげの先端が棒から最も遠くにできるときを考える。西は８時のときの19cm，北は12時のときの４cm，東は13時のときの約５cmだから，栄一君の家の庭では，東側の塀から西に1.9ｍ，南側の塀から北に４ｍ，西側の塀から東に約５ｍまではかげができるときがある(それ以外はずっと日なたである)。

問13

問10のエより，13時には西側の塀から東に約５ｍ，南側の塀から北に約４ｍの範囲がかげになっている。13時以降，西側の塀のかげは長くなっていくので，西側の塀から東に約５ｍの範囲はずっと日かげである。また，13時以降，南側の塀のかげは短くなっていく。このとき，塀の南西の角のかげの先端が，問10のエと同じように動くことに着目すると，かげの先端を結んだ線より塀側の範囲はずっと日かげである。

問14

ピーマンの実の中で，へたの下にある白いものをわたといい，種子はわたのまわりについている。

《2024　社会　解説》

1 問１　エ　　北海道の白滝や長野県の和田峠などで産出する黒曜石が，200 km以上離れた遺跡から出土している。また，新潟県の姫川流域で産出するひすいが，500 km以上離れた遺跡から出土している。以上のことから，縄文時代から広範囲にわたる交易が行われていたことがわかる。

問２　銅鐸　　溶かした青銅を，石や土でつくった鋳型に流し込んで銅鐸は作られた。土で鋳型を作ることができるようになると，銅鐸は大型化していき，楽器として音を聞く目的より見る目的が多くなっていったとされている。

問３　布　　都での 10 日間の労役にかえて布を納める税が庸である。

2 問１　(Ｂ)＝宋　(Ｃ)＝明　　(Ｂ)平安時代の終わりごろ，保元の乱，平治の乱に連勝した平清盛は，武士として初めて太政大臣に就いた。大輪田泊を修築し，厳島神社に海路の安全を祈願して日宋貿易を推進したことでも知られる。(Ｃ)足利義満は，倭寇の取り締まりを条件に，明の皇帝から朝貢形式での貿易を許された。その際，正式な貿易船と倭寇の区別をするために勘合と呼ばれる合い札を利用したため，日明貿易は勘合貿易ともいう。

問２　イ　　国ごとに守護，各地に地頭を置いたのは源頼朝である。

問3　ア　　中尊寺は岩手県，東大寺は奈良県，平等院は京都府にある。

問4　エ　　備中ぐわは，江戸時代に発明された農具である。

問5　「地方から米を運んで納められていた年貢が，米の代わりに銭でも納められるようになりました」とあることから，米より小さく持ち運びに便利なことがわかる。また，「つぼに入っている大量の銭が，土の中にうめられた形で見つかることがあります」とあることから，財産として保管していたことがわかる。貨幣には，価値の尺度，交換・流通の手段，価値の貯蔵の機能がある。

3　問1　エ　　織田信長は，物資や兵力を輸送しやすいように道路を整備し，各地の関所を廃止した。

問2(1)　石見銀山＝ウ　佐渡金山＝ア　　石見銀山は島根県，佐渡金山は新潟県の佐渡島にある。

(2)　川底や川岸の砂をすくい，砂金と砂の比重の違いを利用して選別する方法をとっていた。

問3　豊臣秀吉が贈答用・儀礼用に造らせたといわれる天正菱大判は，６枚しか確認されていない。

4　問1　秤量(しょうりょう)　貨幣である銀貨は，匁などの単位が使われた。計数貨幣である金貨は，両・分などの単位が使われた。

問2　宿場町　　町には，宿場町，門前町，港町，城下町などがある。

問3　ウ　　高度な織物や焼き物などの手工業が発展したのは京都である。

問4　ア　　江戸時代，伊勢神宮に参詣する伊勢参りが流行し，主人や親に無断で参詣する抜け参りも多かった。また，村で伊勢講と呼ばれる団体をつくり，所属する人で積み立てたお金を使って代表者が伊勢参りを行うこともあった。当時は伊勢参りを証明する通行手形があれば，関所を通過することができた。

問5　イ　　親藩の中でも尾張・紀伊・水戸の徳川家は御三家と呼ばれた。

問6　錦絵　　多色刷りの浮世絵を錦絵というので，浮世絵は適当でない。

5　問1　地租改正　　政府の財政を安定させるために，米で納めるのではなく，地価の３％を地租として現金で納める地租改正を行った。

問2　国名…中国　通貨単位…元　　20 世紀末から 21 世紀にかけて，日本の多くの製造業の工場が中国に進出したことで，中国からの輸入量が増大し，日本は中国に対して輸入超過になっている。

問3　偽造紙幣が出回ると，紙幣の信用性が低下し貨幣価値が下がるなどの問題が起きる危険性がある。

問4　アルミニウム　　アルミニウムは軽くさびにくい性質がある。

問5　銅は，やわらかく加工しやすいうえに，加工後も強度が落ちないという性質を持つ。

6　問1　飛鳥時代から平安時代にかけて造られた皇朝十二銭は，唐の通貨を手本として，貨幣制度を整えるために造られた。また，平城京遷都や平安京遷都の際の労働者に対する賃金支払いに銭貨が使われた。これらの貨幣は，平城京や平安京を中心に出土していることから，都の市で使用されていたと考えられる。その後，室町時代まで銭貨は発行されず，中国から宋銭や明銭が輸入されたため，貿易港を中心に流通し，地方にも流通するようになった。戦国時代になると，金山・銀山を支配した戦国大名が金貨や銀貨を造ったが，流通は領内に限られていた。全国で統一された貨幣が流通しはじめたのは江戸時代からで，農村で商品作物を栽培するようになると，地方の農村でも貨幣が使われるようになった。

問2　貨幣の，交換・流通の手段としてのはたらきだけでなく，価値の尺度・価値の貯蔵手段としてのはたらきが強くなるとともに，貨幣を発行し価値を保証する朝廷・幕府・政府に対する信用度が重要になってくる。貨幣に限らず，「広く使われるようになる」には，「安心して使えること」「便利であること」は必須条件である。為政者たちは，主に経済基盤の安定のために貨幣を流通させたが，結果として信用度は高まり，より多くの場所で使われるようになった。また，信用によって，金属より軽くて持ち運びやすい紙幣の発行も可能となり，利便性は向上した。鎌倉幕府や室町幕府が銭貨を発行していなかったのに対して，江戸幕府が寛永通宝などの銭貨を発行していたことから，江戸幕府の支配が安定していたことがわかる。また，明治時代以降，貨幣が金属から紙幣にかわり，兌換紙幣から不換紙幣にかわっていくことも，政府の信用度が高まっていくことの裏付けとなっている。

栄光学園中学校

《国　語》

【一】問一．脳のしくみを解明するだけで、依存症という病気のすべてが説明できるほど、人間は単純なものだ
　問二．Ｃ　　問三．歪んだ人間関係の中で孤立したことが原因で依存症になったのに、そのことで差別や偏見にさらされてますます孤立を深め、回復から遠ざかっていくこと。　　問四．依存症を生み出す根本的な問題を減らす工夫がされ、依存症になった人の心の痛みに寄り添い、回復を支援し、もう一度迎え入れられる社会。
　問五．ウ

【二】問一．ａ．エ　ｂ．イ　　問二．自分がキム・チョヒに負けたのは、彼女が規定違反の水着を着て、実力以上のタイムを出したからだということ。　　問三．自分の側に問題があって負けたことを、すなおに認めようとしない態度。　　問四．長年いっしょに水泳をし、いつもとなりにいたスンナムを、決勝に進めないことを見下すようなひどい言葉で傷つけてしまったから。　　問五．水泳は勝つこと以外に意味はない

【三】１．簡素　２．圧巻　３．協議　４．序列　５．探査　６．委任　７．給湯　８．垂　９．暮　10．絹

《算　数》

1　(1)(ア) $\frac{5}{8}$　(イ) $1\frac{133}{200}$　(ウ) 2　(2) $1 \sim 1\frac{1}{4}$，$4\frac{1}{4} \sim 6\frac{1}{3}$，$10\frac{1}{3} \sim 11$　(3) $7\frac{11}{12}$，$8\frac{1}{15}$

2　(1)(ア)42　(イ)60　(2)(ア)28　(イ)108　(3)(ア)18　(イ)160

3　(1)14　(2)5，12，14，15，32　(3)右表
　(4)ア．31　イ．31　(5)1090

4　(1)24　(2)※(ア)697　(イ)694　(3)(ア)29回，30回
　(イ)40回，41回　(4)694，696，697，698

	[2]	[3]	[4]	[5]	[6]	[7]	[8]	[9]	[10]
	1	3	2	5	4	4	3	7	6
[11]	[12]	[13]	[14]	[15]	[16]	[17]	[18]	[19]	[20]
6	5	6	5	5	4	9	8	8	7
[21]	[22]	[23]	[24]	[25]	[26]	[27]	[28]	[29]	[30]
8	7	7	6	8	7	7	6	7	6

※の途中式は解説を参照してください。

《理　科》

問１　イ

問２　炭酸水から出ていった二酸化炭素の重さを調べるには，蒸発した水の重さを調べる必要があるから。

問３　1.32

問４　メスシリンダー内の気体が出てくる部分が最も下にあるので，メスシリンダー内に気体が集まるまでにとける量が多くなってしまうこと。

問５　ウ

問６　(1)重そう　(2)0.39　(3)0.16　(4)ウ

問７　(1)0.66　(2)0.96　(3)1.26

問８　(1)185　(2)165　(3)150

問９　右グラフ

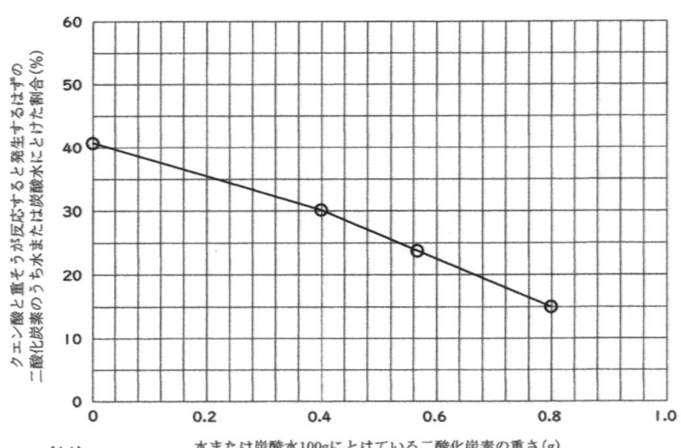

問10　水または炭酸水100 g にとけている二酸化炭素が重いほど減少する

問11　クエン酸…1.54　重そう…2.02

《社　会》

1　問1．オランダ　　問2．開国によって，牛乳や乳製品を消費する外国人が居留地に住むようになったから。
問3．福沢諭吉

2　問1．殺菌処理技術がなく，傷みやすい牛乳を低温のまま保存する容器や冷蔵庫がなかったから。
問2．密閉されることで空気にふれにくく，傷みにくくなる点。〔別解〕異物や雑菌が入りこみにくくなる点。

3　問1．短時間で消費者に届くので鮮度を保つことができ，かつ，少ない費用で運べるから。
問2．オ→エ→ア→イ→ウ

4　問1．イ　　問2．(1)どの地域も増加しているが，特に北海道の増え方が最も大きい。　(2)他の地域では生産量が減っているが，北海道だけは増えている。　　問3．酪農家戸数は減って乳牛頭数は増えているので，ともに酪農家の規模が大きくなっているが，北海道は神奈川県に比べて圧倒的に大規模である。

5　問1．規模の大きい酪農家が多い北海道では，生乳生産量は圧倒的に多いが，消費地から遠いため，ほとんどが道内で乳製品に加工され，生乳や牛乳として他の都道府県に運ばれる量はそれほど多くない。　　問2．人口の多い神奈川県周辺では牛乳の消費量も多くなるため，生乳の生産量自体は少ないが，他の都道府県から多くの生乳を運んできて，多くの牛乳を生産している。　　問3．生乳の鮮度を保ったまま運べる冷蔵技術と輸送技術。（下線部はコールドチェーンでもよい）

6　牛乳が広まった明治時代には，消費者の多くが都市の住民だったため，生乳・牛乳の生産地はともに都市部であったが，衛生面の問題や都市の発達によって，生乳の生産地は都市部から遠ざかっていった。戦後になると，冷蔵技術と輸送技術の発達によって，生乳の生産地は北海道など全国に広がり，酪農の規模も大きくなっていった。消費地から遠い生乳の生産地では，生乳の多くを乳製品に加工するようになり，消費地では生産地から多くの生乳を運んできて，牛乳として加工するようになった。

《2023　国語　解説》

【一】

問一　傍線部①の直前に「複雑な社会の中で生きる僕たち人間は、それだけですべてを説明しきれるほど単純なものでしょうか」という問いかけがあり、傍線部①で筆者は、“人間はそんなに単純なものではないと思う”と述べている。「それだけで」の部分は、「依存症のしくみは脳のメカニズムにあります」や、「脳のしくみを解明するだけでは、依存症という病気の核心にはたどり着けません」といった部分をもとに説明する。

問二　【C】の後に出てくる、タバコやアルコール、大麻は、時代や場所によってあつかいが変わってきたものの例である。また、「ゲーム依存は問題になるのに、どれだけ本を読んでも問題にならないのはなぜでしょう」という問いかけは、依存なのかどうかは、その時代の大人たちの価値観によって決まるという傾向があることを示す例である。これらの例は、抜けている文章にある「依存症として問題視されているものとされていないものの線引き」が流動的であいまいなものであることを説明したものだと考えられる。よって、抜けている文章は【C】に入る。

問三　傍線部②が指す内容は、直前の段落の後半で説明されている。「依存症になった本人」は、「もともと歪んだ人間関係の中で悩みや苦しみ、心の痛みを抱えていた」、つまり「孤立しているから依存症になった」のである。依存症になれば、「健康を害し、生活が壊れ、場合によっては差別すらされてしまう」。また、違法薬物に依存した場合は、「とりわけ厳しい差別や偏見にさらされ」る。そして、「依存症になったことでますます孤立を深め、回復から遠ざかっていく」。「負の連鎖」という表現は、こうした状況を指したものである。

問四　「そういう希望」が指すものは、依存症になっても「そこから立ち直ることもできる」という希望である。傍線部②からの２段落で、このような希望を持てる社会とはどのようなものかを説明している。まずは、「貧困や失業、過激な受験戦争や少子化など」の「根本的な問題に向き合」い、「貧困家庭を支援したり、経済格差を正したり」するなど、「社会のしくみから見直すべき」だとある。そして、そうした「できるだけの工夫を重ねたうえで」、それでも依存症になる「人が出てくることをあらかじめ想定したうえで、社会をつくっておけばいい」と述べ、依存症になった人の「心の痛みに寄り添い、回復を支援し、もう一度迎え入れる」ような社会でなければ、「みんなが幸せになれないように思います」と説明している。

問五　ア.「日本では積極的に行われている」が誤り。　イ.「依存症として扱うことができる」が誤り。
ウ.【C】の後に出てくる、タバコの例と一致するので、適する。　エ.本文中に、「一番傷ついているのは、おそらく依存症になった本人ではないでしょうか」とあるので、誤り。　オ.「現代人である」が誤り。

【二】

著作権上の都合により文章を掲載しておりませんので、解説も掲載しておりません。ご不便をおかけし、誠に申し訳ございません。

《2023　算数　解説》

1　(1)　**【解き方】三角形ＡＢＣは３辺の長さが３：４：５の直角三角形である。この三角形と同じ形の三角形を作ることで，重なっている部分の面積を考える。**

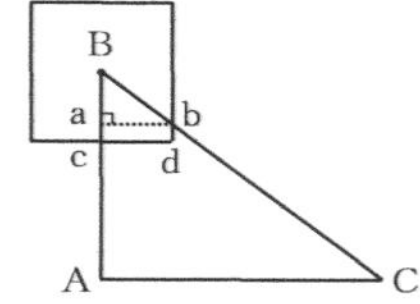

(ア)　３秒後は右図のようになる。三角形ＡＢＣと三角形ａＢｂは同じ形で，ａｂ＝１cmだから，Ｂａ$=1\times\frac{3}{4}=\frac{3}{4}$(cm)

ｂｄ$=1-\frac{3}{4}=\frac{1}{4}$(cm)だから，求める面積は，$(1+\frac{1}{4})\times1\div2=\mathbf{\frac{5}{8}}$(cm²)

（イ）　4秒後は右図のようになる。三角形ＡＢＣと三角形ｇＢＯは同じ形で，ＢＯ＝$4-3=1$(cm)だから，Ｂｇ＝$1\times\frac{3}{5}=\frac{3}{5}$(cm)，ｇＯ＝$1\times\frac{4}{5}=\frac{4}{5}$(cm)

Ｂｈ＝$\frac{3}{5}+1=\frac{8}{5}$(cm)，ｈｅ＝$\frac{4}{5}+1=\frac{9}{5}$(cm)で，(ア)よりｆｅ＝$\frac{1}{4}$cmだから，

求める面積は，$(\frac{8}{5}+\frac{1}{4})\times\frac{9}{5}\div2=\frac{333}{200}=$ **$1\frac{133}{200}$**(cm²)

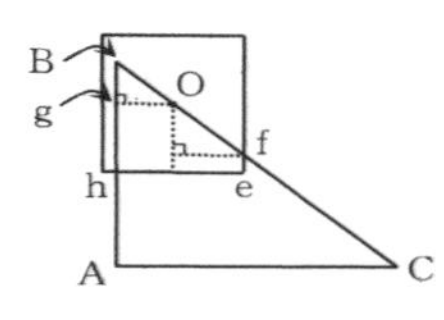

（ウ）　5秒後は右図のようになり，ＢＯ＝$5-3=2$(cm)である。

正方形の中心を通る直線は，正方形の面積を2等分するので，求める面積は，

$2\times2\div2=$ **2** (cm²)

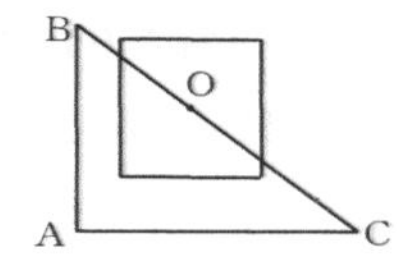

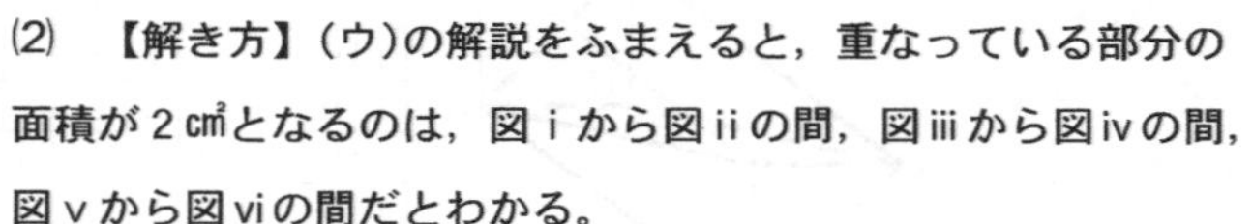

⑵　**【解き方】(ウ)の解説をふまえると，重なっている部分の面積が2cm²となるのは，図ⅰから図ⅱの間，図ⅲから図ⅳの間，図ⅴから図ⅵの間だとわかる。**

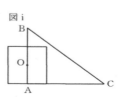

図ⅰのとき，ＯＡ＝1cmだから，これは1秒後である。

図ⅱのとき，Ｂｉ＝$1\times\frac{3}{4}=\frac{3}{4}$(cm)，ＯＡ＝$3-1-\frac{3}{4}=1\frac{1}{4}$(cm)だから，これは$1\frac{1}{4}$秒後である。

図ⅲのとき，ＯＢ＝$1\times\frac{5}{4}=1\frac{1}{4}$(cm)，ＡＢ＋ＯＢ＝$3+1\frac{1}{4}=4\frac{1}{4}$(cm)だから，これは$4\frac{1}{4}$秒後である。

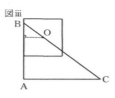

図ⅳのとき，ＯＣ＝$1\times\frac{5}{3}=1\frac{2}{3}$(cm)，ＡＢ＋ＢＯ＝$3+5-1\frac{2}{3}=6\frac{1}{6}$(cm)だから，これは$6\frac{1}{3}$秒後である。

図ⅴのとき，ｊＣ＝$1\times\frac{4}{3}=1\frac{1}{3}$(cm)，ＡＢ＋ＢＣ＋ＣＯ＝$3+5+1\frac{1}{3}+1=10\frac{1}{3}$(cm)だから，これは$10\frac{1}{3}$秒後である。

図ⅵのとき，ＡＢ＋ＢＣ＋ＣＯ＝$3+5+4-1=11$(cm)だから，これは11秒後である。よって，求める時間は，**$1\sim1\frac{1}{4}$，$4\frac{1}{4}\sim6\frac{1}{3}$，$10\frac{1}{3}\sim11$** 秒後である。

図ⅰ

図ⅱ

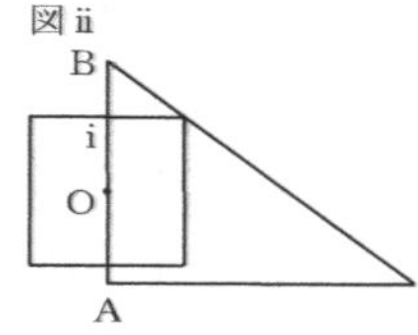

図ⅲ

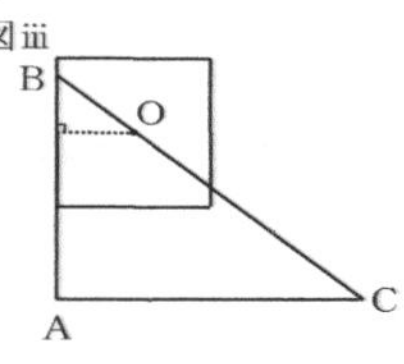

図ⅳ

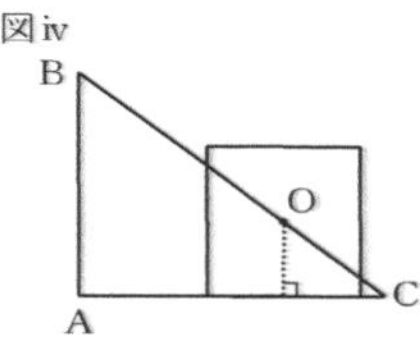

図ⅴ

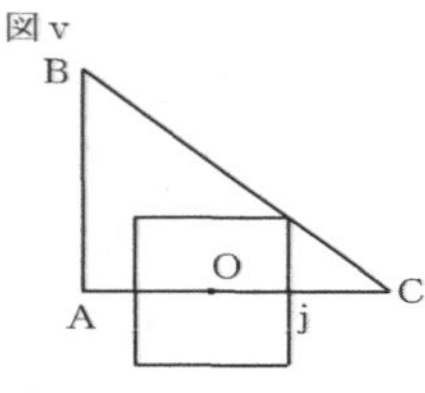

図ⅵ

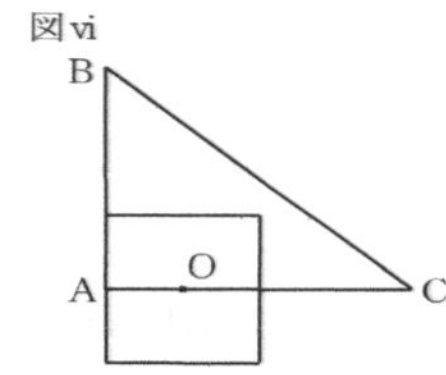

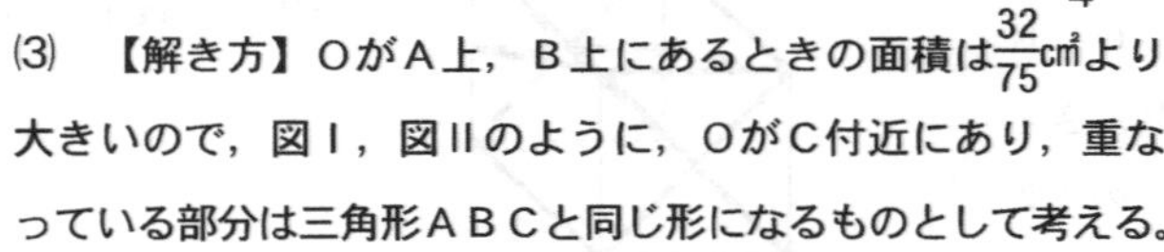

⑶　**【解き方】ＯがＡ上，Ｂ上にあるときの面積は$\frac{32}{75}$cm²より大きいので，図Ⅰ，図Ⅱのように，ＯがＣ付近にあり，重なっている部分は三角形ＡＢＣと同じ形になるものとして考える。**

図ⅠのＣ付近を拡大し，図Ⅲのように作図する。

三角形ＡＢＣの面積は，$4\times3\div2=6$(cm²)である。

三角形ＡＢＣと三角形ＰＱＣは同じ形で，面積の比が$6:\frac{32}{75}=225:16=(15\times15):(4\times4)$だから，ＡＣ：ＰＣ＝15：4

よって，ＰＣ＝ＡＣ×$\frac{4}{15}=4\times\frac{4}{15}=\frac{16}{15}$(cm)，ＲＣ＝$\frac{16}{15}-1=\frac{1}{15}$(cm)，ＯＣ＝$\frac{1}{15}\times\frac{5}{4}=\frac{1}{12}$(cm)

図Ⅰについて，ＡＢ＋ＢＯ＝$3+5-\frac{1}{12}=7\frac{11}{12}$(cm)

同様に考えると，図Ⅱについて，ＡＢ＋ＢＣ＋ＣＯ＝$3+5+\frac{1}{15}=8\frac{1}{15}$(cm)

したがって，求める時間は **$7\frac{11}{12}$，$8\frac{1}{15}$** 秒後である。

図Ⅰ

図Ⅱ

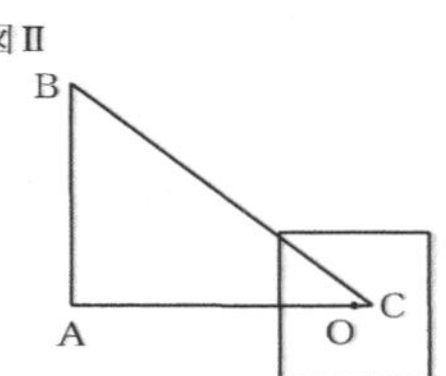

図Ⅲ

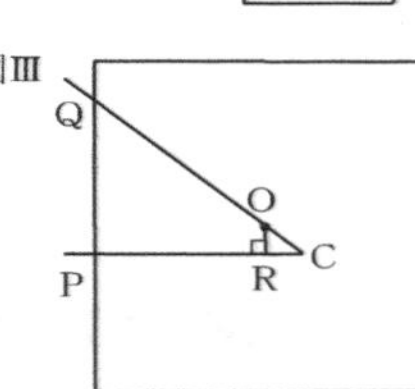

2　⑴(ア)　切り口は図ⅰの太線のようになる。直方体を面ＢＦＧＣを正面として見ると図ⅱのようになり，図ⅱの色付きの10個の小立方体は切られている。

図ⅰ

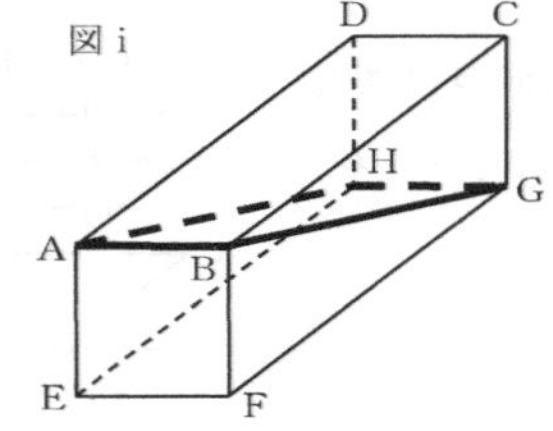

図ⅱ

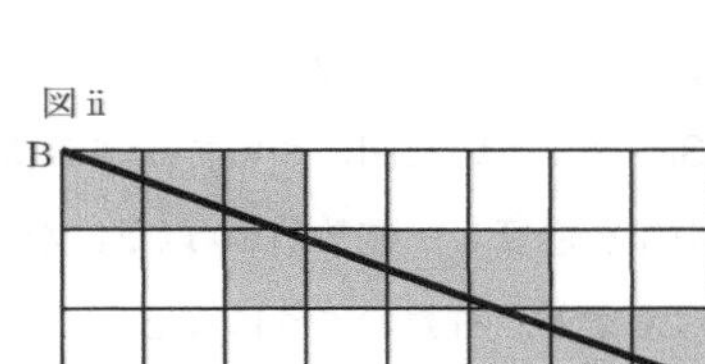

よって，切られている小立方体は全部で

10×３＝30(個)だから，切られていない小立方体は全部で 72－30＝**42**(個)ある。

(イ)　⑴(ア)より，切られている 30 個の小立方体から，体積が１㎤未満の立体がそれぞれ２個ずつできるから，求める個数は２×30＝**60**(個)である。

⑵　**【解き方】直方体を上から１段目，２段目，３段目にわけて，それぞれの段で小立方体が何回切られているか確認する。小立方体が２回以上切られている場合は，体積が１㎤未満の立体がいくつできるのかを図を用いて考える。**

(ア)　切り口は図ⅲの太線のようになる。⑴をふまえ，直方体を上から１段目，２段目，３段目に分け，それぞれを真上から見て小立方体が切られている回数をまとめると，図ⅳのようになる。よって，切られていない子立方体の個数は，10＋８＋10＝**28**(個)

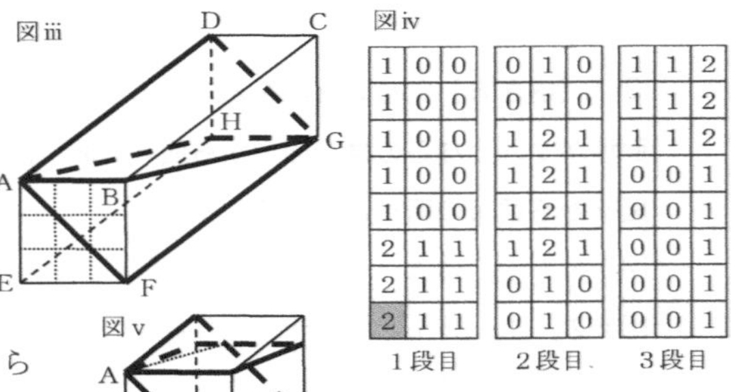

1段目			2段目			3段目		
1	0	0	0	1	0	1	1	2
1	0	0	0	1	0	1	1	2
1	0	0	1	2	1	1	1	2
1	0	0	1	2	1	0	0	1
1	0	0	1	2	1	0	0	1
2	1	1	1	2	1	0	0	1
2	1	1	0	1	0	0	0	1
2	1	1	0	1	0	0	0	1

(イ)　例えば，図ⅳの色付きの子立方体について考えると，切り口は図ⅴの太線のようになる。１回目の切断で２つにわけられた立体が，２回目の切断でそれぞれ２つにわけられるから，体積が１㎤未満の立体は２×２＝４(個)できる。他の２回切られている小立方体についても同様に考えられる。図ⅳより，１回切られている小立方体は 11＋12＋11＝34(個)，２回切られている小立方体は３＋４＋３＝10(個)あるから，求める個数は，２×34＋４×10＝**108**(個)

図ⅴ

⑶(ア)　切り口は図ⅵの太線のようになる。⑵(ア)のように小立方体が切られている回数をまとめると図ⅶのようになるから，切られていない小立方体の個数は，５＋８＋５＝**18**(個)

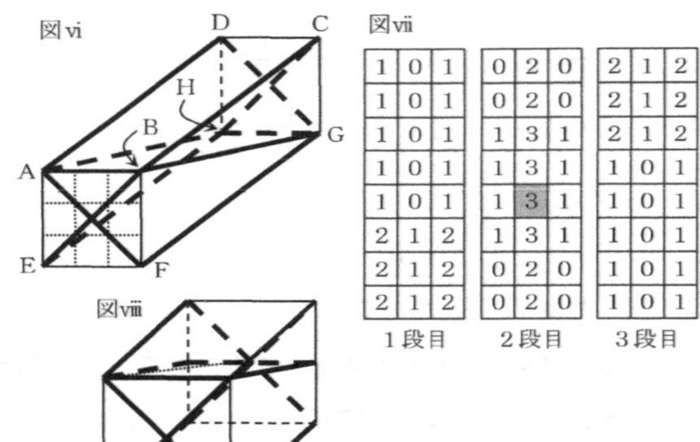

1段目			2段目			3段目		
1	0	1	0	2	0	2	1	2
1	0	1	0	2	0	2	1	2
1	0	1	1	3	1	2	1	2
1	0	1	1	3	1	1	0	1
1	0	1	1	3	1	1	0	1
2	1	2	1	3	1	1	0	1
2	1	2	0	2	0	1	0	1
2	1	2	0	2	0	1	0	1

(イ)　３回切られている小立方体について考える。

３つの切断面はともに長方形の中心を通っているとわかるので，図ⅶの色付きの小立方体の切り口は，図ⅷの太線のようになる。３点Ａ，Ｄ，Ｆを通る平面と３点Ｂ，Ｃ，Ｅを通る平面で切断することで４つの立体にわけられ，さらに３点Ａ，Ｂ，Ｇを通る平面で切断することで４つのうち３つの立体を２つに分けているから，体積が１㎤未満の立体は１＋２×３＝７(個)できる。他の３回切られている小立方体についても同様に考えられる。

図ⅷ

図ⅶより，１回切られている小立方体は 13＋８＋13＝34(個)，２回切られている小立方体は６＋４＋６＝16(個)，３回切られている小立方体は４個あるから，求める個数は，２×34＋４×16＋７×４＝**160**(個)

3　⑴　2023→2024→1012→506→253→254→127→128→64→32→16→８→４→２→１より，［2023］＝**14**

⑵　**【解き方】１から操作を逆算して考える。２か奇数ならば２をかける，２より大きい偶数(ぐうすう)ならば２をかけるか１をひくことで逆算していくことができる。**

５回の操作までを逆算すると右図のようになるので，求める数字は，**５，12，14，15，32** である。

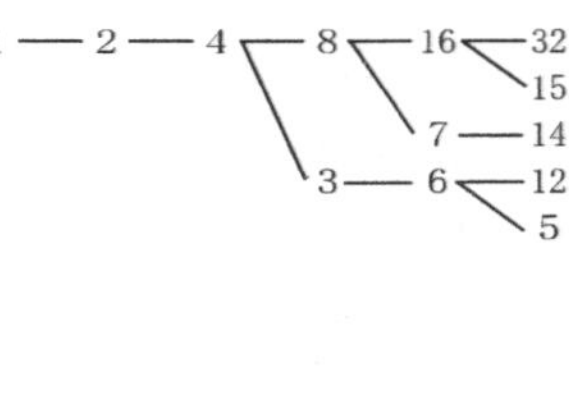

⑶　⑵で書いた図について，さらに６回目以降の操作を逆算し，整数が 30 以下になるものだけを考えると，右表のようになる。

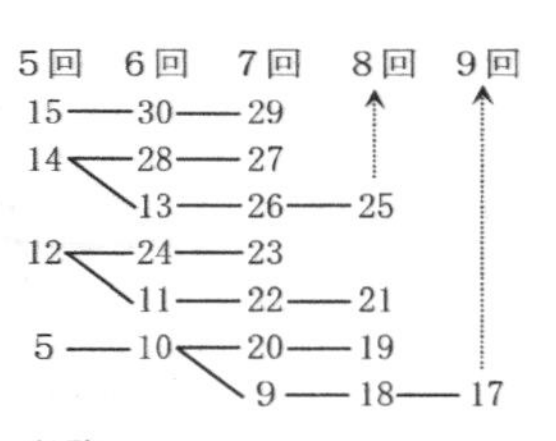

これと⑵で書いた図から，［６］～［30］の値は

解答例のようになる。

⑷　**【解き方】２より大きい偶数は，１をひくことで逆算できるのだから，２より大きい偶数Ｘについて，［Ｘ－１］＝［Ｘ］＋１が成り立つ。また，奇数でも偶数でも２をかけることで逆算できるのだから，整数Ｙについて，［２Ｙ］＝［Ｙ］＋１が成り立つ。**

４から 64 までの偶数の個数は 64÷２－４÷２＋１＝31(個)だから，

≪64≫＝［２］＋［３］＋［４］＋［５］＋［６］＋［７］＋［８］＋…＋［61］＋［62］＋［63］＋［64］

＝［２］＋(［４］＋１)＋［４］＋(［６］＋１)＋［６］＋(［８］＋１)＋［８］＋…＋(［62］＋１)＋［62］＋(［64］＋１)＋［64］

＝［２］＋［４］＋［４］＋［６］＋［６］＋［８］＋［８］＋…＋［62］＋［62］＋［64］＋［64］＋**31**

＝［２］＋(［４］＋［６］＋［８］＋…＋［62］＋［64］)×２＋31

＝［２］＋{(［２］＋１)＋(［３］＋１)＋(［４］＋１)＋…＋(［31］＋１)＋(［32］＋１)}×２＋31

＝［２］＋(［２］＋［３］＋［４］＋…＋［31］＋［32］＋**31**)×２＋31

＝［２］＋(≪32≫＋31)×２＋31

＝１＋≪32≫×２＋31×２＋31

⑸　⑷をふまえる。４から 128 までの偶数は 128÷２－４÷２＋１＝63(個)だから，

≪128≫＝［２］＋［３］＋［４］＋…＋［127］＋［128］＝［２］＋［４］＋［４］＋…＋［128］＋［128］＋63＝［２］＋(［４］＋…＋［128］)×２＝［２］＋(［２］＋…＋［64］＋63)×２＋63＝［２］＋(≪64≫＋63)＋63＝１＋≪64≫×２＋63×２＋63

［32］＝５，［31］＝［32］＋１＝６だから，⑶で作った表から，≪32≫＝178 と求められる。

よって，≪64≫＝１＋178×２＋31×２＋31＝450 だから，≪128≫＝１＋450×２＋63×２＋63＝**1090**

4　⑴　出た目は最初の１を含めて順に「１→５→６→４→２→１→５」となるので，出た目の和は，

１＋５＋６＋４＋２＋１＋５＝**24**

⑵**(ア)**　右に転がしている間は，出た目は「１→４→６→３」をくり返す。

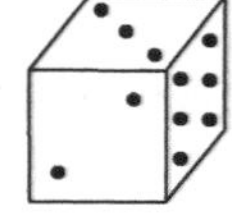

横には 100 マスあるので，右上のマスに着くまでに，出た目は「１→４→６→３」をちょうど 100÷４＝25(回)くり返し，さいころは右図のようになる。ここから，下に転がしている間は，出た目は「３→５→４→２」をくり返す。たてには 100 マスあるので，右下のマスに着くまでに，出た目は「３→５→４→２」をちょうど 100÷４＝25(回)くり返す。右上のマスがかぶっていることに注意すると，出た目の和は，(１＋４＋６＋３)×25＋(３＋２＋４＋５)×25－３＝28×25－３＝**697**

(イ)　出た目は「１→４→５→６→３→２」をくり返す。右に 100－１＝99(回)，下に 100－１＝99(回)転がすので最初の１を含めると出た目は全部で 99＋99＋１＝199(個)ある。199÷６＝33 余り１より，出た目は「１→４→５→６→３→２」を 33 回くり返し，その後１となるので，出た目の和は，(１＋４＋５＋６＋３＋２)×33＋１＝**694**

⑶　**【解き方】さいころは右か下にしか転がさないので，１度出た目が再び出るまでに，必ずその目の向かい合う目が１回出る。**

(ア)　１の目が出てから次に１の目が出るまでに，６の目が１回出る。

１と６の目だけに注目すると，１の目は最初に出ているから，１の目が 30 回出たとき，６の目が出た回数は，１→６→１→…→１→６→１の場合の **29 回**と，１→６→１→…→１→６→１→６の場合の **30 回**がある。

(イ)　最初の状態から，右に転がしている間は「１→４→６→３」の順で目が出て，初めて下に転がしたときに５の目が出るから，２の目よりも先に５の目が出る。よって，２と５の目だけに注目すると，２の目が 40 回出たと

き，５の目が出た回数は，５→２→…→５→２の場合の**40回**と，５→２→…→５→２→５の場合の**41回**がある。

⑷　**【解き方】⑶をふまえる。３の目よりも先に４の目が出るから，１の目が出た回数は６の目が出た回数と同じか１回多く，４の目が出た回数は３の目が出た回数と同じか１回多く，５の目が出た回数は２の目が出た回数と同じか１回多い。**

出た目は全部で199個あり，奇数なので，考えられるのは，「①１が出た回数が６が出た回数より１回多く，４と３，５と２が出た回数がそれぞれ同じ」「②４が出た回数が３が出た回数より１回多く，１と６，５と２が出た回数がそれぞれ同じ」「③５が出た回数が２が出た回数より１回多く，１と６，４と３が出た回数がそれぞれ同じ」「④１が出た回数が６が出た回数より１回多く，４が出た回数が３が出た回数より１回多く，５が出た回数が２が出た回数より１回多い」の４通りである。

①のとき，１と６，２と５，３と４のペアは(199－１)÷２＝99(組)あり，残りの目は１だから，出た目の和は，７×99＋１＝694である。同様にして，②のときの出た目の和は７×99＋４＝697，③のときの出た目の和は７×99＋５＝698である。④のとき，１と６，２と５，３と４のペアは(199－３)÷２＝98(組)あり，残りの目は１と４と５だから，出た目の和は，７×98＋１＋４＋５＝696

また，⑵(イ)の転がし方について，最後の右下の４×４マスは図ｉのようになる。

このとき，図ｉ以外で１～６の目が(199－７)÷６＝32(回)ずつ出ている。

図ｉは１が出た回数が６が出た回数より１回多いので，①の転がし方だとわかる。

この４×４マスの転がし方を図ⅱ，図ⅲ，図ⅳのように変化させると，

それぞれ②，③，④の転がし方になるから，４通りの転がし方はすべてあることがわかる。よって，出た目の和として考えられるのは，**694，696，697，698**である。

図ｉ

1	4		
	5	6	
		3	2
			1

図ⅱ

1	4	6	3
			5
			4
			2

図ⅲ

1			
5			
6			
2	4	5	3

図ⅳ

1			
5			
6	4		
	2	1	5

《2023　理科　解説》

問１

二酸化炭素は石灰水に通すと白くにごる。なお，ムラサキキャベツ液は，酸性で赤色(弱酸性で赤むらさき色)，アルカリ性で黄色(弱アルカリ性で青色)に変化する。中性ではむらさき色のまま変化しない。

問２

表１より，水もわずかずつではあるが減少していることがわかる。これは，水が蒸発して空気中へ出ていくからである。炭酸水は水に二酸化炭素がとけた水よう液だから，炭酸水の減った重さから水の減った重さを引けば，出てきた二酸化炭素の重さが求められる。

問３

表１より，ペットボトルを開けた直後から270分間で，炭酸水の重さは505.24－503.84＝1.4(g)，水の重さは503.22－503.14＝0.08(g)減っているので，この炭酸水からぬけた二酸化炭素の重さは1.4－0.08＝1.32(g)となる。

問４

メスシリンダー内の気体が出てくる部分は，図２ではメスシリンダー内の最も高いところにあり，図３では最も低いところにある。このため，図３では，気体がメスシリンダー内を上がっていく間に水にとける量が多くなってしまう。

問５

表２より，重そうとクエン酸の重さがともに0.75ｇのとき，集まった二酸化炭素の体積は126mLとわかる。よって，クエン酸の重さが0.75ｇのとき，集まった二酸化炭素の体積が126mLになっているウが正答となる。

問６

クエン酸16ｇと反応する重そうは16ｇよりも多い21ｇだから，同じ重さのクエン酸と重そうを反応させると重そうのほうがすべて反応してなくなる。よって，発生する二酸化炭素の重さは，先生から教えてもらった重そうの値を使って $11\times\frac{0.75}{21}=0.3928\cdots\rightarrow0.39$ ｇとなる。１L→1000mLより，二酸化炭素126mLの重さは $1.8\times\frac{126}{1000}=0.2268\rightarrow0.23$ ｇだから，水にとけたのは $0.39-0.23=0.16$（ｇ）となる。これは発生した二酸化炭素の $\frac{0.16}{0.39}\times100=41.0\cdots\rightarrow41$％である。

問７

二酸化炭素は問３で求めた1.32ｇを５で割って $1.32\div5=0.264$（ｇ）である。問６で選んだ40％が水にとけるとすると，二酸化炭素は $0.264\div0.4=0.66$（ｇ）発生すればよいことになる。よって，必要なクエン酸の最低限の重さは $16\times\frac{0.66}{11}=0.96$（ｇ），重そうの最低限の重さは $21\times\frac{0.66}{11}=1.26$（ｇ）となる。

問８

Ａは $365-180=185$（mL），Ｂは $260-95=165$（mL），Ｃは $161-11=150$（mL）となる。

問９

問６で求めたクエン酸と重そうが反応すると発生するはずの二酸化炭素の重さは0.39ｇで，問８で求めたクエン酸と重そうが反応して発生した二酸化炭素のＡの体積は185mLでその重さは $1.8\times\frac{185}{1000}=0.333\rightarrow0.33$ ｇだから，水または炭酸水にとけた二酸化炭素の重さは $0.39-0.33=0.06$（ｇ）で，割合は $\frac{0.06}{0.39}\times100=15.3\cdots\rightarrow15$％となる。同様にして，問８で求めたＢの体積は165mLでその重さは $1.8\times\frac{165}{1000}=0.297\rightarrow0.30$ ｇだから，水または炭酸水にとけた二酸化炭素の重さは $0.39-0.30=0.09$（ｇ）で，割合は $\frac{0.09}{0.39}\times100=23.0\cdots\rightarrow23$％，問８で求めたＣの体積は150mLでその重さは $1.8\times\frac{150}{1000}=0.27$（ｇ）だから，水または炭酸水にとけた二酸化炭素の重さは $0.39-0.27=0.12$（ｇ）で，割合は $\frac{0.12}{0.39}\times100=30.7\cdots\rightarrow31$％となる。また，もともととけている二酸化炭素の重さが０ｇのときは，問６で求めた41％である。これらの値を○でかいてグラフに示す。

問10

問９のグラフより，クエン酸と重そうが反応すると発生するはずの二酸化炭素のうち水または炭酸水にとけた割合は，水または炭酸水100ｇにとけている二酸化炭素の重さが重いほど減少することがわかる。

問11

問７より，100ｇの炭酸水からぬけた二酸化炭素は $1.32\div5=0.264$（ｇ）だから，270分後の炭酸水にとけている二酸化炭素は $0.80-0.264=0.536$（ｇ）である。問９のグラフより，このときクエン酸と重そうの反応によって発生する二酸化炭素のうち炭酸水にとける割合は約25％だから，発生する二酸化炭素が $0.264\div0.25=1.056$（ｇ）であれば元の状態に戻（もど）る。よって，必要なクエン酸は $16\times\frac{1.056}{11}=1.536\rightarrow1.54$ ｇ，重そうは $1.54\times\frac{21}{16}=2.02125\rightarrow2.02$ ｇである。

《2023　社会　解説》

1　問１　オランダ　　国内にキリスト教が広まることをおそれた幕府は，貿易と布教活動を合わせて行うスペインやポルトガルの船の来航を禁止し，貿易だけを行うオランダと出島で貿易をした。出島は，長崎につくられた人工島で，長崎奉行が管理し，オランダ人は許可なく外出することはできなかった。

問2　横浜は，安政の五か国条約によって開かれた５港のうちの一つだから，外国人のための居留地であったことに着目する。居留する外国人と日本人のトラブルを避けるため，外国人居留地は，主な街道から離れた地域につくられた。

問3　福沢諭吉　　『西洋事情』…アメリカ・オランダ・イギリスなどの歴史・政治などを紹介した書物。多くの外国語に，新たな日本語訳をつけたことで知られる。

2　**問1**　毎日配らなければならない理由を考える。初期の牛乳は，搾ったままのいわゆる生乳であった。資料２のような王冠でふたをしたガラス瓶で売られるようになると，殺菌処理された牛乳として売られるようになった。

問2　空気に触れる機会が増えるほど，牛乳は傷みやすくなる。また，ひしゃくを使って配る際に，雑菌が混入する可能性も否定できない。

3　**問1**　生産・加工・販売までの作業の場所が近ければ近いほど，作業時間が短く，効率のよい作業ができる。また，当初，東京の中心部に牧場付きの牛乳販売店が多かった理由の一つに，特権を失った士族に対して，政府が失業対策として，畜産を奨励したことがあった。当時の東京には，大名や旗本の屋敷跡が多くあったため，牛を飼うための牧場には困らなかったと言われている。

問2　オ→エ→ア→イ→ウ　　「しだいに牧場は郊外へ移っていきました。」「東京都全体から業者の数が減っていく」の部分に着目する。東京の中心部の戸数の変化からオ→エ→ア，郊外の戸数の変化については，アの後から減少していくことに着目すればア→イ→ウとわかる。

4　**問1**　イ　　ア．１人あたりの牛乳消費量は増えていったと考えられる。各家庭に冷蔵庫が普及したことや，学校給食における牛乳の消費量が増えたことが要因である。
ウ．【グラフ１】から牛乳の輸出量を読み取ることはできない。エ．【グラフ１】から廃棄される生乳の量は読み取ることができない。

問2　1990年まではどのグラフも右上がりになっているので，生乳の生産量は増えていることが読み取れる。その中で北海道の折れ線の傾きが，他の地方に比べて急になっていることから，北海道での生産量が突出して多いことが読み取れる。1990年以降は，北海道を除く地方のグラフが頭打ちとなり，減少に転じていることを読み取る。

問3　北海道も神奈川県も，酪農家戸数が減り，乳牛頭数が増えていることから，経営規模の拡大が読み取れる。北海道は広大な土地を確保することができるので，その経営規模は明らかに神奈川県よりはるかに大きいと判断できる。

5　**問1**　北海道の生乳生産量は他のどの都府県より多いこと，北海道で生産された生乳の多くが乳製品に加工されることの２点を盛り込み，北海道が消費地から遠いことに結び付ける。

問2　生乳の生産量は少ないこと，まわりの県から移入された生乳を加工した牛乳の生産量は多いことを盛り込む。

問3　低温を保ったままで，生産・加工・流通させる仕組みをコールドチェーンという。冷蔵技術・輸送技術などの発達によって可能になった仕組みである。

6　生乳の生産地は，消費地から次第に遠くなっていき，消費地から遠くなるほど乳製品に加工される生乳の量が増えること。生乳の生産のしかたは，規模が拡大していったこと。消費地の近くでは，他県から移入された生乳を使って牛乳が多く生産されていること。これらを可能にしているのは，冷蔵技術と輸送技術が発達したからであること。これらを盛り込めばよい。

★栄光学園中学校

《国　語》

【一】問一．イ，カ　問二．「ぴょ」以外のぎ音語は、私たちの予想の範囲におさまるが、「ぴょ」にはい和感を覚え、いろいろと想像させせられるということ。　問三．おならはひとりでひそかにするものだという先入観があるから。　問四．詩の中に見えない問いの連鎖が仕組まれていて、読者が知らず知らずのうちに問いに答えながら「なるほど感」に導かれるというもの。

【二】問一．おじちゃんは奇蹟がおきると本気で信じていたし、おばちゃんは、生きていたころ、ぜったいに自分たちの期待をうらぎらなかったから。　問二．事務的なことや打ち合わせなどに追われ、まわりの人たちから型通りのやり方で悲しむことを求められて、思うままに泣けなかった　問三．オ　問四．おじさんが思う存分芸術的な才能を発揮できたのは、おばさんがおじさんの豊かな想像力を受け入れていたからだということ。
問五．ウ

【三】1．賛美　2．折半　3．異存　4．税関　5．宿敵　6．至福　7．操縦　8．旗色　9．済　10．挙

《算　数》

1　(1) $6\frac{248}{315}$　(2)式… $\frac{1}{6}+\frac{2}{7}+\frac{3}{8}+\frac{4}{9}+\frac{5}{10}$　計算結果… $1\frac{389}{504}$　(3)式… $\frac{1}{2}+\frac{7}{6}+\frac{4}{8}+\frac{3}{9}+\frac{5}{10}$　計算結果…3
(4)式… $\frac{3}{1}\times\frac{5}{2}\times\frac{6}{4}\times\frac{7}{9}\times\frac{8}{10}$　計算結果…7　(5)7，28，63，112，175，252

2　(1)(ア)8　(イ)5，11，13　(2)(ア)11，13　(イ)673　(3)5，7，9，11，13　(4)10

3　(1)240　(2)1380　(3)14，24　(4)(ア)1580　(イ)12　(5)25

4　(1)4　(2)点Pが移動した距離…40　点Qの位置…③　(3)実際のXPの長さ…20　図5のXPの長さ…5
(4)(ア)①　(イ)22.5　※(ウ)③　(5)72

※の理由は解説を参照してください。

《理　科》

問１　イ

問２　ア，イ，オ

問３　⑴0.48　⑵0.04　⑶小さ

問４　あ．60　い．25

問５　右グラフ

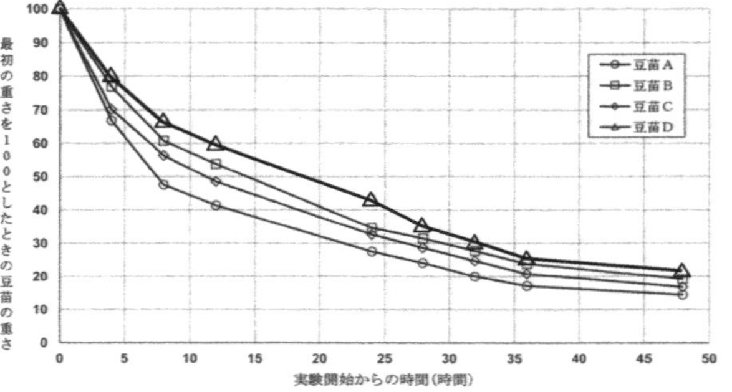

問５のグラフ

問６　ア．×　イ．○　ウ．○

問７　実験開始から４時間で，根の部分から多くの水が出ていった。

問８　問題点…乾燥したことでくきが細くやわらかくなったため，三角フラスコ内で立たせることができなかった。　解決方法…豆苗の根の部分を水でしめらせただっし綿で包む。

問９　⑦

問10　右グラフ

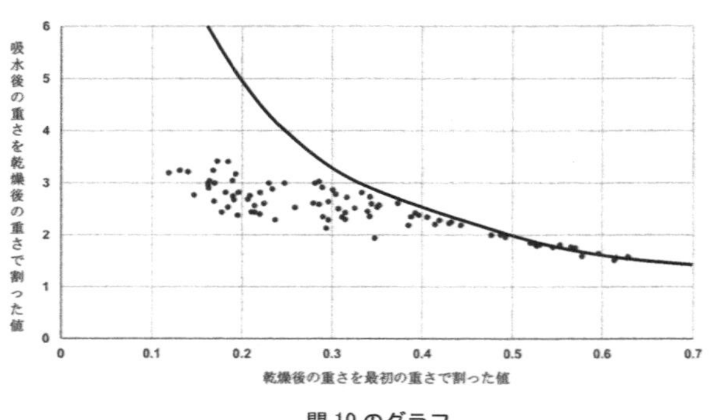

問10のグラフ

問11　最初の重さを100としたときの重さが約40になるまでは再び水をやることで元にもどるが，それよりも軽くなると再び水をやっても元にもどらない可能性が高くなる。

《社　会》

1　問１．イ　問２．調・庸を農民が直接都に運びこむ必要があったから。　問３．中山道　問４．都と結ぶ街道ぞいに，都から近い順に前・中・後の文字が使われた。

2　問１．多色刷りの木版画の技術。　問２．関ヶ原の戦いに勝利した徳川家康が征夷大将軍に就き，江戸幕府を開いたことで，幕藩体制が確立したから。　問３．検地　問４．利根川

3　問１．⒜オ　⒝ウ　⒞イ　⒟カ　問２．キリスト教に関連した書物。　問３．⑴処刑された囚人の解剖に立ち会ったから。　⑵解体新書　問４．イ　問５．エ

4　問１．１．エ　２．ウ　３．ア　４．イ　問２．ウ　問３．2160　問４．伊能図は，海岸線と街道を対象とした測量図で，城の位置以外の情報を必要としなかったから。　問５．ｆ．イ　ｇ．ア　問６．奥州街道

5　(例文)漢文に訳された洋書が輸入され，蘭学が日本に広まり，最新の天文学を学んだ伊能忠敬は，地球は球体をしていることを念頭に，実際に細かな測量をくり返し，それを地区別の地図にかきおこした。地図をつくる際には，測量データだけを頼りとし，想像を排し，見たものだけをあらわしていった。

栄光学園中学校

←解答例は前のページにありますので，そちらをご覧ください。

《2022　国語　解説》

【一】

問一　傍線部①の直前の６行に「それ」の指す内容が書かれている。イは「発音しやすい」が誤り。本文中には、「わかりやすい語と単純な構文だけで書かれていて～ぜんぶ平仮名だから」「非日本語圏の人でもわかる」とある。カの内容は、傍線部①より前に書かれていない。

問二　直前の一文に「それまでの『ぶ』～『ぷ』は、まあ、『おならはこんな音がするものだ』という私たちの予想の範囲内におさまる」とあり、これを受けて「ぴょ」だけはちょっとちがうと述べている。また、傍線部②以降で「ぴょ」についていろいろと想像している。つまり、読者は「ぴょ」という音に違和感を覚え、いろいろと想像してしまうのである。

問三　傍線部③より前に、「おならというだけで、私たちは『こっそりやるもの』という先入観がある」「私たちは無意識のうちに『ひそかにおならにこだわる“私”』なるものをここに読んでしまう」とある。つまり、おならはこっそりやるもの、ひそかにするものと思いこんで詩を読んでいるうちに、いきなり「ふたりで」という言葉が出てくるので意外だと感じるのである。

問四　直前に、「私たちは谷川の詩を読むとき、自分でも気づかないうちに、わかろうとしている」とある。傍線部④の「仕掛け」とは、私たちをそうさせてしまう仕掛けである。谷川の詩には「問答の形がひそんで」いて、「私たちは知らず知らずのうちに、問いに答えようとしている」とある。この仕掛けによって、私たちは「なるほど」と相づちを打ちながら詩を読むことになり、「この“なるほど感”のおかげで、私たちは『わかった』と思う」とある。また、次の段落には、「見えない問い」の連鎖が仕組まれているとも書かれている。

【二】

著作権に関係する弊社の都合により本文を非掲載としておりますので、解説を省略させていただきます。ご不便をおかけし申し訳ございませんが、ご了承ください。

《2022　算数　解説》

1　(1)　与式$=2+1\frac{1}{3}+1\frac{1}{5}+1\frac{1}{7}+1\frac{1}{9}=6+(\frac{1}{3}+\frac{1}{9})+(\frac{1}{5}+\frac{1}{7})=6+\frac{12}{27}+\frac{12}{35}=6+12\times\frac{62}{27\times35}=6\frac{248}{315}$

(2)　**【解き方】できるだけ小さい分数をつくりたいので，分母を6，7，8，9，10とした分数をつくる。**

大きな分数をつくらないために，分子と分母の差を同じにした分数を考えると，$\frac{1}{6}+\frac{2}{7}+\frac{3}{8}+\frac{4}{9}+\frac{5}{10}$がある。

$\frac{1}{2\times3}+\frac{2}{7}+\frac{3}{2\times2\times2}+\frac{4}{3\times3}+\frac{1}{2}=\frac{84+144+189+224+252}{2\times2\times2\times3\times3\times7}=\frac{893}{504}=1\frac{389}{504}$

$\frac{9}{5}=1.8$，$1\frac{389}{504}=1.77\cdots$だから，$1\frac{389}{504}$は$\frac{9}{5}$より小さい。

(3)　**【解き方】ポイントになるのは7の扱いである。分母に7を使うと整数になる分数の組はできないので，7は分子に使うことになる。このとき，3つの分数の組と2つの分数の組に分け，それぞれが整数になる式を考える。このとき，$\frac{1}{2}+\frac{1}{3}+\frac{1}{6}=1$になることを利用すると簡単に見つかる。**

$\frac{1}{2}+\frac{1}{3}+\frac{1}{6}=1$だから，$\frac{1}{6}$のかわりに$1\frac{1}{6}=\frac{7}{6}$を使っても，3つの分数の計算結果は整数になる。

6と7を除く数で$\frac{1}{2}$と$\frac{1}{3}$になる数を考えると，$\frac{1}{2}=\frac{2}{4}=\frac{4}{8}=\frac{5}{10}$，$\frac{1}{3}=\frac{3}{9}$がある。この中に5，8，9，10は1回

ずつしか現れないから，$\frac{4}{8}$，$\frac{5}{10}$，$\frac{3}{9}$を使うと，$\frac{1}{2}+\frac{3}{9}+\frac{7}{6}+\frac{4}{8}+\frac{5}{10}=3$になる。

これ以外にも，$\frac{7}{4}+\frac{1}{6}+\frac{2}{8}+\frac{3}{9}+\frac{5}{10}=3$，$\frac{2}{1}+\frac{7}{4}+\frac{3}{5}+\frac{6}{8}+\frac{9}{10}=6$などいくつか考えられる。

(4)　【解き方】7は分子にしか置けない。そうすると，残りの数で積が同じになる数の組を考えると，$2\times9=3\times6$，$4\times10=5\times8$が見つかる。これらを約分し合うように分母と分子に並べれば，その部分の積は1になるので，計算結果は小さくなる。

解答例以外にも，$\frac{7}{1}\times\frac{2}{3}\times\frac{9}{6}\times\frac{5}{10}\times\frac{8}{4}=7$，$\frac{1}{2}\times\frac{7}{3}\times\frac{8}{4}\times\frac{9}{5}\times\frac{10}{6}=7$など，さまざまな式が考えられる。

(5)　【解き方】$2\times2\times2=2^3$のように表すことにする。1から10までの整数の積は，$2^8\times3^4\times5^2\times7$である。分母と分子で約分したとき，7以外の素因数は必ず偶数個残り，7以外の部分は同じ数字を2回かけた数(平方数)になる。

(4)より，積が整数になるときの計算結果の最小値は7である。計算結果の最大値は，$\frac{6\times7\times8\times9\times10}{1\times2\times3\times4\times5}=252$

$252=2^2\times3^2\times7=6^2\times7$になるから，残る整数は，$1^2\times7$，$2^2\times7$，$3^2\times7$，$4^2\times7$，$5^2\times7$，$6^2\times7$になる可能性がある。$2^2\times7$から$5^2\times7$までになるかどうかを調べる。

$\frac{2\times7\times8\times9\times10}{1\times3\times4\times5\times6}$のように振り分ければ，$2^2\times7=28$になる。

$\frac{3\times7\times8\times9\times10}{1\times2\times4\times5\times6}$のように振り分ければ，$3^2\times7=63$になる。

$\frac{4\times7\times8\times9\times10}{1\times2\times3\times5\times6}$のように振り分ければ，$4^2\times7=112$になる。

$\frac{5\times7\times8\times9\times10}{1\times2\times3\times4\times6}$のように振り分ければ，$5^2\times7=175$になる。よって，7，28，63，112，175，252になる。

2　**(1)(ア)【解き方】1と2の目だけしか出ないので，ゴールで折り返す前後に止まるマスは④になる。したがって，ゴールで折り返すと必ずスタートから再出発することになるから，ゴールで折り返さない場合を考える。**

1と2だけで和が5になる数の組を考えると，(1，1，1，1，1)(1，1，1，2)(1，2，2)がある。

(1，1，1，1，1)は1通りしかない。(1，1，1，2)は，2を何回目に出すかの4通りある。

(1，2，2)は1を何回目に出すかの3通りある。よって，全部で，$1+4+3=8$(通り)

(イ)【解き方】考えられるパターンは，A(1回も戻ることなくゴールした場合)，B(1回スタートに戻ってからゴールした場合)，C(2回スタートに戻ってからゴールした場合)がある。

Aについて，ゴールは目の合計が5になるときである。

Bについて，2→2→2と目を出すと，②➡④➡④と進み，スタートに戻る。次に，1→2→2と出せばゴールすることができる。目の和は$2+2+2+1+2+2=11$

Cについて，2→2→2と進むところまではBと同じである。次に2を出して再びスタートに戻り，そこから1→2→2を出せばゴールすることができる。目の和は，$11+2=13$

(2)(ア)【解き方】ゴールで折り返さずに3と4の目だけでゴールすることはできない。ゴールから折り返して止まることができるマスは，②マス，③マス，④マスであり，このあと3か4の目を出してゴールできるのは②マスである。

ゴールする直前には②マス，その1つ前は④マスに止まる。

最短でゴールするのは，4→4→3の目を出したときで，目の和は$4+4+3=11$

④マスに止まる前に③マスに止まるとき，3→3→4→3でゴールできる。目の和は，$3+3+4+3=13$

(イ)【解き方】ゴールする前は，必ず④➡②➡ゴールとなり，それまでに④マスに止まることなく，③マスとスタートのループをした場合を考える。

最初に３→４と出すと③➡③と進んでスタートに戻る。ここまでの目の和は７である。このあと，３を出し続ければ③マスとスタートのループが続く。ループが終わったあとの目は，４→４→３の11だから，③マスとスタートのループに出した目の和は，2022－11－７＝2004

よって，ルーレットを回した回数は，2004÷３＋３＋２＝673(回)

⑶　**【解き方】ゴールするまでに必ずスタートからゴールまでの５マスは進む。折り返した場合，ゴールから戻った数だけ再び進むことになるので，(戻った数)×２が目の和に加わる。したがって，目の和は，５＋(戻った数の合計)×２になるから，奇数になる。**

ゴールでの折り返しがないときの目の和は５である。

ゴールで１回折り返すときの目の和は，④マスまで戻ると５＋１×２＝７，③マスまで戻ると５＋２×２＝９，②マスまで戻ると５＋３×２＝11となる。

目の和が13になるためには戻る数の合計が４でなければならず，２回折り返さなければならない。そのような進み方として，　S➡①➡③➡G➡④➡G➡②➡Ⓖがある(Sはスタート，Gは折り返し，Ⓖはゴールを意味する)。

目の和が15以上になるためには戻る数の合計が５以上でなければならず，そのような進み方はない。

よって，目の和として考えられるものは，５，７，９，11，13

⑷　**【解き方】⑶より，スタートに戻らない場合は目の和が奇数になるから，１回以上スタートに戻ったことになる。目の和が12(偶数)となる戻り方を考える。以下，Sはスタート，Gは折り返し，Ⓖはゴールを意味する。**

１回以上スタートに戻ることで，必ずスタートからゴールまで５×２＝10(マス)は進むことになる。つまり，ゴールから戻ったマスの数などの，余分に進んだマスの数の合計は，12－10＝２である。

２マス余分に進むことが一度に起きる場合は，折り返す前に③マスに止まり，折り返しでゴールから③マスまで２マス戻ってスタートに戻るパターンである。スタートに戻ったあとの進み方は，まだ「スタートに戻る」になっていないマスを順番にふんでいくだけだから，１通りに決まる。

スタートに戻る前の進み方は，スタートから③マスまでの進み方が，S➡①➡②➡③，S➡①➡③，S➡②➡③，S➡③の４通り，③マスから③マスに戻るまでの進み方が，③➡④➡G➡③，③➡G➡③の２通りだから，４×２＝８(通り)ある。ただし，S➡①➡②➡③➡④➡G➡③だけはスタートに戻ったあとゴールできなくなる。

したがって，このパターンの目の出方は，８－１＝７(通り)ある。

２マス余分に進むことを２度に分ける場合は，折り返す前に①マスと④マスに止まり，最初の折り返しでゴールから④マスまで１戻ってからスタートに戻り，スタートから①マスまで１進んでから再びスタートに戻り，まだ「スタートに戻る」になっていないマスを順番にふんでいくパターンである。このパターンの進み方は，折り返す前の①マスから④マスまでの進み方が①➡②➡④，①➡③➡④，①➡④の３通りだから，目の出方も３通り。

よって，全部で，７＋３＝10(通り)

３　⑴　**【解き方】スタートした直後のA君とB君の速さの比は，240：250＝24：25である。**

同じ時間に進む道のりの比は速さに比例するから，スタートした直後のA君とB君が進んだ道のりの比は24：25である。比の数の差の25－24＝１が10mにあたるから，A君が走る距離は，10×24＝240(m)

⑵　**【解き方】⑴をふまえ，B君の10m前にA君がいるときと，B君がA君に追いつくときを考える。**

２人の差が10mをこえてからのA君とB君が進む道のりの比は，速さの比に等しく200：250＝４：５である。

比の数の差の５－４＝１が，300－10－10＝280(m)になるのは，A君が280×４＝1120(m)走ったときである。

B君の10m前にA君がいるときからB君がA君に追いつくまでの間，A君とB君が進む道のりの比は，速さの比に等しく200：300＝２：３である。比の数の差の３－２＝１が10mになるのは，A君が10×２＝20(m)走ったときである。よって，B君がちょうど１周分の差をつけてA君に追いつくまでに，A君が走る距離は，
240＋1120＋20＝1380(m)

⑶　**【解き方】A君がB君に追いつかれるまでの時間は，240÷240＋(1120＋20)÷200＝１＋5.7＝6.7(分)である。**
１分間は分速240mの速さで，そのあとの5.7分間は分速200mで走って，1380mを進む。
10周は，300×10＝3000mだから，3000÷1380＝２余り240より，B君に２回追いつかれて，240m走ると10周走ることになる。6.7×２＋１＝14.4(分)，0.4分＝(0.4×60)秒＝24秒より，かかった時間は，14分24秒

⑷(ア)**【解き方】C君がB君より先にA君に追いつくので，B君がA君に追いつく前に，A君は１度，速度を1.2倍にしている。**
A君は，C君に追いつかれると１分間だけ分速240mの速さで走る。A君が分速200m，B君が分速250mの速さで走り，距離の差が300－10－10－10＝270(m)になるのは，A君が270×４＝1080(m)走ったときである。
分速240mの速さで走った距離は240×２＝480(m)，B君がA君の10m後ろからA君に追いつくまでにA君が走った距離は20mだから，A君の走った距離の合計は，1080＋480＋20＝1580(m)

(イ)【解き方】(ア)をふまえる。
A君が，B君に２回追いつかれるまでに，1580×２＝3160(m)走るから，A君が10周するのは，B君に追いつかれる少し前である。A君は，B君に１回追いつかれるまでに，(分速240mで240m)→(分速200mで540m)→(分速240mで240m)→(分速200mで560m)走るから，B君が追いつく前は分速200mで走っている。
A君はB君に２回追いつかれるまでに，(480÷240＋1100÷200)×２＝15(分)走るから，10周するのにかかる時間は，15－(3160－3000)÷200＝14.2(分)になる。よって，⑶で求めた時間より，14.4－14.2＝0.2(分)短くなるから，求める時間は，0.2×60＝12(秒)

⑸　**【解き方】B君が２回目にA君に追いついたときのB君とC君の位置関係は，初めのB君とC君の位置関係と同じである。**
A君が１分間連続して分速240mで走った回数は，⑶のとき３回，⑷のときはB君を追いかけて２回，C君を追いかけて２回の合計４回である。したがって，この回数が４－３＝１(回)増えると，12秒短縮できる。短縮した時間が７秒になったということは，C君がA君を２回目に追いぬいたあと，A君が分速240mの速さで走っている途中(とちゅう)に10周になったことになる。
分速240mで走って７秒短縮したら10周になったから，C君に追い抜かれたのは，スタート地点Xの$240\times\frac{7}{12}=$140(m)手前である。10周をこえて，分速240mの速さで240－140＝100(m)走り，分速200mの速さで，3160－3000－100＝60(m)走ると，B君に追いつかれる。A君が分速200m，C君が分速250mの速さで走るとき，走る道のりの比は４：５だから，A君が60m走るとき，C君はA君より$60\times\frac{5-4}{4}=15$(m)多く進む。
A君が10周をこえて100m走ったときC君はA君の10m前にいて，A君がさらに60m走ってB君に追いつかれたとき，C君はA君，B君より，10＋15＝25(m)先を進んでいるから，C君がスタートした地点は，スタート地点Xから左回りに25mの地点である。

4　⑴　**【解き方】半径がXAの円の４分の１であるおうぎの形の曲線部分と，底面の円の周りの長さは等しい。**
底面の半径をr㎝とすると，底面の円の周りの長さは，r×２×3.14(㎝)
半径がXAの円の４分の１であるおうぎの形の曲線部分の長さは，$XA\times2\times3.14\times\frac{1}{4}=XA\times\frac{1}{2}\times3.14$(㎝)
よって，XAの長さは，底面の円の半径の，$(2\times3.14)\div(\frac{1}{2}\times3.14)=4$(倍)

(2)　**【解き方】右図は円すいの展開図であり，三角形A′A″Xと三角形ＡＢＯはともに直角二等辺三角形だから，同じ形である。**

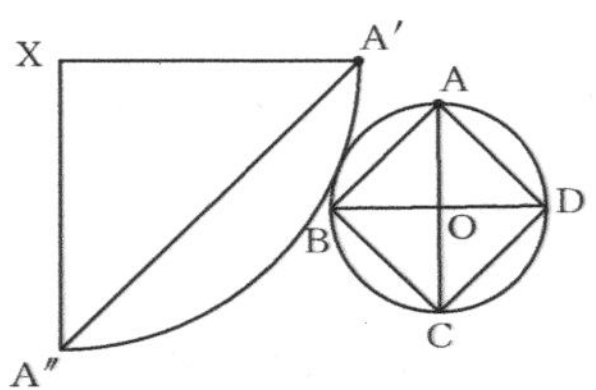

点Ｐが移動した距離はA′A″の長さである。

三角形A′A″Xと三角形ＡＢＯの対応する辺の長さの比は，ＸA′：ＯＡ＝4：1だから，A′A″＝ＡＢ×4＝10×4＝40(cm)

このとき，点Ｑは$40\times\frac{1}{4}$＝10(cm)進んでＢにある。

(3)　**【解き方】実際のＸＰの長さは，展開図上での長さになる。**

図ア(側面の展開図)　図イ(真上から見た図)

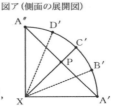

右図アで，三角形A′ＸＰと三角形A″ＸＰは合同な直角二等辺三角形だから，実際のＸＰの長さは，

ＸＰ＝A′Ｐ＝A′A″×$\frac{1}{2}$＝40×$\frac{1}{2}$＝20(cm)

図アにおいて，ＸC′＝ＸA′だから，ＸＰ：ＸC′＝ＸＰ：ＸA′なので，

ＸＰ：ＸC′は，直角二等辺三角形の直角をはさむ辺と斜辺の比にあたる。

したがって，図５でもＸＰ：ＸＣは直角二等辺三角形の直角をはさむ辺と斜辺の比にあたるので，図５のＸＰの長さは図イのＸＳの長さと等しい。

よって，図５のＸＰの長さは，ＸＳ＝ＣＳ＝ＢＣ×$\frac{1}{2}$＝5(cm)

(4)(ア)**【解き方】真上からみたとき，Ｘ，Ｂ，Ｐが一直線上になるときの点Ｐは，図ウのP_2である。**

図ウ(側面の展開図)

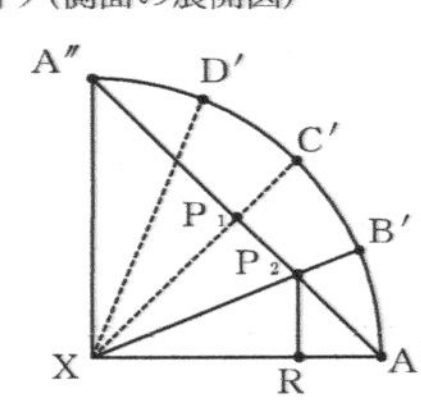

図ウにおいて，B′，C′，D′はおうぎ形の曲線を４等分しているから，

中心角も４等分しているので，角A′ＸB′＝角B′ＸC′＝90°÷4＝22.5°

A′A″とＸC′は垂直だから，P_2からA′Ｘに垂線P_2Rを引くと，

三角形XP_2P_1と三角形XP_2Rは合同な直角三角形になるので，$RP_2=P_1P_2$

$A'P_2>RP_2$だから，$A'P_2>P_1P_2$である。$A'P_2$は$A'P_1$の半分より長く，$A'P_1$は点Ｐが１周する長さの半分だから，点Ｐが１周する長さの$\frac{1}{4}$より長い。長さと時間は比例するから，点Ｐが１周する時間の$\frac{1}{4}$より長い。

(イ)【解き方】図６のＸＡは，図ウのＸA′の$\frac{1}{4}$の長さで，図６のＡＱの長さは，図ウの$A'P_2$の$\frac{1}{4}$の長さだから，ＸＡ：ＸA′＝ＡＱ：$A'P_2$になる。また，角ＸＡＱ＝角$XA'P_2$＝45°だから，図６の三角形ＸＡＱと図ウの三角形$XA'P_2$は同じ形の三角形である。

(ア)より，角$A'XP_2$＝22.5°だから，角㋐＝角$A'XP_2$＝22.5°

(側面の展開図)　(真上から見た図)

(ウ)【解き方】図６のＸＰ：ＸＢは，図ウのXP_2：ＸB′と等しい。

図ウにおいて，ＸA′＝ＸB′だから，XP_2：ＸA′＝XP_2：ＸB′になる。

図６の三角形ＸＡＱと図ウの三角形$XA'P_2$は同じ形だから，

ＸＰ：ＸＢ＝XP_2：ＸB′＝XP_2：ＸA′＝ＸＱ：ＸＡになる。

よって，ＸＢ＝ＸＡだから，ＸＰ＝ＸＱである。

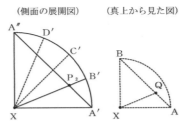

(5)　**【解き方】右図エのように，展開図におけるこの問題でのＰの位置をP_3とする。図オは，このとき真上から見た図の一部である。角A′ＸB′×4＝角ＡＸＢだから，角$A'XP_3$×4＝角ＡＸＰである。三角形$XA'P_3$と三角形ＸＡＱは同じ形で，角$A'XP_3$＝角ＡＸＱだから，角ＡＸＰ：角ＡＸＱ＝4：1**

図エ(側面の展開図)　図オ(真上から見た図)

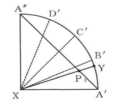

図オにおいて，点ＰがちょうどＡＢ上にあることから，次のことが言える。

ＸＰ：ＸＢ＝XP_3：ＸＢ′＝XP_3：ＸＡ′＝ＸＱ：ＸＡでＸＢ＝ＸＡだから，ＸＰ＝ＸＱ

これより，三角形ＸＢＰと三角形ＸＡＱは合同だから，角ＢＸＰ＝角ＡＸＱ（つまり，点Ｐが真上から見た図でちょうどＡＢ上にあるために，角ＢＸＰ＝角ＡＸＱになったということである）

よって，角ＡＸＰ：角ＢＸＰ＝４：１だから，角㋑＝角ＡＸＰ＝$90^\circ\times\frac{4}{1+4}=72^\circ$

《2022　理科　解説》

問１

キュウリ以外にも，ヘチマ，ツルレイシ，カボチャなど，ウリ科の植物には黄色の花を咲かせるものが多い。

問２

根を食用とするものは双子葉類の主根であることが多く，側根がはえていることが目印となる。ウとエは茎を食べる植物である。

問３

(1)1.45－0.97＝0.48（ｇ）　(2)0.29－0.25＝0.04（ｇ）

問４

０時間のときの1.12ｇを100とするから，12時間後の0.67ｇは$100\times\frac{0.67}{1.12}$＝59.8…→60，36時間後の0.28ｇは$100\times\frac{0.28}{1.12}$＝25と表せる。

問６

ア×…４時間後も48時間後も数値が最も小さいのはＡである。　イ○…Ａでは，数値が100から67になるまでが４時間だから，100から70になるまでは４時間よりも短い。また，数値が67から41になるまでが８時間だから，70から40になるまでは８時間よりも長い。Ｄでは，数値が100から66になるまでが８時間だから，100から70になるまでは８時間よりも短い。また，数値が66から43になるまでが16時間だから，70から40になるまでは16時間よりも長い。ウ○…４時間後以降は，常にＡの数値が最小で，Ｄの数値が最大である。ＤとＡの差は，４時間後が79－67＝12，８時間後が66－48＝18，12時間後が60－41＝19，24時間後が43－28＝15，28時間後が35－24＝11，32時間後が29－20＝９，36時間後が25－17＝８，48時間後が21－14＝７である。

問７

根をアルミ箔で包まないという条件に変えるだけで，４時間後の数値がＡ～Ｄと比べて小さくなっているから，実験開始から４時間で，根の部分から多くの水が蒸発したと考えられる。

問８

「三角フラスコ内で苗を立てて水を吸わせようとした」とある。写真５と６の苗は写真４の苗と比べるとくきが細くなっていて，三角フラスコ内で自立することが難しいと考えられる。

問９　乾燥後の重さを最初の重さで割った値が約0.24だから，乾燥後の重さは最初の重さの約0.24倍である。また，吸水後の重さを乾燥後の重さで割った値が約2.3だから，吸水後の重さは乾燥後の重さの約2.3倍である。これらの条件に合うのは⑦である。

問10

乾燥後の重さを最初の重さで割った値は$\frac{\text{乾燥後の重さ}}{\text{最初の重さ}}$で，吸水後の重さを乾燥後の重さで割った値は$\frac{\text{吸水後の重さ}}{\text{乾燥後の重さ}}$で表せ，$\frac{\text{乾燥後の重さ}}{\text{最初の重さ}}\times\frac{\text{吸水後の重さ}}{\text{乾燥後の重さ}}=1$が成り立つとき，最初の重さと吸水後の重さが等しくなる。よって，乾燥後の重さを最初の重さで割った値と吸水後の重さを乾燥後の重さで割った値の積が１となる点を通るグラフをかけばよい。(乾燥後の重さを最初の重さで割った値，吸水後の重さを乾燥後の重さで割った値)＝(約0.17，６)，(0.2，５)，(0.25，４)，(約0.33，３)，(0.5，２)，(0.6，約1.7)，(0.7，約1.4)などの点を通ればよい。

問11

図３の点のうち，問10でかきいれた曲線付近にあるものは，元にもどるということである。乾燥後の重さを最初の重さで割った値がだんだん大きくなって0.35ぐらいになると元にもどるものが少しずつでてきて，0.4ぐらいになるとほとんどが元にもどることを読み取る。乾燥後の重さを最初の重さで割った値が0.4ということは，最初の重さを100としたときの重さは100×0.4＝40である。実験で，最初の重さを100としたときの重さが40より軽くなるまでの時間が最も長いのはＤのときの約24時間である。これに対し，栄一君が水やりを２日間(48時間)忘れていても３日目に水をやったことで元にもどったのは，土に十分な水分がたくわえられていたためだと考えられる。

《2022　社会　解説》

１　**問１**　イが正しい(右図参照)。和泉国は大阪府，摂津国は大阪府と兵庫県の旧国名である。

問２　奈良時代は平城京，平安時代は平安京が都であり，律令制で税は，稲の収穫高の３％を地方の国府に納める「租」・絹，麻や地方の特産物などを都に納める「調」・都での 10 日間の労役に代えて，都に布を納める「庸」からなり，地方からもたらされる調を役人が木簡に記録していた。

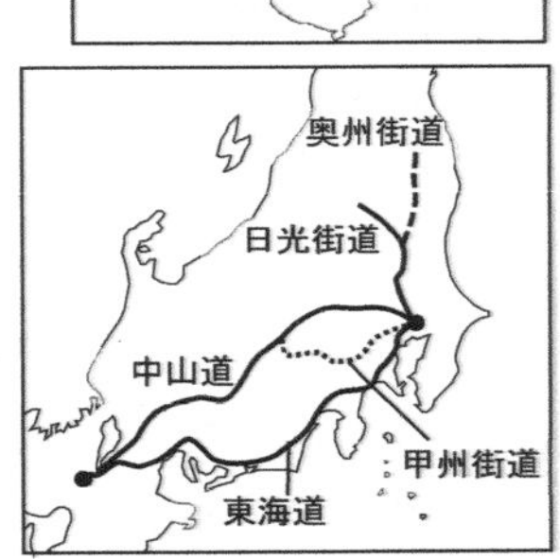

問３　中山道は江戸の日本橋と京都の三条大橋を内陸経由で結んだ(右図参照)。

問４　都のある近畿地方から，中国地方では備前国，備中国，備後国の順，中部地方では越前国，越中国，越後国の順に距離が遠くなることを読みとる。千葉県があてはまらないのは，相模から海路で上総に渡っていたからである。

２　**問１**　江戸時代の浮世絵の一種として，多色刷りの木版画の錦絵が知られている。

問２　1600 年の関ヶ原の戦いで，家康を中心とする東軍が石田三成を中心とする西軍に勝利すると，天下統一を果たして全国支配の実権をにぎり，征夷大将軍に任じられて 1603 年に江戸幕府を開いた。幕藩体制では，幕府と藩が全国の土地と民衆を支配した。また，江戸幕府の各将軍は，諸大名を統制するために武家諸法度を定めた。

問３　安土桃山時代の豊臣秀吉の太閤検地では，予想される収穫量を米の体積である石高で表したため，年貢を確実に集めることができるようになった。また，検地によって勝手に土地を離れられなくなり，刀狩によって武器を使って戦うことができなくなったため，武士との身分がはっきりと区別されるようになった(兵農分離)。

問４　中世まで利根川は東京湾に流れこんでいたが，江戸時代の治水工事で銚子から太平洋に流れ出るようになった。

３　**問１⑴**　オ．鎖国体制が完成した後も，キリスト教の布教を行わないオランダとの貿易は長崎の出島で続けられ，江戸幕府はオランダ風説書によって海外の貴重な情報を入手し，貿易を独占していた。　**⑵**　ウ．徳川家康の頃に対馬藩の宗氏によって朝鮮の国交が回復し，将軍の代がわりごとに朝鮮通信使が派遣されるようになった。**⑶**　イ．琉球王国は薩摩藩に服属する一方で，中国との朝貢貿易を続けた。　**⑷**　カ．松前藩は，アイヌの人々がもたらす大量のサケなどをわずかな米や日用品と交換して富を得ていた。このことにアイヌの人々は不満を持ち，シャクシャインを中心に反乱を起こした(シャクシャインの戦い)。

問２　江戸幕府は，キリスト教徒の増加がヨーロッパによる日本侵略のきっかけとなり，支配の妨げになると考え，キリスト教の布教を行うスペインやポルトガルの船の来航を禁止した。徳川吉宗の享保の改革で，漢文に翻訳された洋書の輸入の制限がゆるめられため，オランダを通して日本に入ってきたヨーロッパの知識や学問を研究する蘭学がさかんになった。

問３　杉田玄白は，前野良沢とともにオランダ語で書かれた『ターヘル・アナトミア』を翻訳し，『解体新書』を出版した。玄白は江戸で人体解剖を見学した際，『ターヘル・アナトミア』の解剖図が実物とほとんど変わらないことに感心し，東洋医学の五臓六腑説が誤っていることに気づいた。

問４　円周は 6370×２×3.14＝40003.6(km)だから，緯度差１度の距離は 40003.6÷360＝111.12…(km)となり，最も近いイを選ぶ。

問５　エ．ロシアのレザノフやラクスマンが訪れて通商を求めたが実現しなかった。

[4]　問１　アは車輪が回転する３の量程車(りょうていしゃ)，イは角度を測れる４の象限儀(しょうげんぎ)，ウは方位磁石が杖の先につけられた２の杖先方位盤(つえさきほういばん)，エは望遠鏡の接眼部につけられる１の測食定分儀(そくしょくていぶんぎ)と判断する。

問２　縮尺の最も小さいウを選ぶ。広く観察するときは縮尺の小さい地形図，細部を観察するときは縮尺の大きい地形図を使う。

問３　(実際の距離)＝(地図上の長さ)×(縮尺の分母)より，１×216000＝216000(cm)＝2160(m)。

問４　[4]の文章の二段落後半より，街道や海岸線をあらわす図に，実際に測量を行った場所やその周りの風景だけをあらわしたのが伊能図で，想像で描いたところがなかったことが読み取れる。

問５　直角に交わる縦線を経線，横線を緯線と言う。緯度０度経線(赤道)を基準に上が北緯，下が南緯，経度０度の経線(本初子午線)を基準に右が東経，左が西経に分かれる。

問６　[1]の問３の解説図を参照。

[5]　[1]の問より，古代につくられた行基図は，近畿地方が中心の地図だったことが分かる。[2]の文章より，江戸時代の前半につくられた赤水図は，半島の位置が実際とは違っていたり，島々が実際よりも目立っていたりする地図だったことが分かる。これらの不正確な地図に対して，伊能図は実際の測量を行った場所や風景を忠実に描いた正確な地図だった([4]の問４の解説参照)。以上のことを踏まえて[3]の文章を読むと，江戸時代の後半にオランダ語の書物を読んで研究する蘭学が発達したため，伊能忠敬はオランダ語の天文学書から測量を学べたこと，器具を使って地上の角度・距離を測定したり，天体観測を行ったりできたこと([4]の問１の解説参照)が伊能図完成の背景にあったと導ける。

2021 解答例 令和３年度　★栄光学園中学校

《国　語》

【一】問一．一日一回小さなものを食べるだけで、一日分の栄養補給ができること。　問二．食事を楽しいことだと感じることと、食べている時間に「共在感覚」を得られることが、人間を人間たらしめていると考えるから。
問三．栄養を直接注入しないで、食べものを噛む　問四．眠っている食糧を利用し、歯ごたえのあるおいしい食べものが、宗教や国籍を問わず誰でも無料で食べられる食堂を、世界中につくること。　問五．エ　問六．ウ

【二】問一．a．オ　b．イ　問二．電車内の座席に座り、外を歩いていたときの緊張から解放されたから。
問三．朔のことを知っている相手が、失明後初めて電車に乗り混雑した新宿に行く大変さへの配りょをしなかったことを、不満に思っている。　問四．ア　問五．境野は珈琲　問六．見えていたときの朔が絶対にしなかったことをしてみたいと言うなら

【三】1．沿岸　2．破損　3．仮設　4．雑誌　5．看板　6．郵便　7．郷里
8．幼児　9．系図　10．私腹　11．胸　12．編　13．祝　14．照　15．延

《算　数》

1　(1)4　(2)右図　(3)右図
(4)(2，3，6)，(2，4，6)

1(2)の図

1回目　2回目　3回目　4回目

1(3)の図

2　(1)2456　(2)①182.8　②2100　(3)314　(4)152.8

3　(1)最初の黒い部分…$\frac{19}{2}$　隣の透明な部分…$\frac{1}{2}$
(2)$\frac{7}{3}$cm，9cm　(3)$\frac{20}{9}$cm，$\frac{26}{3}$cm　(4)($\frac{8}{3}$～$\frac{11}{4}$)，(6～$\frac{13}{2}$)，(13～14)

4　(1)38　(2)連続する４つの整数には必ず４の倍数がふくまれる。４の倍数は２×２×(整数)と表されるので，同じ素数の積または３つ以上の素数の積となる数だから，４の倍数は素積数ではない。
(3)(85，86，87)，(93，94，95)　(4)(213～219)

《理　科》

問１　地層
問２　あ．2.14　い．3.19
問３　右グラフ
問４　う．小さい　え．大きい　お．おそい　か．7.79
き．0.43　く．0.08　け．粒が大きいほど，粒の大きさの変化による沈む速さの変化が小さくなる。
問５　図４の写真から，粒の大きさが大きい順に並べると砂，ビーズ，泥となる。実験２の結果より，粒が大きいほど沈む速さが速いことがわかるので，実験１のように下から砂，ビーズ，泥の順に積もってしまもようができた。
問６　14
問７　163
問８　右グラフ

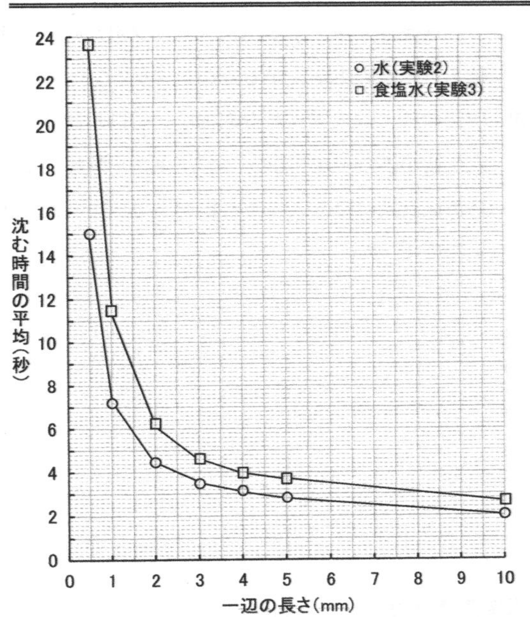

問９　ア，イ，オ

問10　４㎜の粒…1.8　　１㎜の粒…1.7

問11　４㎜の粒よりも１㎜の粒の方が大きかったね

問12

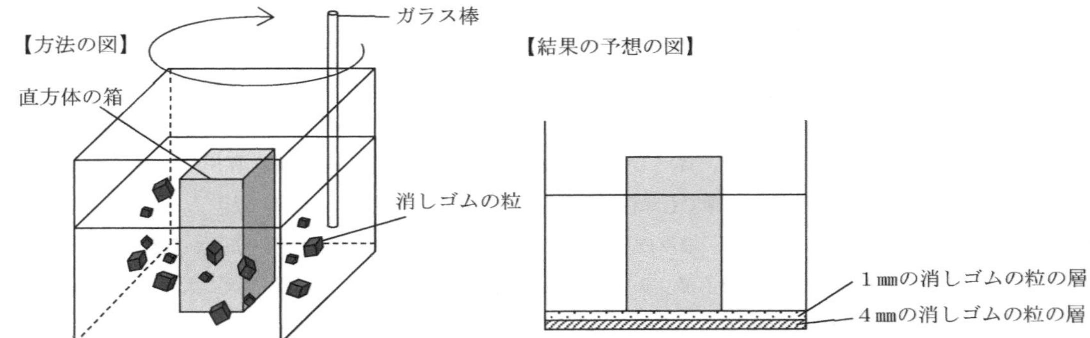

水槽の中央に直方体の箱を固定して水路を作り，消しゴムの粒を少しずつ入れていく。
消しゴムの粒を入れている間はガラス棒を速く回して水の流れを強くし，消しゴムの粒が積もらないようにする。
消しゴムの粒がすべて水の中に入ったら，ガラス棒をゆっくり回して水の流れを弱くし，一定の速度で回し続ける。
すると，４㎜の消しゴムの粒が先に積もって，２層に分かれる。

《社　会》

Ⅰ　問１．自転車は，傾きが急な地表面の多い②では少なく，平坦な地表面の多い③や④では多く使われる。
問２．⑤ウ　⑥イ　⑦ア

Ⅱ　問１．農耕　問２．清少納言　問３．応仁の乱　問４．かご　問５．エ　問６．貝塚　問７．渡来人　問８．戦場にかけつけ，幕府のために戦うこと。　問９．ア　問10．人力車　問11．江戸時代までは，身分の低い者は牛車や馬に乗ることができなかったが，明治時代になると，身分による制限はなくなり，運賃さえ払えば乗ることができるようになった。

Ⅲ　問１．(a)左側　(b)信号機　(c)右側　問２．イ　問３．(1)エ　(2)歩道橋　問４．駐輪場　問５．ア

Ⅳ　問１．イ　問２．殖産興業　問３．ア　問４．戦場となったヨーロッパからの輸入がとだえたため。

Ⅴ　問１．成人男性が徴兵され，働き手が不足したため。　問２．生産台数は大幅に増えた。実用車の割合は年々減り，通勤通学用・子供用・スポーツ用など，用途に応じた車種の割合が増えていった。　問３．国産自転車より輸入自転車の方が安かったから。

Ⅵ　明治時代に輸入された自転車は，値段が高く一般には広まらず2000人に１台程度の普及だった。大正時代から国内生産が進むと実用車として広まり，戦後になると実用車以外のさまざまな用途に応じた自転車が生産され，高度経済成長期には５人に１台程度まで広まった。1990年代からは国産にかわって輸入自転車が増え，２人に１台程度まで広まった。

←解答例は前のページにありますので，そちらをご覧ください。

《2021　国語　解説》

【一】

問一　傍線部①をふくむ「これを理想だと考える人」とは、「食べることが『煩わしい』と考える人」である。そういう人にとっては、「これさえ食べられれば一日の栄養を賄える食品」といったものが存在し、「一日一回、小さな食べものを食べて、それで一日分の栄養補給ができる」というのは理想である。

問二　直後の２段落に「なぜかといいますと、一つは、食事みたいな楽しいことが人びとの暮らしからなくなってしまうのは、もったいないと思うからです」「食べることは、実は、人間が人間であるための根源的な行為だと思うのです」とある。続いて[7]段落以降に「できるだけ早く食事が済むように～ムースやゼリーがどんどん開発され、売られていく、という未来です」とある。筆者はこのような未来を「食べものから噛みごたえがなくなっていく未来」と表現し、噛むことによってかかる時間が食事に「共在感覚」を生み出し、この時間が「人間を人間たらしめているように思えます」と述べ、この時間が失われることに不安をおぼえている。両者に共通するのは、「食べることをやめ」ることで、「人間を人間たらしめている」ものが失われるということである。

問三　傍線部③が直接指しているのは、食事中に「噛む」ことである。それを言いかえたのが「給油のように直接消化器官に栄養補給しないこと」である。「遠回り」と表現しているのは、栄養を体内に取り込むという目的だけを考えれば、「噛む」ことは「直接消化器官に」栄養を注入するよりも手間や時間がかかるからである。

問四　次の行に「宗教や国籍を問わないで誰でも受け入れる無料食堂の試みは、そういった歩み(＝飢えをなくすこと)の難しさをちょっとずつ軽減してくれるように思います」とある。こうした「無料食堂」については、[14]～[15]段落でくわしく説明されている。それは、「歯ごたえがあって、おいしい食べものが、全部無料」の食堂である。「現在、食糧はつくりすぎの傾向にあり、企業や国の倉庫で眠って」いる。その食糧を「無料食堂」で「利用するだけで飢餓はかなり減らせる」とある。

問五　[7]～[12]段落では「歯ごたえをなくす動き」について説明している。映画のためにＮＡＳＡが開発した宇宙食は「ムースみたいな食べもの」であり、「歯ごたえをなくす」ものの一例だと言える。よって、エが適する。

問六　[1]～[2]段落は、「食べものの未来」について考えていくにあたっての導入部分になっている。[3]～[6]段落では、「食べものの未来」のうち、「一日一回、小さな食べものを食べて、それで一日分の栄養補給ができる」といった、簡単に栄養がとれる未来について述べている。[7]～[12]段落では、「食べものの未来」のうち、「歯ごたえをなくす動き」を進めた未来について述べている。[13]段落では、ここまでで説明した「二つの未来とは違った未来」について考えていきたいと述べている。[14]～[16]段落では、[13]段落でふれたことに入る前に話したいこととして、「歯ごたえがあって、おいしい食べものが、全部無料になる未来」について述べている。よって、ウが適する。

【二】

問二　次の行に「外を歩くときの朔は、口数も少なく、表情もかたい。隣を歩いていても、緊張しているのがわかる」とある。外を歩くときは、目が見えないことで周囲の状況が把握しづらく、身にせまる危険にも対処しづらい。しかし、空いている電車で座席に座っていれば、人とぶつかったり、電車がゆれてたおれそうになったりするというおそれはない。外を歩くのと比べて安心して過ごせるので、表情がやわらいだのである。

問三　直後で梓は、「だったら、もう少し気を遣ってくれたっていいのに」「最寄駅まで来てくれるとか」と言っている。梓は、境野さんが、初めて電車に乗る朔に気を遣わなかったことに対して不満をいだいている。

問四　境野さんが気を遣わなかったことに対して不満げな梓に対し、朔は「それは、違うんじゃないかな」「だってオレから連絡して、都合つけてもらってるわけだし」と言っている。朔は、目が見えないから気を遣ってほしいとはまったく思っていない。「アズは、オレが視覚障がい者だから、境野さんは気を遣うべきだって思ってるんじゃない？」と言われて、梓は、自分が朔を「気を遣うべき」相手、つまりいろいろと手助けするべき相手だと考えていたことに気づいた。「視線をさげた」というのはうつむいたということであり、気まずくなった様子が読み取れる。よって、アが適する。

問五　境野が「水の入ったグラスは正面、その左におしぼり置くよ」と説明したことで、朔はグラスやおしぼりの位置を把握でき、そのあと自分でグラスを手に取ることができた。目が見える相手に対しては、このような説明は不要である。

問六　少し前で、朔は「いままでのオレとは違うことをしてみたいんだ～見えていたときのオレなら絶対にしていなかったことをしたい」と言っている。傍線部⑤のように言ったのは、この発言を受けたもの。梓が生クリームをすすめたのに対し、朔は苦笑して断っている。「いたずらそうな笑みを浮かべて」とあることから、梓は、以前から朔は生クリームを食べないということを知っていて、冗談まじりにすすめたことがわかる。

《2021　算数　解説》

1　(1)　**【解き方】図１のいくつかの頂点に記号をおいてそれを図２に書きこむ。**

右図のようになるから，斜線が引かれた面は３の面の向かいの４である。

(2)　**【解き方】図１のいくつかの頂点に記号をおいてそれを展開図に書きこむ。**

右図Ⅰのように記号をおく。イは２であり，(1)の図２よりアは１である。これより，ウは６，エは３である。

図１の頂点に図Ⅱのように記号をおくと，展開図では図Ⅲのようになる。よって，解答例のように目の向きがわかる。

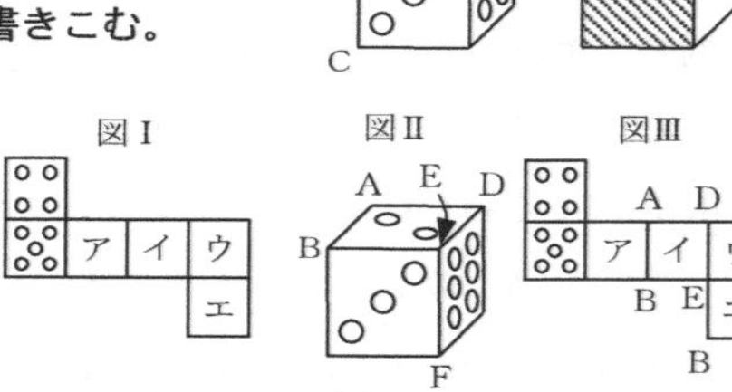

(3)　**【解き方】２と５は出ていないのだから，出た目は順に１→３→４→６である。１が出ているときと６が出ているとき，および，３が出ているときと４が出ているときは，２の面の目は同じに見える。**

図１から，３が出ているときは２の面の○は面の左上と右下とわかる。４のときも同様であり，１と６が出ているときはその反対である。

(4)　**【解き方】(3)をヒントに２回目と３回目に出た目をしぼりこんでいく。**

(3)より，２回目は３か４が，３回目は１か６が出たとわかるから，３回目は６に決まる。

１回目の図について，３の面が図のような向きになるのは，図１より，２が出たときか，その向かいの５が出たときである。したがって，１回目は２に決まる。

よって，出た目として考えられる組み合わせは，（２，３，６）と（２，４，６）である。

2　(1)　**【解き方】円は４つの辺上を動くから，１つの辺上の動きを重複がないように考えて面積を求め，それを４倍すればよい。そうすると，１つの辺上の動きは右図Ⅰのようになる。**

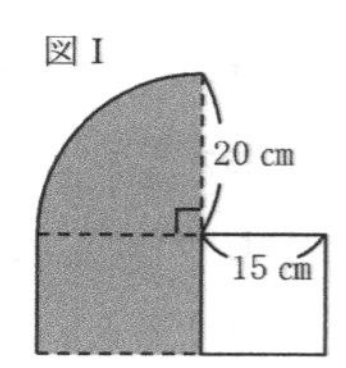

図Ⅰの色つき部分は，半径が20 cmの円の$\frac{1}{4}$と縦が15 cmで横が20 cmの長方形でできているから，求める面積は，$(20\times20\times3.14\times\frac{1}{4}+15\times20)\times4=20\times20\times3.14+15\times20\times4=$ $1256+1200=2456$(cm²)

(2)① **【解き方】正方形の辺が円上をすべるように動く間は，円の中心から最も遠い辺によって直線が描かれ，正方形の頂点が円上を動く間は，円の中心から最も遠い頂点によって円の一部が描かれる。右図Ⅱは，正方形ＡＢＣＤとしたとき，辺ＢＣが円上をすべるように正方形ＡＢＣＤが動き始めてから，頂点Ｃが円上を動いて曲線が描かれ，辺ＣＤが円上をすべるように動き始める直前までを模式的に表したものである。この長さを求め，それを４倍すればよい。**

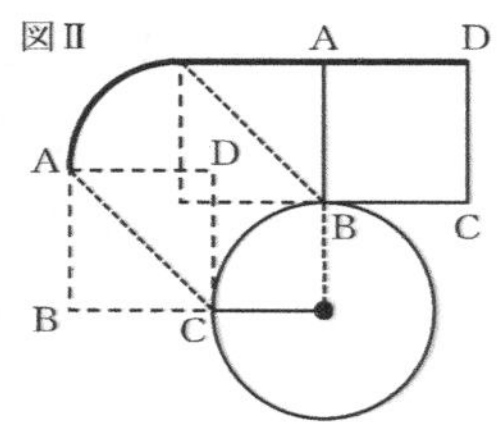

右図Ⅱで，直線部分は 15＋15＝30(cm)，曲線部分は半径が 10 cm(直径 20 cm)の円の周囲の$\frac{1}{4}$でできているから，

求める長さは，$(30+20\times3.14\times\frac{1}{4})\times4=120+20\times3.14=120+62.8=182.8$(cm)

② **【解き方】解説図Ⅱにおいて正方形ＡＢＣＤが動いた図形に色をつけたものが右図Ⅲであり，それを，面積を変えずに色をつけた部分をかえたものが右図Ⅳである。右図Ⅳの色をつけた部分と斜線を引いた部分の面積の和を求め，それを４倍すればよい。**

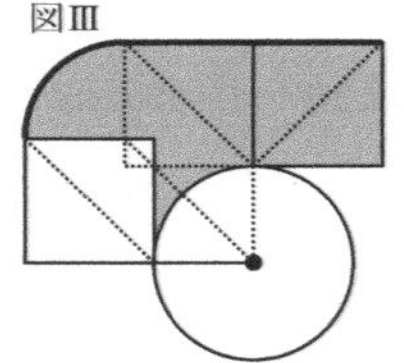

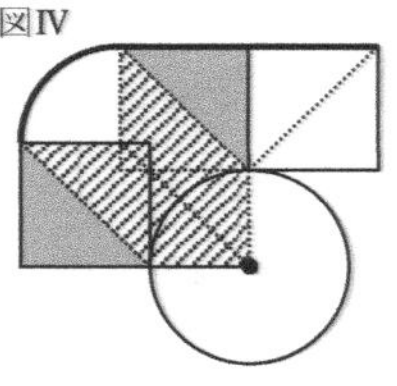

色をつけた部分は正方形の面積に等しく 15×15＝225(cm²)，斜線を引いた部分は，底辺が 10 cmで高さが 15 cmの平行四辺形２個分だから，面積は 10×15×２＝300(cm²)

よって，求める面積は，(225＋300)×４＝2100(cm²)

(3) **【解き方】ここまでの解説をふまえる。(1)の解説図Ⅰの縦と横の長さが正方形の１辺の長さと 20 cmの長方形の面積と，(2)②の解説図Ⅳの底辺が 10 cmで高さが正方形の１辺の長さの平行四辺形２個分の面積が等しいことに注目する。**

(1)と(2)の面積が等しいということは，(1)と(2)の解説図Ⅰと解説図Ⅳの面積も等しいことになるので，半径が 20 cm の円の面積の$\frac{1}{4}$と正方形の面積が等しいことになる。

よって，求める正方形の面積は，$20\times20\times3.14\times\frac{1}{4}=314$(cm²)

(4) **【解き方】辺が円上をすべるように動き始めてから，点が円上を動き，再び辺が円上をすべるように動き始めるまでの図形を考える。右図Ⅴのように正三角形をＰＱＲとする。三角形ＰＱＲの頂点Ｑが円周上にきたとき，三角形ＰＱＲは，辺ＱＲがすべるように円上を動き，Ｐによって直線が描かれる。Ｒが円周上にくると，三角形ＰＱＲは曲線上を動いて点ＲがＳのところまで移動し，それにともなってＰによって，半径が 10 cmで中心角が 60°のおうぎ形の曲線部分が描かれる。このあとは，点Ｑによって，半径が 10 cmで中心角が 60°のおうぎ形の曲線部分が描かれる。ここまでの動きを３回繰り返すと，三角形ＰＱＲは１周する。**

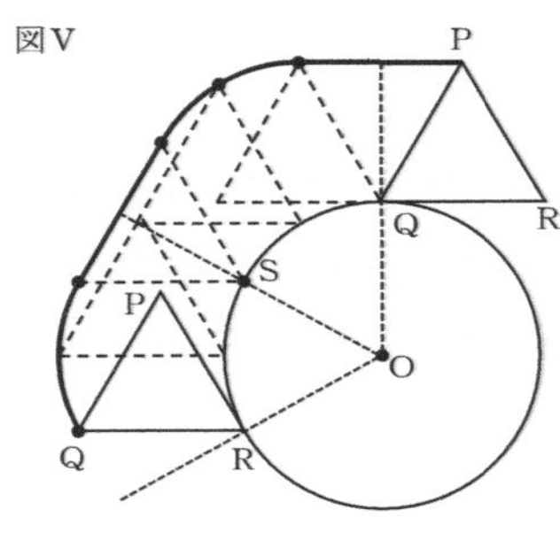

図Ⅴの直線部分は 15 cmが２本分，曲線部分は，半径が 10 cmで中心角が 60°のおうぎ形の曲線部分２個分だから，

求める長さは，$(15\times2+10\times2\times3.14\times\frac{60°}{360°}\times2)\times3=(30+20\times3.14\times\frac{1}{3})\times3=90+62.8=152.8$(cm)

3 以下の解説では，テープの黒い部分を「黒」，透明な部分を「白」と表記する。

(1) テープの左端(ひだりはし)からの長さを調べると右図のようになる。よって，最初の黒の長さは$9\frac{1}{2}=\frac{19}{2}$cm，その隣の白の長さは，$10-9\frac{1}{2}=\frac{1}{2}$(cm)

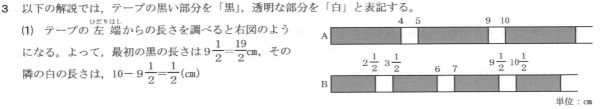

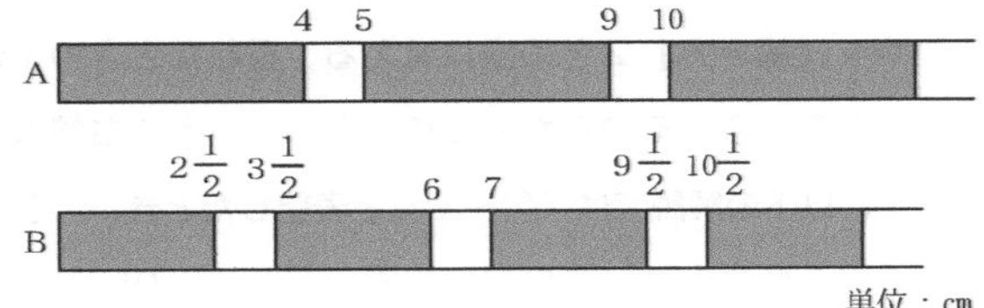

(2)　【解き方】黒１個の右に白１個をくっつけてできる図形を「セット」とする。重ねたときの１個目のセットは左端から９＋１＝10(cm)の位置までである。この中にＢのセットが何個あるかによって，場合を分けて考える。また，Ａの１個目の白が見えてしまうのはＢのセットの長さがいくつのときかを考えて，セットの長さに条件をつける。

Ａの１個目の白が見えてしまうのは，Ｂのいずれかのセットの終わりが，Ｂの左端から４cmより長く６cmより短い位置に収まるときである。したがって，ア<u>Ｂのセットの長さに整数をかけた値（あたい）が４より大きく６より小さい値になってはいけない</u>。また，Ｂの黒の長さが１cm未満の場合，Ａの１個目の白をかくすことができないから，イ<u>Ｂのセットの長さは１＋１＝２(cm)以上</u>である。

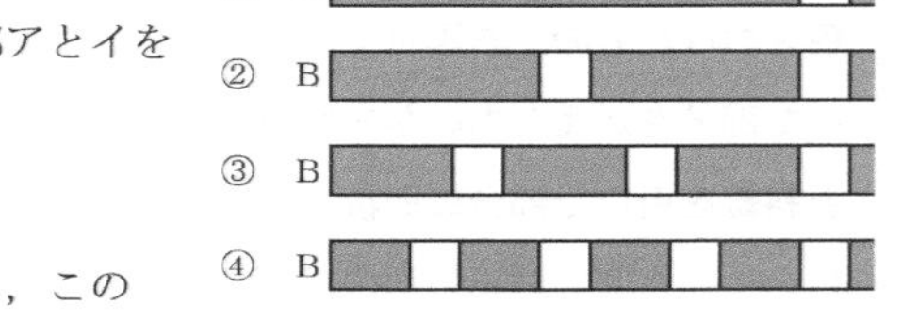

①重ねたときの最初のセットの中にＢのセットが１個ある場合

Ｂのセットの長さは10÷１＝10(cm)である。この場合，下線部アとイを満たす。よって，Ｂの黒の長さは10－１＝９(cm)である。

②重ねたときの最初のセットの中にＢのセットが２個ある場合

Ｂのセットの長さは10÷２＝５(cm)である。５×１＝５だから，この場合，下線部アを満たさない。

③重ねたときの最初のセットの中にＢのセットが３個ある場合

Ｂのセットの長さは10÷３＝$\frac{10}{3}$＝３$\frac{1}{3}$(cm)である。この場合，下線部アとイを満たす。よって，Ｂの黒の長さは$\frac{10}{3}$－１＝$\frac{7}{3}$(cm)である。

④重ねたときの最初のセットの中にＢのセットが４個ある場合

Ｂのセットの長さは10÷４＝$\frac{5}{2}$＝２$\frac{1}{2}$(cm)である。２$\frac{1}{2}$×２＝５だから，この場合，下線部アを満たさない。

⑤重ねたときの最初のセットの中にＢのセットが５個ある場合

Ｂのセットの長さは10÷５＝２(cm)である。これは，問題で示された例である。

⑥重ねたときの最初のセットの中にＢのセットが６個以上ある場合，下線部イを満たさない。

①～⑥より，求める長さは$\frac{7}{3}$cmと９cmである。

(3)　【解き方】(2)と同様に考える。重ねたときの１個目のセットは左端から９＋$\frac{2}{3}$＝$\frac{29}{3}$(cm)の位置までである。

(2)と同様の作業を表にまとめると，右のようになる。よって，条件に合うＢの黒の長さは，$\frac{29}{3}$－１＝$\frac{26}{3}$(cm)と$\frac{29}{9}$－１＝$\frac{20}{9}$(cm)である。

左端から$\frac{29}{3}$cmまでにあるＢのセットの個数(個)	Ｂのセットの長さ(cm)	下線部アを満たすか(満たさない場合は，その例)	下線部イを満たすか
1	$\frac{29}{3}$	○	○
2	$\frac{29}{3}$÷２＝$\frac{29}{6}$＝４$\frac{5}{6}$	４$\frac{5}{6}$×１＝４$\frac{5}{6}$	○
3	$\frac{29}{3}$÷３＝$\frac{29}{9}$＝３$\frac{2}{9}$	○	○
4	$\frac{29}{3}$÷４＝$\frac{29}{12}$＝２$\frac{5}{12}$	２$\frac{5}{12}$×２＝４$\frac{5}{6}$	○
5	$\frac{29}{3}$÷５＝$\frac{29}{15}$＝１$\frac{14}{15}$		×
6以上			×

(4)　【解き方】(2)と同様に考える。重ねたときの１個目のセットは左端から14＋１＝15(cm)の位置より少し左までであるから，そのあたりにくるＢのセットの右端は，Ｂの左端から14cmより長く15cmより短い位置にある。また，以下の解説では「○～□」と表記したとき，○と□をふくまずに○より長く□より短い範囲を表すものとする。

Ａの１個目と２個目の白の位置から，ウ<u>Ｂのいずれかのセットの右端が，Ｂの左端から４～６cmと９～11cmの範囲にあってはいけない</u>。また，イ<u>Ｂのセットの長さが２cm以上</u>なのは，(2)と同様である。

①重ねたときの最初のセットの中にBのセットが1個ある場合

Bのセットの長さは，14÷1＝14，15÷1＝15より，14～15 cmである。この場合，下線部イとウを満たす。

よって，Bの黒の長さの範囲は，14－1＝13，15－1＝14より，(13～14)である。

②重ねたときの最初のセットの中にBのセットが2個ある場合

Bのセットの長さは，14÷2＝7，15÷2＝$\frac{15}{2}$＝7$\frac{1}{2}$より，7～7$\frac{1}{2}$cmである。この場合，下線部イとウを満たす。よって，Bの黒の長さの範囲は，7－1＝6，$\frac{15}{2}$－1＝$\frac{13}{2}$より，(6～$\frac{13}{2}$)である。

③重ねたときの最初のセットの中にBのセットが3個ある場合

Bのセットの長さは，14÷3＝$\frac{14}{3}$＝4$\frac{2}{3}$，15÷3＝5より，4$\frac{2}{3}$～5 cmである。この場合，Bの1個目のセットの右端がAの1個目の白の中にくるので，下線部ウを満たさない。

④重ねたときの最初のセットの中にBのセットが4個ある場合

Bのセットの長さは，14÷4＝$\frac{7}{2}$＝3$\frac{1}{2}$，15÷4＝$\frac{15}{4}$＝3$\frac{3}{4}$より，3$\frac{1}{2}$～3$\frac{3}{4}$cmである。この場合，Bの3個目のセットの右端までの長さが，3$\frac{1}{2}$×3＝10$\frac{1}{2}$，3$\frac{3}{4}$×3＝11$\frac{1}{4}$より，10$\frac{1}{2}$～11$\frac{1}{4}$cmだから，Aの2個目の白にかかるときがある。かからないためには，Bの3個目のセットの右端までの長さが11 cm以上で11$\frac{1}{4}$cmより短ければよい。したがって，Bのセット1個の長さが，$\frac{11}{3}$cm以上で，11$\frac{1}{4}$÷3＝3$\frac{3}{4}$cmより短ければよい。

よって，Bの黒の長さの範囲は，$\frac{11}{3}$－1＝$\frac{8}{3}$，3$\frac{3}{4}$－1＝$\frac{11}{4}$より，($\frac{8}{3}$～$\frac{11}{4}$)である(ちょうど$\frac{8}{3}$cmのときは条件に合うが，問題の指示通りの形式で答えればよいであろう)。

⑤重ねたときの最初のセットの中にBのセットが5個ある場合

Bのセットの長さは，14÷5＝$\frac{14}{5}$＝2$\frac{4}{5}$，15÷5＝3より，2$\frac{4}{5}$～3 cmである。この場合，Bの2個目のセットの右端がAの1個目の白の中にくるので，下線部ウを満たさない。

⑥重ねたときの最初のセットの中にBのセットが6個ある場合

③のときからさらにBの黒を半分ずつに分けた場合なので，③と同様，条件を満たさない。

⑦重ねたときの最初のセットの中にBのセットが7個ある場合

Bのセットの長さは，14÷7＝2，15÷7＝$\frac{15}{7}$＝2$\frac{1}{7}$より，2～2$\frac{1}{7}$cmである。この場合，Bの2個目のセットの右端がAの1個目の白の中にくるので，下線部ウを満たさない。また，これ以降は下線部イを満たさない。

①～⑦より，求めるBの黒の長さの範囲は，($\frac{8}{3}$～$\frac{11}{4}$)，(6～$\frac{13}{2}$)，(13～14)である。

4　(1)　**【解き方】偶数の素積数はすべて2×(2以外の素数)で表せる。**

2以外の素数のうち小さい方から7番目の数は19だから，求める数は，2×19＝38

(2)　「連続する4つの整数」というところから，4の倍数に注目したい。

(3)　**【解き方】100以下の最大の素積数は，5×19＝95だから，条件に合う数は多くないと想像できるので，実際に素積数を求めていく。**

100以下の素積数は，2，3，5，7のいずれかを積の1つの数にもつので，2，3，5，7を使った100以下の素積数を求めると，右表のようになる。よって，「85，86，87」「93，94，95」がすべて素積数とわかる。

2	6	10	14	22	26	34	38	46	58	62	74	82	**86**	**94**
3			15	21		33	39	51	57	69			**87**	**93**
5						35		55		65			**85**	**95**
7											77			91

(4)　**【解き方】7つのうち6つが素積数である連続する7つの整数を小さい順にA，B，C，D，E，F，Gとする。7つのうち1つだけが素積数ではないのだから，その素積数でない数は4の倍数であり，これが連続する**

７つの整数の中央の数Ｄになる。６以外の６の倍数や９の倍数は素積数にならないが，Ａ～Ｇの中に６の倍数は必ずふくまれるから，Ｄは４の倍数であり，かつ６の倍数である。また，⑶よりＡ～Ｇは３けた以上の数である。

Ｂ，Ｄ，Ｆは偶数であり，Ｄは，４と６の最小公倍数12の倍数になる。Ｂ＝２×ｂ，Ｄ＝２×ｄ，Ｆ＝２×ｆとしたとき，ｂ，ｄ，ｆは連続する整数であり，ｂとｆは差が２の素数，ｄは６の倍数である。

「ｂ，ｆ」の候補を探すと，「59，61」「71，73」「101，103」「107，109」「137，139」などがある。

「59，61」から考えた，連続する７つの整数は，「117，118，119，120，121，122，123」だが，117は９の倍数だから，条件に合わない(121も素積数ではない)。

「71，73」で考えると，「141，142，143，144，145，146，147」だが，147＝３×７×７だから条件に合わない。

「101，103」で考えると，「201，202，203，204，205，206，207」だが，207は９の倍数だから条件に合わない。

「107，109」で考えると，「213，214，215，216，217，218，219」ができる。216以外はすべて素積数なので，条件に合う。よって，条件に合う組の１つは，(213～219)である。

《2021　理科　解説》

問２　あ．５個の平均値は2.10秒だから，５個の合計は2.10×５＝10.50(秒)となる。したがって，10.50－(2.06＋2.25＋1.90＋2.15)＝2.14(秒)となる。　い．(3.09＋3.20＋3.31＋3.23＋3.12)÷５＝3.19(秒)

問４　う～お．実験２の結果と問３のグラフより，粒の大きさ(一辺の長さ)が小さいほど沈む時間が長く，大きさが大きいほど沈む時間が短いことがわかる。沈む時間が長いということは，沈む速さがおそいということである。

か～く．0.5㎜と１㎜とでは15.00－7.21＝7.79(秒)，2.5㎜と３㎜とでは(4.50－3.65)÷２＝0.425→0.43秒，9.5㎜と10㎜では，(2.92－2.10)÷10＝0.082→0.08秒である。問３グラフより，２㎜～３㎜までと，５㎜から10㎜までは，それぞれ一定の割合で時間が短くなっていると考えればよい。

問６　作った食塩水100mLの重さは$550\times\frac{100}{500}=110$(ｇ)だから，グラフより，食塩水の重さに対する食塩の重さの割合は14％である。

問７　食塩水550ｇに550×0.14＝77(ｇ)の食塩がとけているので水は550－77＝473(ｇ)→473mLである。したがって，水１Ｌ→1000mLを使って食塩水を作った場合，使った食塩は$77\times\frac{1000}{473}=162.7\cdots$→163ｇである。

問９　ウ×…食塩水と水とでの沈む時間の差は，粒が小さいほど大きい。　エ×…粒の大きさのちがいによる沈む時間の差は，食塩水では粒が小さいほど大きい。

問10　実験４の結果の表より，一辺の長さが４㎜では，2.22÷1.23＝1.80…→1.8倍，一辺の長さが１㎜では，5.34÷3.12＝1.71…→1.7倍となる。

問11　一辺の長さが４㎜では，流れが弱いときと流れがないときの沈む時間の平均の差は2.22－1.23＝0.99(秒)，一辺の長さが１㎜では，5.34－3.12＝2.22(秒)である。このことから，小さい粒は流れがあるとかなり長い時間沈まないと言える。

問12　消しゴムの粒は少しずつ長い時間をかけて水に入れるので，流れが強いと消しゴムの粒が沈む時間が測れなかったことから，最初は強い流れを作って，消しゴムの粒が積もらないようにする。消しゴムの粒がすべて水の中に入ったら，流れを弱くして，一辺の長さが４㎜の消しゴムの粒が１㎜の消しゴムの粒よりも早く積もるようにすることで，２種類の大きさの消しゴムの粒が２層に分かれて積もるようにする。均一な強い流れを作るために，中央に水に強く，流されないプラスチックの箱を固定して，水路を作る。ガラス棒を使用して，混ぜ方を調節して強い流れと弱い流れを作る。

《2021 社会 解説》

I 問１ 図１より，傾きは，②では急，③と④では緩やかだとわかる。表より，自転車のみの割合は，②では４％と少なく，③では11%，④では14%と多いことがわかる。急な坂を自転車で上るには体力がいるため，地表面の傾きが急な場所では利用者が少なくなる。

問２ 傾きはア＞イ＞ウの順に急であり，自転車のみの割合は⑦→⑥→⑤の順に少ないことから導ける。

II 問１ 鎌倉時代，農業では牛馬耕や二毛作などが行われるようになったため，収穫量が増えた。

問２ 清少納言は『枕草子』，紫式部は『源氏物語』を仮名文字で著した。

問３ 室町幕府８代将軍足利義政のあとつぎ争いに，細川勝元と山名持豊の幕府内での勢力争いが複雑にからみあって，応仁の乱が始まった。この戦いの後，京都は荒廃し，全国各地で下剋上の風潮が広まって戦国時代が始まった。

問５ エが誤り。五街道の起点は江戸の日本橋であった。

問７ 大陸から日本に移り住んだ渡来人は，須恵器の製法，漢字や儒学，仏教などを伝えた。

問８ 鎌倉時代，御家人は，奉公として京都や幕府の警備につき命をかけて戦い，将軍は，御恩として御家人の以前からの領地を保護したり，新たな領地を与えたりした。このような主従制度を封建制度という。御家人は，『いざ，鎌倉』に備えて，「流鏑馬・犬追物・笠懸」などの武芸にはげんだ。

問９ アが誤り。1876 年に廃刀令を制定して大礼服着用の場合や軍人・警察官吏などが制服を着用する場合以外に刀を身に付けることを禁じた。

問 10 文明開化による生活の変化には，太陽暦の採用，れんがづくりの洋風建築，鉄道馬車，人力車，ガス灯，洋服の着用などがある。

問 11 第一段落の「身分の低い者は，牛車に乗ることを禁じられていました」と，第六段落の「人々は運賃を払いさえすれば…行けるようになりました」を比較するとよい。

III 問１(a)・(c) 自転車は車道の左側通行，歩行者は歩道のない場所では右側通行となっている。

問２ $\frac{2000}{9500}$＝4.75 だから，イが正しい。

問３(1) エが誤り。高度経済成長期，農村部の過疎化が進み，農業で働く人の数が減った。

問５ $\frac{7250}{12500}$＝1.724…だから，アが正しい。

IV 問１ イが誤り。関税自主権の完全回復は 1911 年，日露戦争の開始は 1904 年。また，治外法権の撤廃は日清戦争直前の 1894 年に実現された。

問２ 殖産興業の一環として，生糸の品質・生産技術の向上を目的に，1872 年，群馬県に富岡製糸場がつくられた。

問３ アが正しい。イは石見，ウは新潟，エは日清戦争後の下関条約で得た賠償金で建てられた八幡製鉄所。

問４ ヨーロッパを主戦場とした第一次世界大戦(1914～1918)中，日本はヨーロッパに向けて軍需品を大量に輸出したため，好景気(大戦景気)となった。

V 問１ 太平洋戦争が長引くと大学生も軍隊として集められたため，国内では人手不足となった。その結果，12 歳以上のすべての生徒が兵器工場などで働くことが決められ，労働が課せられた(勤労動員)。

問２ 図３より，1960～1973 年に自転車の生産台数が急増したことがわかる。図４で同じ時期を見ると，実用車は減っていった一方，軽量車(軽快車・スポーツ車)や子供車などは増えていったことがわかる。

問３　バブル経済(1980 年代後半〜1990 年代初頭)崩壊後の長期的な経済低迷や，中国製など海外から安価な自転車が大量輸入されるようになったことで，国内での自転車生産業は衰退していった。

Ⅵ　Ⅲ・Ⅳの文章より，明治時代の普及率は 2000 人に１台であったこと，値段が高くて一般の人には買えなかったことがわかる。Ⅳの文章より，大正時代に輸入品を真似てつくられるようになったことがわかる。Ⅴ問２より，当初は実用車の生産台数が多かったが，次第に他の用途の生産台数が増えていったことがわかる。図２より，高度経済成長期(1950 年代後半〜1973 年)の普及率は５人に１台まで上がり，さらに 1990 年代からは２人に１台が保有するまで広まったことがわかる。

★栄光学園中学校

《国　語》

【一】問一．視覚障害者は、進むべき方向を示す道だけを特別視することなく、俯瞰的なビジョンを持つことができるということ。　問二．目がとらえる情報がないからこそ脳の中に空きがあり、少ない情報を結びつけて、特有のイメージを作れるということ。　問三．知らず知ら 〜 動している　問四．欲望がつくられていき、売り手のねらい通りに、買いたい気持ちをかき立てられてしまう

【二】問一．a．イ　b．オ　問二．一刻でも早く、ハリソン先生にブルーを診てもらいたいから。　問三．自分を責め、ブルーを心配している息子をいたわる気持ち。〔別解〕失敗の代償の大きさを知った息子の成長を見守りたい気持ち。　問四．自分たちのことをあざわらったバーンズ先生のせいだと思いたくなった心の内を、父さんがわかってくれた気がしたから。　問五．母さんはブルーの死を伝えにきたのではないかと、強い不安を感じていたから。

【三】1．謝絶　2．承服　3．候補　4．鳥居　5．加減　6．救護　7．均整　8．寒波　9．皇后　10．提供　11．預　12．肥　13．束　14．修　15．厚

《算　数》

1　※(1)64　(2)30　(3)11

2　(1)$131\frac{7}{8}$　(2)①$32\frac{8}{11}$　②$130\frac{10}{11}$　(3)$32\frac{8}{11}$　(4)$\frac{360}{719}$

3　(1)辺ＡＦ，辺ＥＦ　(2)$\frac{1}{3}$　(3)$\frac{5}{7}$　(4)$2\frac{1}{3}$

4　(1)①右図　②右図

(2)(０，０，１，２)，(２，２，０，１)，(１，１，２，０)

(3)①右図　②右図　(4)４枚，５枚，６枚，７枚，８枚

(5)０枚，１枚，２枚，３枚，４枚，５枚，６枚，７枚，８枚，９枚，10枚，12枚，16枚

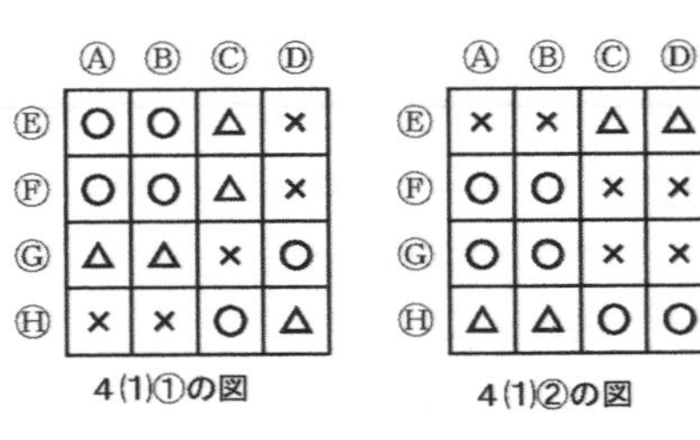

4(1)①の図　4(1)②の図

	Ⓐ	Ⓑ	Ⓒ	Ⓓ
Ⓔ	○	○	△	×
Ⓕ	△	△	×	○
Ⓖ	×	×	○	△
Ⓗ	?	?	?	?

4(3)①の図

	Ⓐ	Ⓑ	Ⓒ	Ⓓ
Ⓔ	△	△	○	○
Ⓕ	?	?	?	?
Ⓖ	×	×	△	△
Ⓗ	△	△	○	○

4(3)②の図

※の求め方は解説を参照してください。

《理　科》

1　A．ウ　B．ア　C．エ　D．イ

2　問1．ア　　問2．ウ

3　問1．247.5　　問2．1.2　　問3．下グラフ　　問4．下グラフ　　問5．A．2.07　B．257.6　C．247.5　D．82.5

問6．①太いものほど大きく　②短いものほど大きい

問7．③イ　④エ

問8．E．570　F．660　G．500

問9．キ

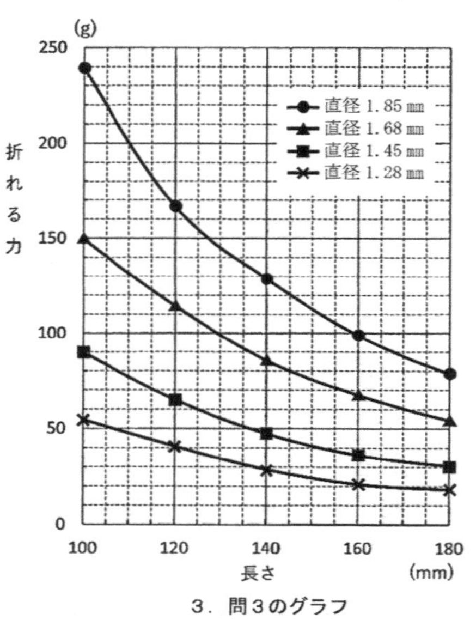

3．問3のグラフ

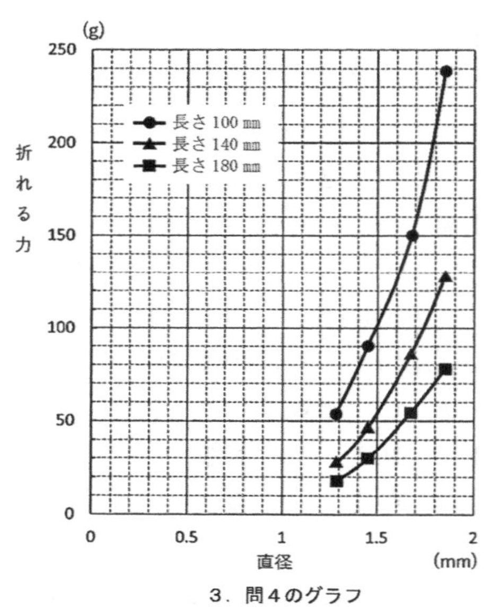

3．問4のグラフ

《社　会》

Ⅰ　問1．A．イ　B．ア　　問2．右図

問3．燃やすと水分と二酸化炭素が発生した分，重さも体積も小さくなる。

問4．⑴資源としてリサイクルされる。

⑵家電リサイクル　　問5．⑴ペットボトル　⑵ウ

⑶出すごみの量をできる限り減らす

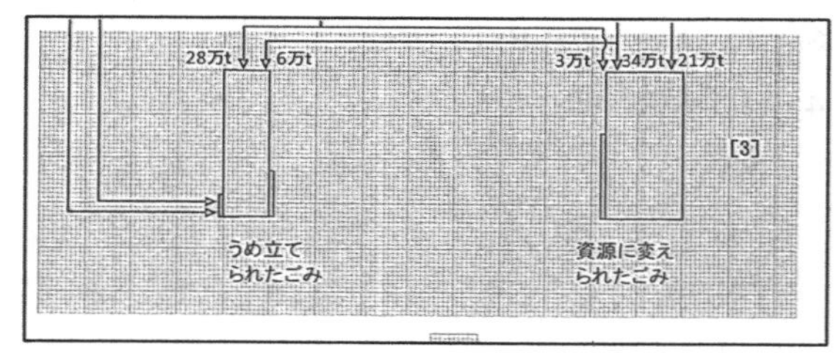

Ⅱ　問1．ウ　　問2．イ　　問3．悪臭／ハエの大量発生／地下水の汚染 などから1つ

問4．そのままうめ立てる場合…分解されず含まれる有害物質を土中に放出する点。　焼却する場合…ダイオキシン等の有害物質を空気中に放出する点。　　問5．ごみ収集車が集中することで発生する交通渋滞。

問6．高温で焼却して有害物質の発生を抑える工夫。

問7．熱　利用例…温水プール・発電／灰　利用例…レンガ・タイルの原料

Ⅲ　問1．a．330　b．34　c．272　d．58　　問2．イ　　問3．3R運動と分別によってごみの総量は減りはじめ，焼却場の増加によって，うめ立てごみは激減した。分別回収が徹底されることで，資源に変えられるごみの量が増加してきた。

Ⅳ　問1．羽田　　問2．沿岸から沖の方に移っていった。　　問3．以前は焼却しないでうめ立てたため，体積が大きく，すぐに許容量をこえたが，今では，焼却され体積も量も小さくなった灰をうめ立てるので，使用期間がのびている。

2020 解説 ▶ 栄光学園中学校
令和２年度

←解答例は前のページにありますので，そちらをご覧ください。

《2020　国語　解説》

【一】

問一　大岡山キャンパスを一緒に歩いた筆者と木下さんは、同じ場所を歩いていたにもかかわらず、脳内に作り上げたイメージは全く違っていた。目の見えない木下さんは、頭の中に「俯瞰的で空間全体をとらえるイメージ」を作り上げ、キャンパス内の「緩やかな坂道」を「山の斜面」だととらえた。それに対して筆者は、「目に飛び込んでくるさまざまな情報」に意識を奪われているため、同じようなイメージを持つことができず、同じ「緩やかな坂道」を「ただの『坂道』」だととらえた。見える人は、「『通るべき場所』として定められ、方向性を持つ『道』に、ベルトコンベアのように運ばれている存在」であり、「道」にしばられている。しかし、「道」から自由な木下さんのイメージはより開放的である。これらをふまえて考える。「道は、人が進むべき方向を示」すものであり、見える人の方がそこから得られる情報が多く、影響を受けやすい。視覚障害者も道から得られる情報を利用するが、得られる情報量が少ないために影響を受けにくく、より開放的な「道だけを特別視しない俯瞰的なビジョンを持つことができ」る。このことを「『道』から自由だ」と表現している。

問二　傍線部②をふくむ段落に書かれている、木下さんが話した内容をもとにまとめる。脳の中にはスペースがあるが、見える人はそこが視覚情報で埋まってしまう。一方、見えない人は視覚情報が入ってこないので、そのスペースを別の何かに使おうとする。そのようにして生まれるのが、視覚情報以外の「情報と情報を結びつけて」いくことでできる、見える人では持ちえないイメージである。つまり、木下さんが言う「ある意味で余裕がある」とは、脳の中に空きがあることで、目が見えない人特有のイメージを生み出せるということである。

問三　傍線部③の前に「いわば」とあるので、傍線部③は、前の段落に書かれている具体的な行動（「そこに壁があるから寄っかかってしまう」「ボタンがあるから押したくなる」など）をまとめて言いかえたものである。これらの具体的な行動は、さらに前の段落の「（人は）知らず知らずのうちにまわりの環境に影響されながら行動している」ことの例として挙げられている。

問四　５行前から直前までの部分に、「私たちがこの振り付け装置に踊らされ」る様子が述べられている。「視覚的な刺激によって人の中に欲望がつくられていき、気がつけば『そのような欲望を抱えた人』になっています」とあるように、コーラの看板があれば、それを見てコーラを飲みたいという欲望がつくられ、コーラを飲みたいという欲望を抱えた人になってしまう。これは、コーラのメーカーやそれらを販売する人が、看板を見るという視覚的刺激を利用してコーラを買わせようとしていて、看板が「道」となっているということでもある。「道」とは、人の「行為を次々と導いていく環境の中に引かれた導線」である。桂離宮には「人の行動をいざなう『道』が随所に仕掛けられて」いて、人はそれに動かされてしまうが、コーラの看板もこれと同様に、人を動かしているのである。

【二】

《2020　算数　解説》

1　(1)　1から100までの整数の和は，$(1+100)\times100\div2=5050$である。残った整数の個数は$100-1=99$(個)だから，残った整数の和は，$\frac{554}{11}\times99=4986$である。よって，取り除いた整数は，$5050-4986=64$である。

(2)　ある数を□とする。1から□までの整数の和は，$(1+□)\times□\div2$となる。したがって，連続する2数の積が，$600\times2=1200$より大きくなるところを探す。$30\times40=1200$より，$34\times35=1190$，$35\times36=1260$が見つかるから，□に入る数は35以上とわかる。1から35までの整数の和は，$1260\div2=630$だから，□に入る数が36以上だと，1つの数を取り除いた後の残りの数の和は630以上になってしまうので，条件に合わない。

よって，□＝35だから，取り除いた整数は$630-600=30$である。

(3)　1からある数までの整数の和は必ず整数であり，1つだけ取り除いた後に残った整数の平均が$\frac{440}{13}$であることから，残った整数の個数は13の倍数とわかる。$\frac{440}{13}=33\frac{11}{13}$だから，残った整数の個数は，$33\times2=66$に近い数であるとあたりをつけることができる。66に近い13の倍数は65だから，ある数は$65+1=66$である。1から66までの整数の和は，$(1+66)\times66\div2=2211$，残った65個の整数の和は，$\frac{440}{13}\times65=2200$だから，取り除いた整数は，$2211-2200=11$である。

2　(1)　1時23分45秒のとき，時針・分針・秒針は右図のような位置を指している。

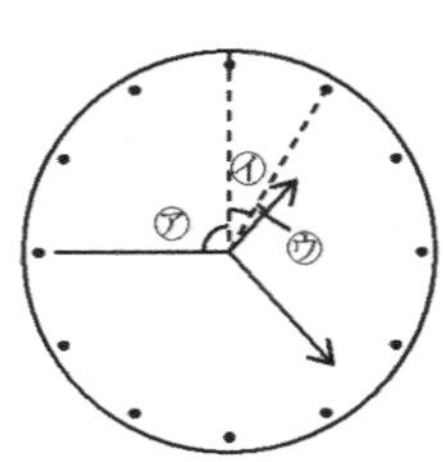

秒針と12を指す線の間の角を㋐，12と1を指す線の間の角を㋑，1を指す線と時針の間の角を㋒とする。時計のとなり合う数の間の角度は$\frac{360}{12}=30$(度)だから，㋐＝$30\times3=90$(度)，㋑＝30度である。㋒は時針が23分45秒＝$23\frac{45}{60}$分＝$\frac{95}{4}$分で進んだ角度で，

時針は1分間に$30\div60=\frac{1}{2}$(度)進むから，㋒＝$\frac{1}{2}\times\frac{95}{4}=\frac{95}{8}=11\frac{7}{8}$(度)である。

よって，求める角度は，$90+30+11\frac{7}{8}=131\frac{7}{8}$(度)である。

(2)①　分針は1分間に$\frac{360}{60}=6$(度)進むから，同じ時間に時針と分針が進む角度の比は，$\frac{1}{2}:6=1:12$となり，時針と分針が進む角度の差と，時針が動く角度の比は，$(12-1):1=11:1$となる。

12時0分0秒から，次に時針と分針がぴったり重なる時刻までに，時針と分針が進む角度の差は360度だから，求める角度は，$360\times\frac{1}{11}=\frac{360}{11}=32\frac{8}{11}$(度)である。

②　秒針は1分間に360度進むから，同じ時間に時針と秒針が進む角度の比は，$\frac{1}{2}:360=1:720$となる。時針が1度進む間に，秒針は720度＝2周するから，時針が$32\frac{8}{11}$度進む間に，32×2(周)と$\frac{8}{11}\times\frac{720}{1}=\frac{5760}{11}=$

$523\frac{7}{11}$(度)進む。したがって，秒針は12を指す位置から，$523\frac{7}{11}-360=163\frac{7}{11}$(度)進んだ位置を指しているので，求める角度は，$163\frac{7}{11}-32\frac{8}{11}=130\frac{10}{11}$(度)である。

(3)　時針と短針が重なるときの秒針の位置を1つ1つ確かめていくしかないが，その時間をなるべく短縮するために，実際の角度ではなく比を使って考えることと，時計の針の進み方の対称性を利用する。

(2)②で求めた$130\frac{10}{11}$度と360度の角度の比は$4:11$だから，時針と分針が重なるたびに，時針と秒針の間の角度は，時針を基準にしたとき時計回りに$\frac{4}{11}$周ずつ増えるとわかる。また，12時0分0秒から12時間後までで時針と秒針が重なるのは，12時0分0秒を除くと，1時台，2時台，3時台，…10時台，12時間後，の11回ある。時針と秒針の間の角度が$\frac{4}{11}$周ずつ増えるので，n回目の重なりでは，$\frac{4}{11}\times□$(周)増えている。この値(あたい)が整数にならないと，時針と分針の重なりにさらに秒針が重なることにはならないので，12時0分0秒の次に3本の針が同時に重なるのは，11回目，つまり12時間後である。12時間後から時計の針を逆に回して考えると，時針と分針が重なるたびに，時針と秒針の間の角は，時針を基準にしたとき反時計回りに$\frac{4}{11}$周ずつ増えるとわかる。つまり，

12時０分０秒より後，12時間後より前の，時針と分針の10回の重なりは，１～５回目と６～10回目で３本の針の位置が対称となるので，１～５回目の位置だけを計算で求めればよい。180度$=\frac{5.5}{11}$周だから，時計回りの角度が$\frac{5.5}{11}$周より大きくなった場合は，１からその値を引かなければいけないことに注意して計算すると，右表のようになる。表より，最も小さい角度は３時台（と８時台）の角度であり，$360\times\frac{1}{11}=32\frac{8}{11}$（度）とわかる。

	時針から秒針までの時計回りの角度（何周分か）	１周未満の角度（何周分か）	$\frac{5.5}{11}$周以下の角度（何周分か）
１時台	$\frac{4}{11}$周	$\frac{4}{11}$周	$\frac{4}{11}$周
２時台	$\frac{4}{11}+\frac{4}{11}=\frac{8}{11}$（周）	$\frac{8}{11}$周	$1-\frac{8}{11}=\frac{3}{11}$（周）
３時台	$\frac{8}{11}+\frac{4}{11}=1\frac{1}{11}$（周）	$\frac{1}{11}$周	$\frac{1}{11}$周
４時台	$\frac{1}{11}+\frac{4}{11}=\frac{5}{11}$（周）	$\frac{5}{11}$周	$\frac{5}{11}$周
５時台	$\frac{5}{11}+\frac{4}{11}=\frac{9}{11}$（周）	$\frac{9}{11}$周	$1-\frac{9}{11}=\frac{2}{11}$（周）

⑷　⑶より，時針と分針が重なっていて秒針が最も近くにある時刻は，３時台と８時台に１回ずつあるので，これらのときを基準に考える。それぞれの時刻の針の位置は，右図Ⅰ，Ⅱのようになる。この後秒針が時針か分針と重なったときの，時針と分針の間の角度は４通り求められ，これら４通りと$32\frac{8}{11}$度のうち最も小さい角度を求めればよい。時針と分針の間の角度が小さいほどいいので，図Ⅰ，Ⅱそれぞれから最も時間がたっていないときがいいから，図Ⅱの後，秒針が時針に追いついたとき（図Ⅲ）の時針と分針の間の角度が，４通りの角度のうち最も小さい角度である。時針と分針と秒針の進む角度の比は，１：12：720だから，図Ⅲにおいて時針と分針のなす角の大きさは，$32\frac{8}{11}$度の$\frac{12-1}{720-1}=\frac{11}{719}$（倍）の，$32\frac{8}{11}\times\frac{11}{719}=\frac{360}{719}$（度）である。これは当然$32\frac{8}{11}$度より小さいから，求める角度は$\frac{360}{719}$度である。

図Ⅰ（３時台）　図Ⅱ（８時台）
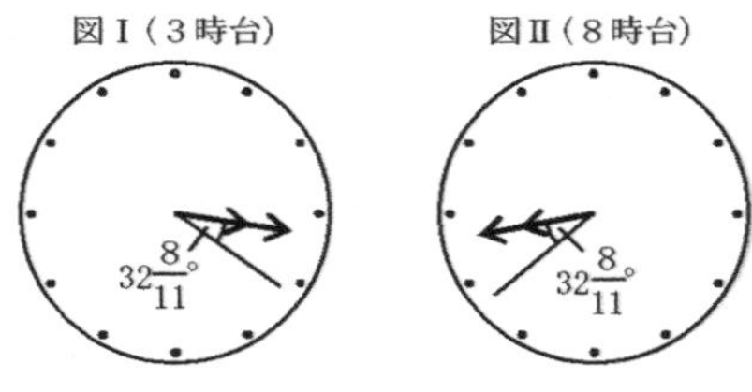

図Ⅲ（図Ⅱのすぐ後）
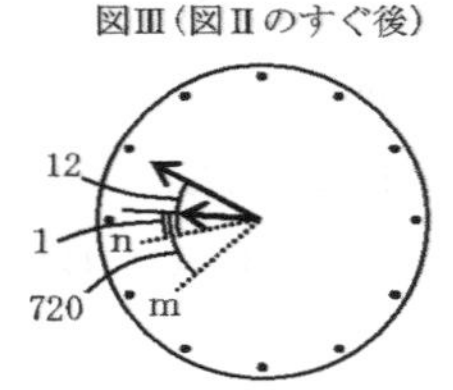

※ｍは図Ⅱで秒針があった位置，ｎは図Ⅱで時針と分針が重なっていた位置であり，３本の針が指している時刻は正確ではない。

3　点などがはね返る問題では，はね返る辺について折り返した図をかいて考える。

⑴　右図Ⅰのようになるから，辺ＣＤではね返った後，次に到達する辺として考えられるのは，辺ＡＦと辺ＥＦである。

図Ⅰ

⑵　辺ＣＤ上ではね返った後，もう１回はね返って頂点Ｄに到達するとき，２回目にはね返る辺は辺ＡＦである。したがって，右図Ⅱのようになる。三角形ＡＣＸと三角形AC_2D_2は同じ形で，$AC:AC_2=1:3$だから，$CX:C_2D_2=1:3$である。よって，$CX=1\times\frac{1}{3}=\frac{1}{3}$（cm）である。

図Ⅱ
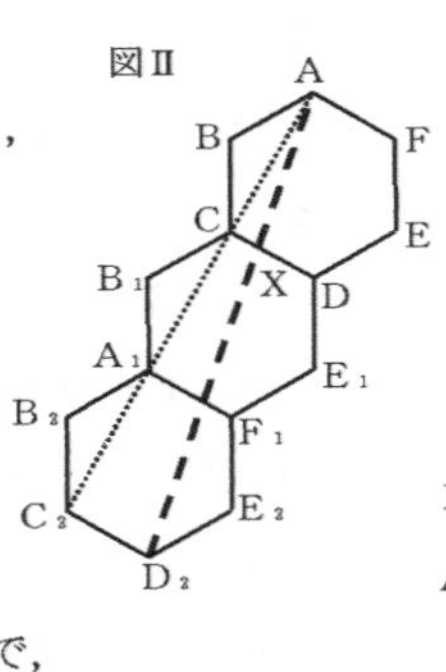

⑶　辺ＣＤ上ではね返った後，もう２回はね返って頂点Ｄに到達するとき，２回目にはね返る辺は辺ＥＦ，３回目にはね返る辺は辺ＡＢである。したがって，図Ⅲのようになる。三角形CD_3Yと三角形ＤＡＹは同じ形で，$CD_3:DA=5:2$だから，$CY:DY=5:2$で，$CY=1\times\frac{5}{7}=\frac{5}{7}$（cm）である。

図Ⅲ
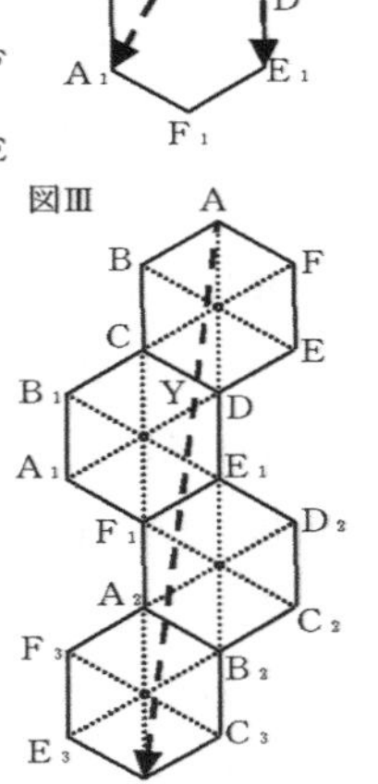

(4) 辺ＣＤではね返った後，辺ＡＦではね返ると右図Ⅳのようになり，辺ＥＦではね返ると右図Ｖのようになる。したがって，どちらの図でも到達できないのは，ＢＣとＥＦとＱE_2にあたる部分である。

ＱE_2の長さを求める。

図Ⅳにおいて，三角形ＡF_1E_1と三角形F_1ＱE_2は同じ形で，ＡE_1：F_1E_2＝３：１だから，ＱE_2＝$F_1E_1\times\frac{1}{3}=\frac{1}{3}$(cm)である。

よって，求める長さは，$1+1+\frac{1}{3}=2\frac{1}{3}$(cm)である。

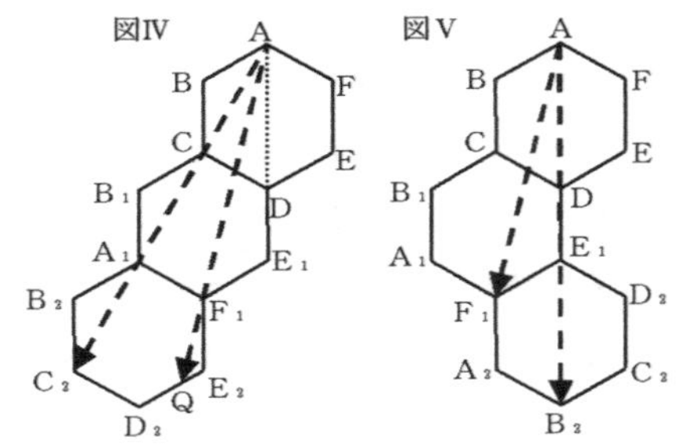

4 (1) それぞれのパネルの記号が変化する回数をまとめる。その回数を３で割ったときの余りが０のときは○，１のときは△，２のときは×が表示される。

パネルの記号が変化する回数は，①のとき図ⅰ，②のとき図ⅱのようになるから，パネルに表示される記号は解答例のようになる。

図ⅰ

	Ⓐ (１回)	Ⓑ (１回)	Ⓒ (２回)	Ⓓ (０回)
Ⓔ (２回)	３回 ○	３回 ○	４回 △	２回 ×
Ⓕ (２回)	３回 ○	３回 ○	４回 △	２回 ×
Ⓖ (０回)	１回 △	１回 △	２回 ×	０回 ○
Ⓗ (１回)	２回 ×	２回 ×	３回 ○	１回 △

図ⅱ

	Ⓐ (３回)	Ⓑ (０回)	Ⓒ (２回)	Ⓓ (５回)
Ⓔ (２回)	５回 ×	２回 ×	４回 △	７回 △
Ⓕ (０回)	３回 ○	０回 ○	２回 ×	５回 ×
Ⓖ (３回)	６回 ○	３回 ○	５回 ×	８回 ×
Ⓗ (４回)	７回 △	４回 △	６回 ○	９回 ○

(2) Ｅを押した回数で場合分けする。Ｅを押さなかった(０回)場合，ＡとＢは０回，Ｃは１回，Ｄは２回となる。

Ｅを１回押した場合，ＡとＢは(０＋３)－１＝２(回)，Ｃは１－１＝０(回)，Ｄは２－１＝１(回)となる。

Ｅを２回押した場合，ＡとＢは(０＋３)－２＝１(回)，Ｃは(１＋３)－２＝２(回)，Ｄは２－２＝０(回)となる。

よって，(Ａ，Ｂ，Ｃ，Ｄ)を押した回数は，(０，０，１，２)，(２，２，０，１)，(１，１，２，０)が考えられる。

(3)① それぞれのボタンを押した回数を最大で２回とする。

左上のパネルが○であることから，ＡとＥを０回押したとする。Ｅが０回だから，(Ａ，Ｂ，Ｃ，Ｄ)を押した回数は，(０，０，１，２)と決まる。このことと，Ｆ，Ｇの横に並ぶパネルの記号から，Ｆは１－０＝１(回)，Ｇは(１＋３)－２＝２(回)押したとわかる。Ｈを押す回数が決まらないので，Ｈの横に並ぶパネルの記号は１つに決まらない。よって，右図ⅲのようになる。

図ⅲ

	Ⓐ (０回)	Ⓑ (０回)	Ⓒ (１回)	Ⓓ (２回)
Ⓔ (０回)	○	○	△	×
Ⓕ (１回)	１回 △	△	×	３回 ○
Ⓖ (２回)	２回 ×	２回 ×	３回 ○	△
Ⓗ (？回)	？回 ？	？回 ？	？回 ？	？回 ？

② ①と同様に考える。

Ｅを０回押したとすると，Ｂは１回，ＣとＤは０回押したと決まる。また，Ｇの横に並ぶパネルから，ＡとＢを押した回数は同じとわかるので，Ａは１回と決まり，Ｇは２－１＝１(回)押したとわかる。Ｈの横に並ぶパネルから，Ｈは０回とわかる。よって，右図ⅳのようになる。

図ⅳ

	Ⓐ (１回)	Ⓑ (１回)	Ⓒ (０回)	Ⓓ (０回)
Ⓔ (０回)	１回 △	△	○	○
Ⓕ (？回)	？回 ？	？回 ？	？回 ？	？回 ？
Ⓖ (１回)	×	×	１回 △	１回 △
Ⓗ (０回)	１回 △	１回 △	０回 ○	○

(4) (Ａ，Ｂ，Ｃ，Ｄ)を押した回数が(０，０，１，２)のときに，Ｅの横に並ぶパネルは，Ｅを０回押した場合，左から[○，○，△，×]，Ｅを１回押した場合，[△，△，×，○]，Ｅを２回押した場合，[×，×，○，△]となる。Ｆ，Ｇ，Ｈについても同様のことが言えるので，ＥからＨそれぞれのボタンの横に並ぶパネルに，○は１枚か２枚ある。１枚と２枚を４つ組み合わせてできる枚数が求めるパネルの枚数である。よって，考えられる○の枚数は，１＋１＋１＋１＝４(枚)，１＋１＋１＋２＝５(枚)，１＋１＋２＋２＝６(枚)，１＋２＋２＋２＝７(枚)，２＋２＋２＋２＝８(枚)である。

(5) AからDのボタンのうち，押した回数が０回の個数で場合分けして考える。

・０回のボタンが４個のとき，Ｅの横に並ぶパネルは，Ｅを０回押すと[○，○，○，○]，１回押すと[△，△，△，△]，２回押すと[×，×，×，×]となるから，ＥからＨそれぞれのボタンの横に並ぶパネルに，○は０枚か４枚ある。したがって，全体で○が表示されるパネルの枚数は，０枚，４枚，８枚，12 枚，16 枚のどれかとなる。

・０回のボタンが３個で1回のボタンが１個の(０，０，０，１)のとき，Ｅの横に並ぶパネルは，Ｅを０回押すと[○，○，○，△]，１回押すと[△，△，△，×]，２回押すと[×，×，×，○]となる。ＥからＨそれぞれのボタンの横に並ぶパネルに，○は０枚か１枚か３枚ある。したがって，全体で○が表示されるパネルの枚数は，０枚，１枚，２枚，３枚，４枚，５枚，６枚，７枚，８枚，９枚，10 枚，12 枚のどれかとなる。

なお，下線部の1回を２回に変えると，[○，○，○，×]，[△，△，△，○]，[×，×，×，△]となるが，表示される○の枚数は変わらない。また，以下の場合分けでも同様なので省略する。

・０回のボタンが２個で１回のボタンが２個の(０，０，１，１)のとき，Ｅの横に並ぶパネルは，Ｅを０回押すと[○，○，△，△]，１回押すと[△，△，×，×]，２回押すと[×，×，○，○]となる。ＥからＨそれぞれのボタンの横に並ぶパネルに，○は０枚か２枚ある。したがって，全体で○が表示されるパネルの枚数は，０枚，２枚，４枚，６枚，８枚のどれかとなる。

・０回のボタンが２個で１回のボタンと２回のボタンが１個ずつの(０，０，１，２)のとき，(4)より，全体で○が表示されるパネルの枚数は，４枚，５枚，６枚，７枚，８枚のどれかとなる。

・０回のボタンが１個で１回のボタンが３個の(０，１，１，１)のとき，Ｅの横に並ぶパネルは，Ｅを０回押すと[○，△，△，△]，１回押すと[△，×，×，×]，２回押すと[×，○，○，○]となる。ＥからＨそれぞれのボタンの横に並ぶパネルに，○は０枚か１枚か３枚ある。これは，０回のボタンが３個のときと同じである。

よって，考えられる○の枚数は，０枚，１枚，２枚，３枚，４枚，５枚，６枚，７枚，８枚，９枚，10 枚，12 枚，16 枚である。

《2020　理科　解説》

3　**問１**　(243×２＋244×２＋245×４＋246×15＋247×26＋248×24＋249×19＋250×７＋251×１)÷100＝247.5(㎜)

問２　成分が同じであれば，重さは体積に比例すると考えてよい。また，長さが同じであれば，体積は断面積に比例すると考えてよい。断面積を求めるには〔半径×半径×3.14〕を計算する必要があるが，ここでは何倍かを求めればよいだけなので，〔直径×直径〕を比べればよい。したがって，$\frac{1.85\times1.85}{1.68\times1.68}=\frac{3.42}{2.82}=1.21\cdots$→1.2 倍が正答となる。

問５　直径 1.68 ㎜のスパゲッティ 100 本では，長さの平均が 247.5 ㎜で，重さの合計が 82.5ｇである。また，ブカティーニ１本あたりの平均値は，長さが 257.6 ㎜で，重さが 2.07ｇである。まず，Ａ÷Ｂ＝2.07÷257.6 としてブカティーニ１㎜あたりの重さを求め，それを直径 1.68 ㎜のスパゲッティと同じ長さ(247.5 ㎜)にすると，その重さはＡ÷Ｂ×Ｃ＝2.07÷257.6×247.5 となる。一方，長さ 247.5 ㎜で直径 1.68 ㎜のスパゲッティ１本の重さは(Ｄ÷100)＝(82.5÷100)で表せるから，2.07÷257.6×247.5÷(82.5÷100)＝2.41…(倍)と求められる。

問７　直径に直径を３回かけた値と折れる力の比はほぼ一定(比例の関係にあると考えてよい)だから，図８で，直径に直径を３回かけた値が８のときに，折れる力が約 88ｇであることを基準に考えると，直径に直径を３回かけた値に 88÷８＝11 をかければ，折れる力を求めることができる。直径が１㎜のときは，１に１を３回かけた値が１だから，折れる力は１×11＝11（ｇ）になり，直径が２㎜のときには，２に２を３回かけた値が 16 だから，折れる力は 16×11＝176（ｇ）になる。したがって，最も近い数は，③がイの 11，④がエの 180 である。

問８　Ｅ．図５から読みとって，約 570ｇである。　Ｆ．2.78×2.78×2.78×2.78＝59.7 より，問７解説と同様に考えて，59.7×11＝656.7→660ｇである。　Ｇ．ブカティーニの重さは，同じ長さで直径 1.68㎜のスパゲッティの約 2.4 倍だから，ブカティーニと同じ断面積のスパゲッティの直径を x㎜とすると，$\frac{x \times x}{1.68 \times 1.68}=2.4$ が成り立ち，$x \times x=(2.4 \times 1.68 \times 1.68)$ となる。したがって，xにxを３回かけた値は，$x \times x \times x \times x=(2.4 \times 1.68 \times 1.68) \times (2.4 \times 1.68 \times 1.68)=2.4 \times 2.4 \times 7.97=45.9072$ だから，折れる力は 45.9072×11＝504.9792→500ｇである。

問９　キ○…問８のＥとＧより，同じ量の材料であればブカティーニの方が強いから，同じ強さにするにはブカティーニの方が少ない量の材料でよいと考えられる。

《2020　社会　解説》

Ⅰ　**問１（Ａ）**　イ．関東大都市圏には日本の人口の３分の１が集中している。　**（Ｂ）**　ア．人口の集中する東京・大阪・名古屋は三大都市と呼ばれる。

問２　小さい１マスが 0.1 万ｔを表し，長方形の縦の長さが 33 マスあることから，横に何マスの長方形をつくることができるかを調べる。うめ立てられたごみについては，28＋６＝34（万トン）だから，34＝3.3×10＋0.1×10 より，縦に 33 マス横に 10 マスの長方形と，縦に 10 マス横に１マスの長方形をつくる。資源に変えられたごみについては，３＋34＋21＝58（万トン）だから，58＝3.3×17＋0.1×19 より，縦に 33 マス横に 17 マスの長方形と，縦に 19 マス横に１マスの長方形をつくる。

問３　［２］では 272 万ｔだった可燃ごみの量が，［３］では 34 万ｔまで減っていることがわかる。一般的に，可燃ごみが焼却炉で完全に灰になるまで燃やされると，重さは約 10 分の１，体積は約 20 分の１まで小さくなる。

問４⑴　図１より，［２］で焼却施設以外の処理施設に運ばれた資源ごみが，［３］で資源に変えられていることに着目する。例えば，資源ごみとして回収された空き缶は，スチールに戻して鉄道のレールを作ったり，アルミニウムに戻してアルミサッシを作ったりすることにリサイクルされる。　**⑵**　家電リサイクル法は，限りある資源を有効的に再利用するために制定された。電気製品には金や銅などたくさんの金属が使われており，アクセサリーなどにリサイクルされる。

問５⑴　ペットボトルをリサイクルしてポリエステル繊維を作り，それを材料とした洋服を発売するファッションブランドもある。　**⑵**　ウ．１ℓ の牛乳パック６枚分で，65ｍのトイレットペーパーが再生される。牛乳パックからはティッシュペーパーなども再生される。　**⑶**　リデュース・リユース・リサイクルの３Ｒを進め，新たな天然資源の使用を減らす循環型社会が目指されている。

Ⅱ　**問１**　Ｄの床面積が高度経済成長期に急激に拡大していること，東京 23 区の開発では業務・商業・飲食・宿泊などの機能を持つ高層建築化が進められていったことから，ウを選ぶ。

問２　イ．高度経済成長期には生産活動が盛んになったため，製品の包装紙などのごみが増加した。

問３　解答例のほか，「ごみの火災」などもよい。生ごみは分解時に悪臭やメタンガスを発生する。メタンガスは可燃性で，火災や爆発事故を引き起こす危険性がある。

問4　プラスチックの短所は，「自然の力で分解されないこと」「燃焼時，発がん性がある猛毒のダイオキシンを発生すること」である。近年は，海に流れ込んだ微小なプラスチック粒子(マイクロプラスチック)を魚などが食べ，その魚を食べている人間の体に移行して影響を及ぼす危険性も問題視されている。

問5　交通渋滞を回避するため，ごみ収集車の搬出入ルートを分散している自治体も多い。

問6　高温でごみを燃やしつづけると，ダイオキシンが発生したとしてもそのほとんどが分解されていく。

問7　焼却施設で発生した余熱を，温水プールの昇温や施設の冷暖房の電力として活用している。

Ⅲ　**問1**　右図参照。

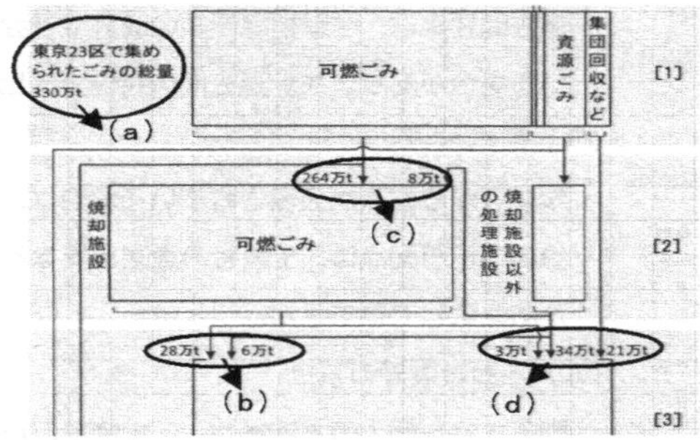

問2　イが誤り。集められたごみの総量に対するうめ立てられたごみの量の割合は，減少を続けている。1961 年が 134÷158×100＝84.8…(%)，1975 年が 297÷516×100＝57.5…(%)，1989 年が 303÷557×100＝54.3…(%)，2003 年が 78÷400×100＝19.5(%)，2017 年が 34÷330×100＝10.3…(%)。

問3　表２より，1989 年から 2017 年にかけての東京 23 区で集められたごみにおいて，総量は減り続けていること，うめ立てられた量は激減したこと，資源に変えられた量は増加したことを読み取る。これらのことを，Ⅰの問５の文章で３Ｒ運動と分別化が進められたこと，Ⅱの文章で東京 23 区の焼却施設が増えたことに関連付ける。

Ⅳ　**問1**　羽田空港の正式名称は東京国際空港である。地名とあるので東京国際空港はあてはまらない。

問2　図３より，❶と❷は沿岸に，❸～❼は沖合に立地していることを読み取る。風によってごみが近隣まで吹き飛んでくることがあったため，沿岸から沖の方へとうめ立て地が移されていった。

問3　６ページの表２より，2017 年のうめ立てられたごみの量が，1961 年・1975 年の量の半分以下まで減っていることを読み取る。そのことを踏まえて，２ページの図１の焼却後のごみの量の変化(272 万ｔ→34 万ｔ)と，Ⅰの問３の解説を参考に考える。

■ ご使用にあたってのお願い・ご注意

（1）問題文等の非掲載

著作権上の都合により，問題文や図表などの一部を掲載できない場合があります。
誠に申し訳ございませんが，ご了承くださいますようお願いいたします。

（2）過去問における時事性

過去問題集は，学習指導要領の改訂や社会状況の変化，新たな発見などにより，現在とは異なる表記や解説になっている場合があります。過去問の特性上，出題当時のままで出版していますので，あらかじめご了承ください。

（3）配点

学校等から配点が公表されている場合は，記載しています。公表されていない場合は，記載していません。
独自の予想配点は，出題者の意図と異なる場合があり，お客様が学習するうえで誤った判断をしてしまう恐れがあるため記載していません。

（4）無断複製等の禁止

購入された個人のお客様が，ご家庭でご自身またはご家族の学習のためにコピーをすることは可能ですが，それ以外の目的でコピー，スキャン，転載（ブログ，ＳＮＳなどでの公開を含みます）などをすることは法律により禁止されています。学校や学習塾などで，児童生徒のためにコピーをして使用することも法律により禁止されています。
ご不明な点や，違法な疑いのある行為を確認された場合は，弊社までご連絡ください。

（5）けがに注意

この問題集は針を外して使用します。針を外すときは，けがをしないように注意してください。また，表紙カバーや問題用紙の端で手指を傷つけないように十分注意してください。

（6）正誤

制作には万全を期しておりますが，万が一誤りなどがございましたら，弊社までご連絡ください。
なお，誤りが判明した場合は，弊社ウェブサイトの「ご購入者様のページ」に掲載しておりますので，そちらもご確認ください。

■ お問い合わせ

解答例，解説，印刷，製本など，問題集発行におけるすべての責任は弊社にあります。

ご不明な点がございましたら，弊社ウェブサイトの「お問い合わせ」フォームよりご連絡ください。迅速に対応いたしますが，営業日の都合で回答に数日を要する場合があります。

ご入力いただいたメールアドレス宛に自動返信メールをお送りしています。自動返信メールが届かない場合は，「よくある質問」の「メールの問い合わせに対し返信がありません。」の項目をご確認ください。

また弊社営業日（平日）は，午前９時から午後５時まで，電話でのお問い合わせも受け付けています。

2025 春

株式会社教英出版
〒422-8054　静岡県静岡市駿河区南安倍３丁目 12-28
TEL　054-288-2131　　FAX　054-288-2133
URL　https://kyoei-syuppan.net/
MAIL siteform@kyoei-syuppan.net

神奈川県

①[県立]
- 相模原中等教育学校
- 平塚中等教育学校

②[市立]南高等学校附属中学校
③[市立]横浜サイエンスフロンティア高等学校附属中学校
④[市立]川崎高等学校附属中学校
✿⑤聖光学院中学校
✿⑥浅野中学校
⑦洗足学園中学校
⑧法政大学第二中学校
⑨逗子開成中学校(1次)
⑩逗子開成中学校(2·3次)
⑪神奈川大学附属中学校(第1回)
⑫神奈川大学附属中学校(第2·3回)
⑬栄光学園中学校
⑭フェリス女学院中学校

新潟県

①[県立]
- 村上中等教育学校
- 柏崎翔洋中等教育学校
- 燕中等教育学校
- 津南中等教育学校
- 直江津中等教育学校
- 佐渡中等教育学校

②[市立]高志中等教育学校
③新潟第一中学校
④新潟明訓中学校

石川県

①[県立]金沢錦丘中学校
②星稜中学校

福井県

①[県立]高志中学校

山梨県

①山梨英和中学校
②山梨学院中学校
③駿台甲府中学校

長野県

①[県立]
- 屋代高等学校附属中学校
- 諏訪清陵高等学校附属中学校

②[市立]長野中学校

岐阜県

①岐阜東中学校
②鶯谷中学校
③岐阜聖徳学園大学附属中学校

静岡県

①[国立]静岡大学教育学部附属中学校(静岡·島田·浜松)
②
- [県立]清水南高等学校中等部
- [県立]浜松西高等学校中等部
- [市立]沼津高等学校中等部

③不二聖心女子学院中学校
④日本大学三島中学校
⑤加藤学園暁秀中学校
⑥星陵中学校
⑦東海大学付属静岡翔洋高等学校中等部
⑧静岡サレジオ中学校
⑨静岡英和女学院中学校
⑩静岡雙葉中学校
⑪静岡聖光学院中学校
⑫静岡学園中学校
⑬静岡大成中学校
⑭城南静岡中学校
⑮静岡北中学校
⑯
- 常葉大学附属常葉中学校
- 常葉大学附属橘中学校
- 常葉大学附属菊川中学校

⑰藤枝明誠中学校
⑱浜松開誠館中学校
⑲静岡県西遠女子学園中学校
⑳浜松日体中学校
㉑浜松学芸中学校

愛知県

①[国立]愛知教育大学附属名古屋中学校
②愛知淑徳中学校
③
- 名古屋経済大学市邨中学校
- 名古屋経済大学高蔵中学校

④金城学院中学校
⑤椙山女学園中学校
⑥東海中学校
⑦南山中学校男子部
⑧南山中学校女子部
⑨聖霊中学校
⑩滝中学校
⑪名古屋中学校
⑫大成中学校
⑬愛知中学校
⑭星城中学校
⑮名古屋葵大学中学校
(名古屋女子大学中学校)
⑯愛知工業大学名電中学校
⑰海陽中等教育学校(特別給費生)
⑱海陽中等教育学校(Ⅰ·Ⅱ)
⑲中部大学春日丘中学校
新刊⑳名古屋国際中学校

三重県

①[国立]三重大学教育学部附属中学校
②暁中学校
③海星中学校
④四日市メリノール学院中学校
⑤高田中学校
⑥セントヨゼフ女子学園中学校
⑦三重中学校
⑧皇學館中学校
⑨鈴鹿中等教育学校
⑩津田学園中学校

滋賀県

①[国立]滋賀大学教育学部附属中学校
②[県立]
- 河瀬中学校
- 守山中学校
- 水口東中学校

京都府

①[国立]京都教育大学附属桃山中学校
②[府立]洛北高等学校附属中学校
③[府立]園部高等学校附属中学校
④[府立]福知山高等学校附属中学校
⑤[府立]南陽高等学校附属中学校
⑥[市立]西京高等学校附属中学校
⑦同志社中学校
⑧洛星中学校
⑨洛南高等学校附属中学校
⑩立命館中学校
⑪同志社国際中学校
⑫同志社女子中学校(前期日程)
⑬同志社女子中学校(後期日程)

大阪府

①[国立]大阪教育大学附属天王寺中学校
②[国立]大阪教育大学附属平野中学校
③[国立]大阪教育大学附属池田中学校

- ④[府立]富田林中学校
- ⑤[府立]咲くやこの花中学校
- ⑥[府立]水都国際中学校
- ⑦清風中学校
- ⑧高槻中学校（Ａ日程）
- ⑨高槻中学校（Ｂ日程）
- ⑩明星中学校
- ⑪大阪女学院中学校
- ⑫大谷中学校
- ⑬四天王寺中学校
- ⑭帝塚山学院中学校
- ⑮大阪国際中学校
- ⑯大阪桐蔭中学校
- ⑰開明中学校
- ⑱関西大学第一中学校
- ⑲近畿大学附属中学校
- ⑳金蘭千里中学校
- ㉑金光八尾中学校
- ㉒清風南海中学校
- ㉓帝塚山学院泉ヶ丘中学校
- ㉔同志社香里中学校
- ㉕初芝立命館中学校
- ㉖関西大学中等部
- ㉗大阪星光学院中学校

兵庫県

- ①[国立]神戸大学附属中等教育学校
- ②[県立]兵庫県立大学附属中学校
- ③雲雀丘学園中学校
- ④関西学院中学部
- ⑤神戸女学院中学部
- ⑥甲陽学院中学校
- ⑦甲南中学校
- ⑧甲南女子中学校
- ⑨灘中学校
- ⑩親和中学校
- ⑪神戸海星女子学院中学校
- ⑫滝川中学校
- ⑬啓明学院中学校
- ⑭三田学園中学校
- ⑮淳心学院中学校
- ⑯仁川学院中学校
- ⑰六甲学院中学校
- ⑱須磨学園中学校(第1回入試)
- ⑲須磨学園中学校(第2回入試)
- ⑳須磨学園中学校(第3回入試)
- ㉑白陵中学校
- ㉒夙川中学校

奈良県

- ①[国立]奈良女子大学附属中等教育学校
- ②[国立]奈良教育大学附属中学校
- ③[県立] 国際中学校 / 青翔中学校
- ④[市立]一条高等学校附属中学校
- ⑤帝塚山中学校
- ⑥東大寺学園中学校
- ⑦奈良学園中学校
- ⑧西大和学園中学校

和歌山県

- ①[県立] 古佐田丘中学校 / 向陽中学校 / 桐蔭中学校 / 日高高等学校附属中学校 / 田辺中学校
- ②智辯学園和歌山中学校
- ③近畿大学附属和歌山中学校
- ④開智中学校

岡山県

- ①[県立]岡山操山中学校
- ②[県立]倉敷天城中学校
- ③[県立]岡山大安寺中等教育学校
- ④[県立]津山中学校
- ⑤岡山中学校
- ⑥清心中学校
- ⑦岡山白陵中学校
- ⑧金光学園中学校
- ⑨就実中学校
- ⑩岡山理科大学附属中学校
- ⑪山陽学園中学校

広島県

- ①[国立]広島大学附属中学校
- ②[国立]広島大学附属福山中学校
- ③[県立]広島中学校
- ④[県立]三次中学校
- ⑤[県立]広島叡智学園中学校
- ⑥[市立]広島中等教育学校
- ⑦[市立]福山中学校
- ⑧広島学院中学校
- ⑨広島女学院中学校
- ⑩修道中学校
- ⑪崇徳中学校
- ⑫比治山女子中学校
- ⑬福山暁の星女子中学校
- ⑭安田女子中学校
- ⑮広島なぎさ中学校
- ⑯広島城北中学校
- ⑰近畿大学附属広島中学校福山校
- ⑱盈進中学校
- ⑲如水館中学校
- ⑳ノートルダム清心中学校
- ㉑銀河学院中学校
- ㉒近畿大学附属広島中学校東広島校
- ㉓ＡＩＣＪ中学校
- ㉔広島国際学院中学校
- ㉕広島修道大学ひろしま協創中学校

山口県

- ①[県立] 下関中等教育学校 / 高森みどり中学校
- ②野田学園中学校

徳島県

- ①[県立] 富岡東中学校 / 川島中学校 / 城ノ内中等教育学校
- ②徳島文理中学校

香川県

- ①大手前丸亀中学校
- ②香川誠陵中学校

愛媛県

- ①[県立] 今治東中等教育学校 / 松山西中等教育学校
- ②愛光中学校
- ③済美平成中等教育学校
- ④新田青雲中等教育学校

高知県

- ①[県立] 安芸中学校 / 高知国際中学校 / 中村中学校

福岡県

①[国立] 福岡教育大学附属中学校（福岡・小倉・久留米）
②[県立] 育徳館中学校／門司学園中学校／宗像中学校／嘉穂高等学校附属中学校／輝翔館中等教育学校
③西南学院中学校
④上智福岡中学校
⑤福岡女学院中学校
⑥福岡雙葉中学校
⑦照曜館中学校
⑧筑紫女学園中学校
⑨敬愛中学校
⑩久留米大学附設中学校
⑪飯塚日新館中学校
⑫明治学園中学校
⑬小倉日新館中学校
⑭久留米信愛中学校
⑮中村学園女子中学校
⑯福岡大学附属大濠中学校
⑰筑陽学園中学校
⑱九州国際大学付属中学校
⑲博多女子中学校
⑳東福岡自彊館中学校
㉑八女学院中学校

佐賀県

①[県立] 香楠中学校／致遠館中学校／唐津東中学校／武雄青陵中学校
②弘学館中学校
③東明館中学校
④佐賀清和中学校
⑤成穎中学校
⑥早稲田佐賀中学校

長崎県

①[県立] 長崎東中学校／佐世保北中学校／諫早高等学校附属中学校
②青雲中学校
③長崎南山中学校
④長崎日本大学中学校
⑤海星中学校

熊本県

①[県立] 玉名高等学校附属中学校／宇土中学校／八代中学校
②真和中学校
③九州学院中学校
④ルーテル学院中学校
⑤熊本信愛女学院中学校
⑥熊本マリスト学園中学校
⑦熊本学園大学付属中学校

大分県

①[県立]大分豊府中学校
②岩田中学校

宮崎県

①[県立]五ヶ瀬中等教育学校
②[県立] 宮崎西高等学校附属中学校／都城泉ヶ丘高等学校附属中学校
③宮崎日本大学中学校
④日向学院中学校
⑤宮崎第一中学校

鹿児島県

①[県立]楠隼中学校
②[市立]鹿児島玉龍中学校
③鹿児島修学館中学校
④ラ・サール中学校
⑤志學館中等部

沖縄県

①[県立] 与勝緑が丘中学校／開邦中学校／球陽中学校／名護高等学校附属桜中学校

もっと過去問シリーズ

北海道

北嶺中学校
7年分(算数・理科・社会)

静岡県

静岡大学教育学部附属中学校(静岡・島田・浜松)
10年分(算数)

愛知県

愛知淑徳中学校
7年分(算数・理科・社会)
東海中学校
7年分(算数・理科・社会)
南山中学校男子部
7年分(算数・理科・社会)
南山中学校女子部
7年分(算数・理科・社会)
滝中学校
7年分(算数・理科・社会)
名古屋中学校
7年分(算数・理科・社会)

岡山県

岡山白陵中学校
7年分(算数・理科)

広島県

広島大学附属中学校
7年分(算数・理科・社会)
広島大学附属福山中学校
7年分(算数・理科・社会)
広島学院中学校
7年分(算数・理科・社会)
広島女学院中学校
7年分(算数・理科・社会)
修道中学校
7年分(算数・理科・社会)
ノートルダム清心中学校
7年分(算数・理科・社会)

愛媛県

愛光中学校
7年分(算数・理科・社会)

福岡県

福岡教育大学附属中学校(福岡・小倉・久留米)
7年分(算数・理科・社会)
西南学院中学校
7年分(算数・理科・社会)
久留米大学附設中学校
7年分(算数・理科・社会)
福岡大学附属大濠中学校
7年分(算数・理科・社会)

佐賀県

早稲田佐賀中学校
7年分(算数・理科・社会)

長崎県

青雲中学校
7年分(算数・理科・社会)

鹿児島県

ラ・サール中学校
7年分(算数・理科・社会)

※もっと過去問シリーズは国語の収録はありません。

教英出版
〒422-8054
静岡県静岡市駿河区南安倍3丁目12－28
TEL 054-288-2131
FAX 054-288-2133
詳しくは教英出版で検索
教英出版 検索
URL https://kyoei-syuppan.net/

２０２４年度

入学試験問題

国　語

５０分

1．受験番号・氏名を解答用紙に書くこと。

2．受験番号は算用数字で書くこと。(例:123)

3．鉛筆(えんぴつ)などの筆記用具・消しゴム以外は使わないこと。

4．用紙を立てて見ないこと。

5．質問(印刷不明のところだけ)のある場合，鉛筆などを落とした場合，トイレに行きたくなった場合，気持ちが悪くなった場合は，だまって手をあげること。

6．解答用紙のみ回収します。

栄光学園中学校

【一】

次の文章を読んで、あとの問に答えなさい。

お詫び

著作権上の都合により、文章は掲載しておりません。
ご不便をおかけし、誠に申し訳ございません。

教英出版

お詫び

著作権上の都合により、文章は掲載しておりません。
ご不便をおかけし、誠に申し訳ございません。

教英出版

お詫び

著作権上の都合により、文章は掲載しておりません。ご不便をおかけし、誠に申し訳ございません。

教英出版

お詫び

著作権上の都合により、文章は掲載しておりません。ご不便をおかけし、誠に申し訳ございません。

教英出版

お詫び

著作権上の都合により、文章は掲載しておりません。
ご不便をおかけし、誠に申し訳ございません。

教英出版

（尹雄大（ユン・ウンデ）『やわらかな言葉と体のレッスン』）

問題作成にあたり、表記を改めたところがあります。

（注1）可視化　目に見えるようにすること。

（注2）怖気を震う　恐ろしくて体が震えること。

（注3）阿鼻叫喚　非常にむごたらしい状態のこと。

（注4）齟齬　物事がくいちがうこと、うまくかみ合わないこと。

（注5）スポイルする　こわす、損（そこ）ねる、だめにする。

（注6）ファクト　事実。

（注7）エビデンス　証拠（しょうこ）、根拠（こんきょ）。

（注8）信奉　かたく信じて従うこと。

（注9）隷従　他に付き従って言いなりになること。

問一　空欄［①］に入る言葉として最も適当なものを次の中から選び、記号で答えなさい。

ア　一般性　　イ　厳密性　　ウ　消極性　　エ　独善性　　オ　楽観性

問二　傍線部②「けれども、だから『恐ろしい』と思ったのではありません。」とありますが、筆者はなぜ「恐ろしい」と思ったのですか。最も適当なものを次の中から選び、記号で答えなさい。

ア　教師と子供たちの集団の様子が客観的な事実として受け取られるのではなく、彼らに遭遇した山口さんの、その時の体感そのままに筆者の中に浮かびあがってきたから。

イ　教師と子供たちの集団が一言も発さなかったという体験談から、山口さんの左耳の鼓膜が破れていたことがより鮮明に伝わって、原爆の悲惨さを改めて実感できたから。

ウ　教師と子供たちの集団だけでなく、川で溺れて亡くなる人々も見たという生々しい体験談を聞いたことで、筆者も山口さんの経験をありありと感じることができたから。

エ　教師と子供たちの集団の様子は想像を絶するほど悲惨なものであり、山口さんが語る原爆の体験は客観的に捉えようとして理解できるものではないと気付かされたから。

オ　教師と子供たちの集団の様子や行動を、自身もひどいやけどを負って、体力も限界に近づいていた状態でも冷静に観察していた山口さんの姿勢に強い衝撃を受けたから。

問三　傍線部③「でも、それは違うと気づいたのです。」とありますが、筆者は、山口さんの体験をどのようなものとして受け止めたのですか。

問四　傍線部④「ひどく混乱した状況を冷静に考える上で客観性はとても重要です。」とありますが、そう言えるのは筆者が「客観性」をどのようなものだと捉えているからですか。それが分かる一文の最初の五字を抜き出しなさい。（字数には句読点等もふくみます。）

問五　傍線部⑤「あれこれと迷って生きる」とは、どういうことですか。

【二】　次の文章を読んで、あとの問に答えなさい。

> 小学六年生の玉田アオイは、席替えで転校生八神カンナの隣になった。カンナが「子ども食堂」と呼ばれる無料の食事施設に入るのを偶然見たことをきっかけに、ふたりは親しくなっていく。「子ども食堂」に頻繁に通うカンナには、厳しい貧困という背景があることも、アオイは分かってきた。一方、感染症流行の影響で、アオイの父の店「玉田カレー」は客が激減し、一時休業を余儀なくされた。家計の悪化、姉の高校受験の問題などが重なり、不安定な日々を過ごすアオイであった。
>
> 夏休み中のある日、カンナからアオイに一週間後に祖父のもとに引っ越すことが唐突に告げられた。急な別れにショックを受けるアオイであったが、一方のカンナは現状からの脱出が可能になったことで、嬉しくてたまらない様子であった。
>
> ちなみにカンナは、以前「玉田カレー」を訪れて、アオイお気に入りの「お子さまカレー」をごちそうされている。

それから、あっという間に木曜日になってしまった。

朝、寝ぼけまなこでキッチンに行くと、お父さんが洗いものの手を止めて、

「アオイ、今日店に行くけど、いっしょに行くか？」

と、きいた。

「えー。何時ごろ？」

めんどくさいなあ、と思った。

お父さんは、休業中のはり紙をしたあとも、ときどき店をのぞきにいく。お母さんに「もったいない」と言われながら、電気もガスも水道も止めていない。

「切っちゃったら、ほんとうにおしまいになりそうだから」

そんなことを言っていた。

(3) 図3のように，三角柱の向きを変えて2通りの置き方をしました。これらの共通部分の立体をZとします。

(ア) 立体Zのそれぞれの面は何角形ですか。答え方の例にならって答えなさい。

（答え方の例）三角形が3面，四角形が2面，五角形が1面

(イ) 立体Zの体積を答えなさい。

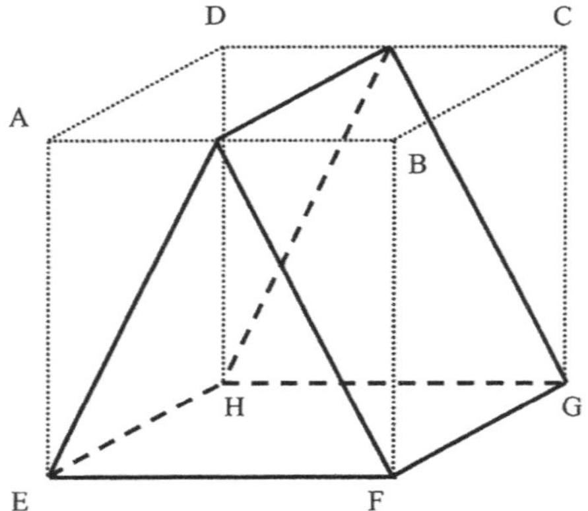

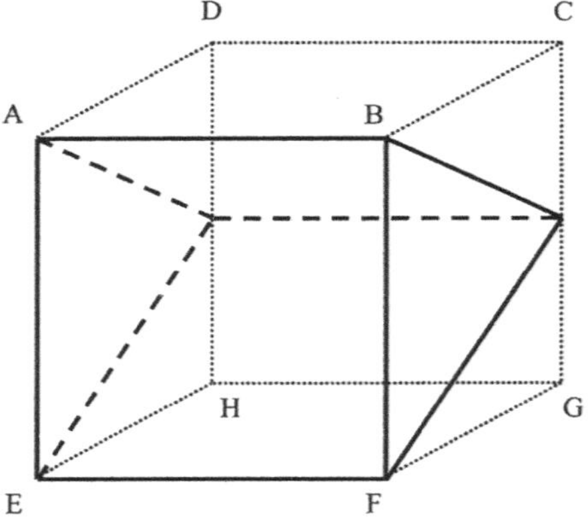

図3

4．底辺が 2 cm で高さが 2 cm の二等辺三角形を底面とする，高さ 2 cm の三角柱を考えます。この三角柱を以下の図のように 1 辺の長さが 2 cm の立方体 ABCD-EFGH の中に置きます。なお，角すいの体積は「（底面積）×（高さ）÷3」で求められます。

(1) 図 1 のように，三角柱の向きを変えて 2 通りの置き方をしました。これらの共通部分の立体 X の体積を答えなさい。

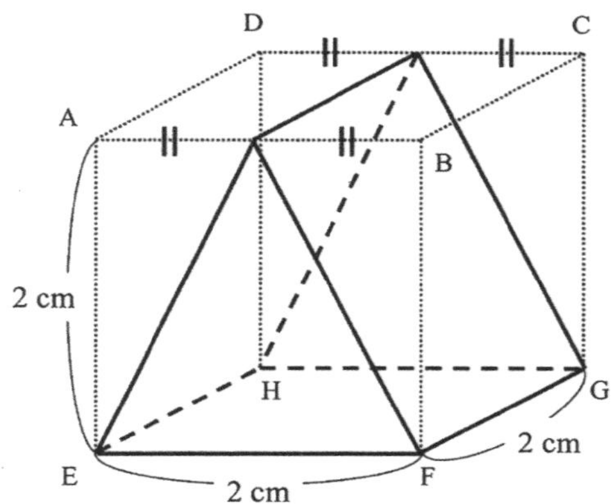

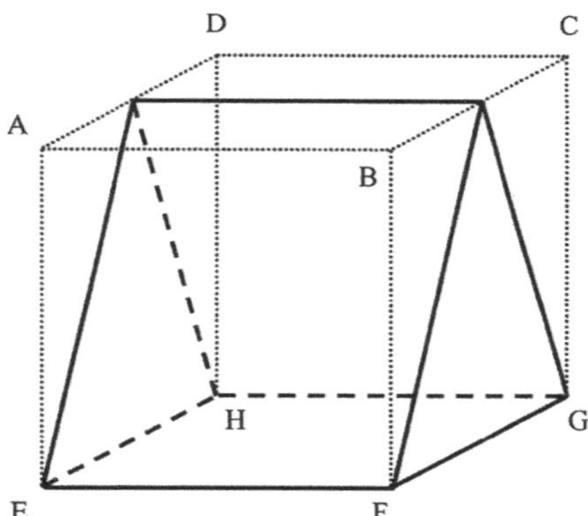

図 1

(2) 図 2 のように，三角柱の向きを変えて 2 通りの置き方をしました。これらの共通部分の立体を Y とします。

(ア) 立体 Y の面はいくつありますか。

(イ) 立体 Y の体積を答えなさい。

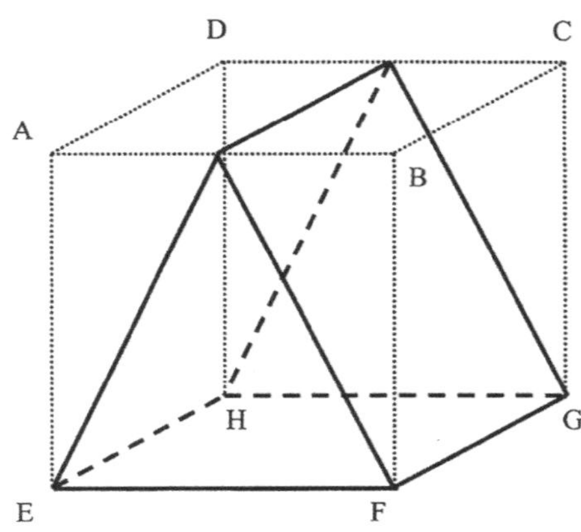

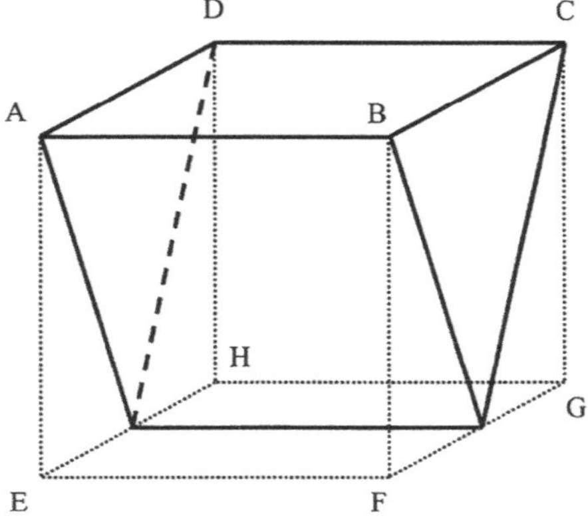

図 2

問 14　次の各図は，ピーマンの実を輪切りにしたときの種子の位置を**○**の印で示したものです。正しいものを**ア**～**エ**から一つ選び，記号で答えなさい。

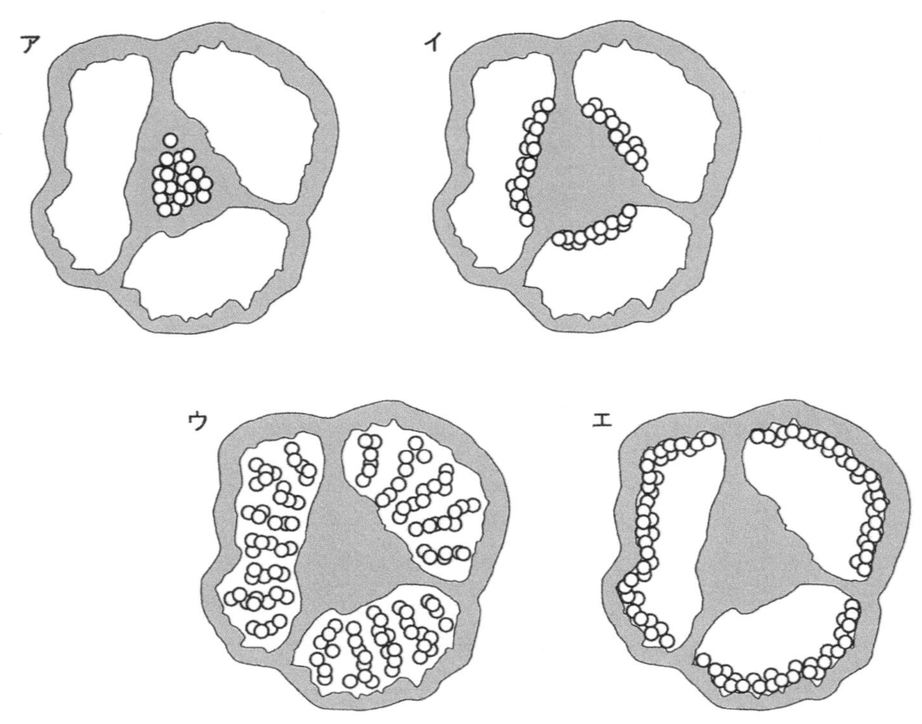

―おわり―

時刻とかげの位置の関係がわかったので，実際に栄一君の家の庭のどこに鉢を置けばよいのか考えることにしました。**図７**は栄一君の家の庭で，図中の黒い方眼の間隔（かんかく）は，実際の長さの１ｍにあたります。また，青い方眼の間隔は，実際の長さの10㎝にあたります。庭の東側，南側，西側は高さ1.5 ｍの塀（へい）で囲まれています。以下の各問では，晴れた日について考えるものとします。

※黒い方眼を太い線，青い方眼を細い線で編集しました。

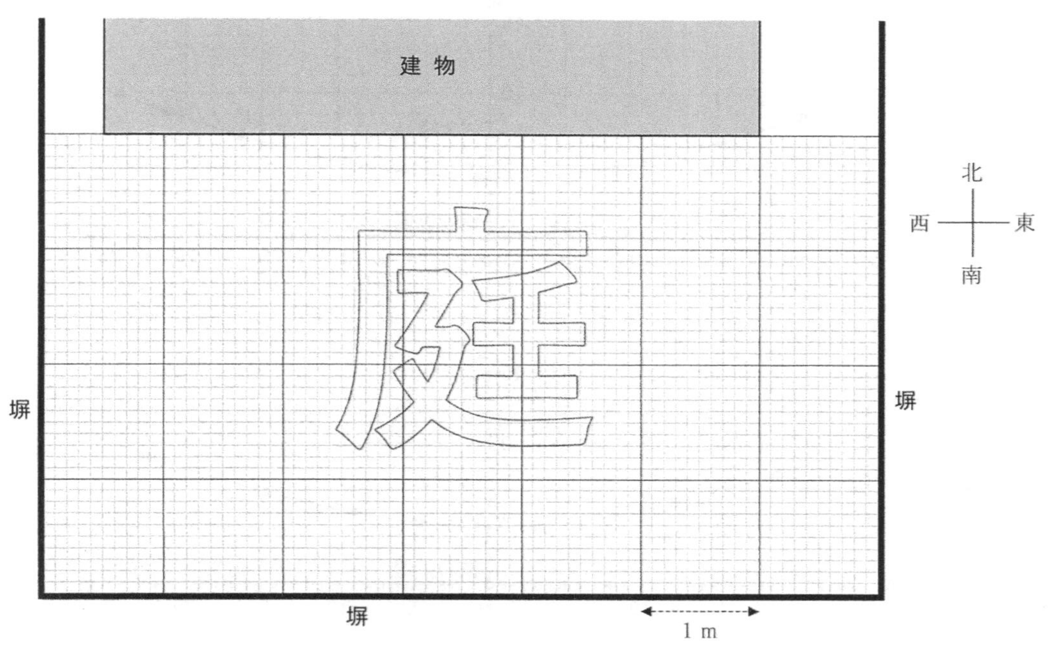

図７

問11　８時の日なたと日かげの境を線で示しなさい。

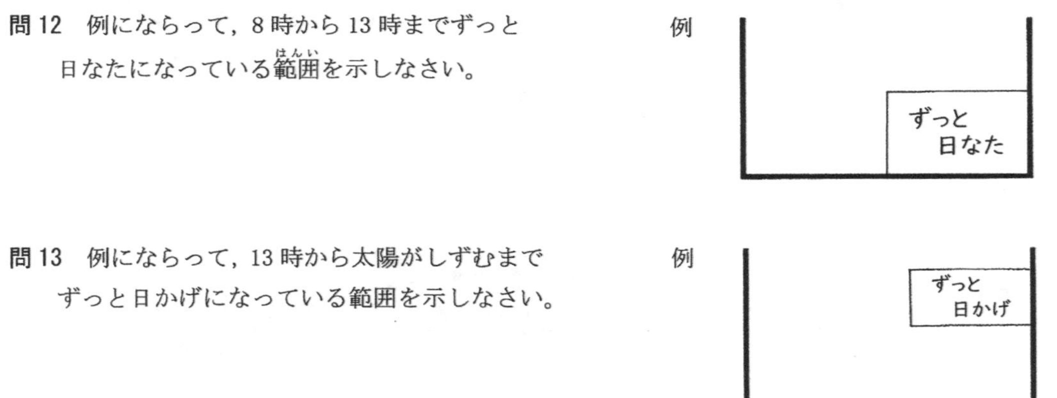

問12　例にならって，８時から13時までずっと日なたになっている範囲（はんい）を示しなさい。

問13　例にならって，13時から太陽がしずむまでずっと日かげになっている範囲を示しなさい。

これらの結果から，栄一君は庭のどこに鉢を置けばよいのかがわかりました。

問 10　栄一君は水平に置いた板の上に長さ 15 cm の棒を垂直に立てて，棒のかげの先端の位置を 1 時間ごとに記録しました。この測定は 7 月 20 日に神奈川県鎌倉市で行いました。栄一君が記録したものとして正しい図を次の**ア**～**エ**から一つ選び，記号で答えなさい。なお，軸に書かれた数字は棒からの距離を cm 単位で表したものです。また，棒のかげの先端がＰの位置になった時刻を答えなさい。

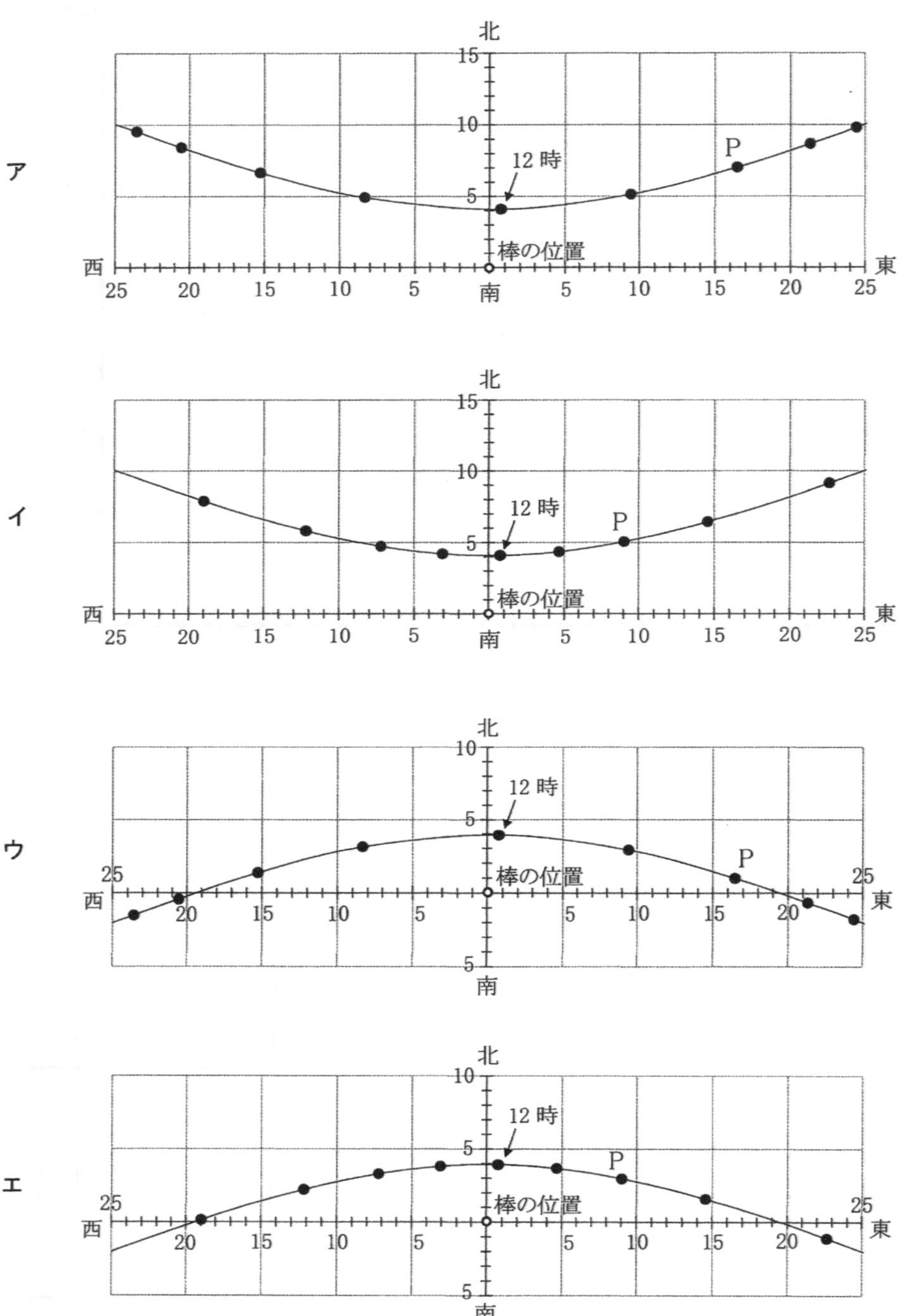

栄一君は実験の結果をもとに考えて，ひとまわり大きなプラ鉢に植えかえることにしました。

問９　プラ鉢と素焼き鉢を比べたときに，プラ鉢にはどのような特ちょうがあると考えられますか。
実験１と実験２の結果をもとに書きなさい。

実験１でプラ鉢の土の中の温度は 40℃をこえてしまうこともあることがわかりました。夏の暑い季節は，ずっと日の当たるところには置かないほうが良さそうです。午前は日なたに置いて午後は日かげに移動した場合と，午前は日かげに置いて午後は日なたに移動した場合の温度変化も調べてみました。**図６**がその結果をグラフにしたものです。

午前は日なたに置いて午後は日かげに移動した場合のほうが，温度はあまり高くならずにすみました。栄一君は，西日の当たらないところに置くと良いというのはこういうことなのかと思いました。

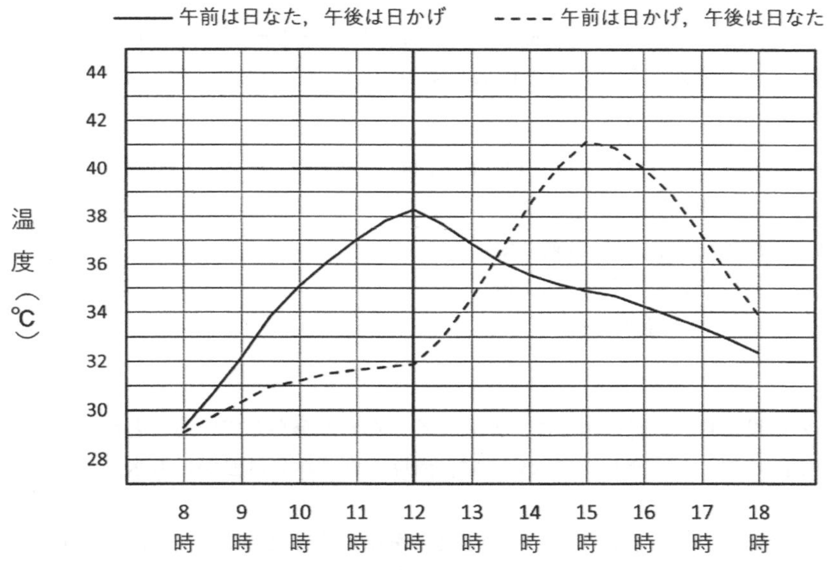

図６　鉢を移動させた場合の土の中の温度変化

栄一君はピーマンを植えた鉢を，8 時から 13 時まではずっと日なたに，13 時から日の入りまではずっと日かげになるところに置こうと思いました。そこで，時刻が変わるとかげの向きや長さがどうなるかを調べることにしました。

問4　はじめにたくわえられた水が素焼きの鉢のほうが多かったのはなぜですか。実験２の結果から考えられる理由として，最もふさわしいものを次の**ア**～**エ**の中から一つ選び，記号で答えなさい。

ア．　素焼き鉢のほうが重いから
イ．　素焼き鉢のほうが厚みがあるから
ウ．　素焼き鉢は，鉢も水を吸うから
エ．　プラ鉢は水をよく通すから

問5　重さが減った分だけ，たくわえられた水が蒸発したと考えることにします。次の(1)～(3)に示した時間に，たくわえられた水が何ｇ蒸発したかを，**図５**から読み取りなさい。プラ鉢と素焼き鉢それぞれについて整数で答えること。

(1)　7月15日の18時から7月16日の 6時までの12時間
(2)　7月16日の 6時から7月16日の18時までの12時間
(3)　7月16日の18時から7月17日の 6時までの12時間

問6　**問5**の (1)，(2)，(3) に示した時間に，素焼き鉢にたくわえられた水が蒸発した量は，プラ鉢にたくわえられた水が蒸発した量の何倍ですか。正しいものを次の**ア**～**オ**の中から一つ選び，記号で答えなさい。

ア．　(1)は約2倍，(2)は約3倍，(3)は約1倍
イ．　(1)と(3)は約1倍，(2)は約2倍
ウ．　(1)と(3)は約1倍，(2)は約3倍
エ．　(1)と(3)は約2倍，(2)は約1倍
オ．　(1)(2)(3)いずれも約2倍

問7　実験２の結果から，素焼き鉢のほうからたくさん水が蒸発していることがわかりました。プラ鉢では土の表面からしか蒸発していないのに，素焼き鉢は鉢の側面からも水が蒸発しているからと考えられます。

素焼き鉢の側面からも水が蒸発していることを確かめるためには，どんな実験をしたらよいですか。実験の方法を説明し，予想される結果を書きなさい。

問8　実験２では植物を植えませんでしたが，ピーマンを植えて同じ実験をしたら結果はどうなると予想しますか。次の**ア**～**エ**の中から一つ選び，記号で答えなさい。また，そのように考えた理由を書きなさい。

ア．　プラ鉢も素焼き鉢も水の減り方が速くなる
イ．　プラ鉢も素焼き鉢も水の減り方がおそくなる
ウ．　プラ鉢は水の減り方が速くなり，素焼き鉢は水の減り方がおそくなる
エ．　プラ鉢は水の減り方がおそくなり，素焼き鉢は水の減り方が速くなる

6 日本で貨幣が広く使われるようになったことについて，これまでの問題文や問をふまえて，次の問に答えなさい。

問１ 貨幣が造られるようになってから江戸時代まで，貨幣が使われる場所や地域は，どのように広がっていったか説明しなさい。

問２ 貨幣が広く使われるようになるには，朝廷や幕府，政府などが大きな役割を果たしてきました。それは，どのような役割か説明しなさい。

5 次の文章を読んで，問に答えなさい。

明治時代になると，政府は1871年に「円」を基本の通貨単位にしました。欧米から新しい技術を学び，紙幣や硬貨が造られるようになり，人びとの間で使われるようになりました。また，①政府は税のしくみも，それまでの米で納める年貢から，土地の価格に応じて貨幣で納めるように変えました。

1882年に政府によって日本銀行が設立され，「日本銀行券」とよばれる紙幣が発行されました。その後，日清戦争で得た賠償金をもとにして，日本銀行は金との交換を約束した日本銀行券を発行しました。そのころ欧米では，それぞれの国の通貨は金と交換する比率が定められていました。日本もこのとき，金0.75グラムを１円と定めました。金1.5グラムは，２円となり，アメリカの通貨では，およそ１ドルでした。このようにすることで，外国との貿易をスムーズに行うことができるようになりました。 その後，1930年代からは，円と金との交換の約束はなくなり，現在は，円と②ドルなど外国の通貨を交換する比率は，毎日変化するようになっています。

現在，紙幣は，一万円券，五千円券，二千円券，千円券の４種類の日本銀行券が発行され，2023年の終わりでは，185.4億枚，124.6兆円が流通しています。③紙幣は現在まで，同じ額面のものでもデザインが変更されてきました。近年では1984年，2004年と20年ごとに変更され，2024年にも新たな紙幣の発行が予定されています。 一方，硬貨は，６種類が政府によって発行されています。１円硬貨は，（　D　）でできています。それ以外の５種類の硬貨は，ニッケル，亜鉛，スズなどが含まれていますが，すべて銅が主な成分となっています。④銅は貨幣の主な原料として，日本では古くから使われてきました。なかでもスズを含む青銅は，現在も10円硬貨の材料となっています。

問１　下線部①について，このことを何というか答えなさい。

問２　下線部②について，現在，日本は，ドルを通貨単位とするアメリカとの貿易がさかんですが，日本との貿易額がアメリカよりも多い国を答えなさい。また，その国の通貨単位を答えなさい。

問３　下線部③について，紙幣のデザインの変更を行わないと，どのような問題がおこると考えられるか説明しなさい。

問４　（　D　）に入る金属を答えなさい。

問５　下線部④について，金属のなかで銅は，貨幣の原料として適していると考えられます。金や鉄と比べて，銅はどのような点で適しているのか，それぞれ説明しなさい。

2024(R6) 栄光学園中
K 教英出版

問１　下線部①について，**図３**と**図４**は，それぞれ江戸時代に使われた金貨と銀貨です。金貨は「壱両（いちりょう）」などと貨幣の価値が刻まれていました。それに対して多くの銀貨は，**図４**のように形や大きさがまちまちで，貨幣の価値は刻まれていませんでした。銀貨はどのようにして支払われていたのか説明しなさい。

問２　下線部②について，江戸では，参勤交代（さんきんこうたい）で集まった武士の生活を支えるモノの取り引きが活発になりました。一方で参勤交代によって，江戸以外に東海道（とうかいどう）沿いの品川（しながわ）や小田原（おだわら），中山道（なかせんどう）沿いの板橋（いたばし）や奈良井（ならい）などの町でも，商売がさかんになりました。これらの町を何というか答えなさい。

問３　下線部③について，江戸時代の大阪について述べた文としてまちがっているものを，次の**ア〜エ**から１つ選びなさい。

ア　全国の大名が蔵屋敷（くらやしき）を置いて，米などを売りさばいた。

イ　北海道や東北地方の特産物が，日本海まわりの船で運ばれた。

ウ　高度な織物や焼き物などの手工業が発展した。

エ　「天下の台所」とよばれ，商人の町として栄えた。

問４　下線部④について，寛永通宝は，城下町の町人や農村の百姓（ひゃくしょう）にも広く使われました。一方，金貨や銀貨は主に武士などの身分の高い人などが使うものでした。江戸時代の町人や百姓の生活について述べた文としてまちがっているものを，次の**ア〜エ**から１つ選びなさい。

ア　町人や百姓は，旅行が禁止されたため，有名な寺や神社にお参りすることができなかった。

イ　町人や百姓は，武士と同じようなぜいたくな着物を着ることをたびたび禁止された。

ウ　百姓は，酒や茶などを買って飲むことを禁止されることがあった。

エ　町人は，住む場所を決められ，町を整備するための費用を負担させられた。

問５　下線部⑤について，次の**ア〜エ**は藩札を発行した藩です。このなかで「親藩（しんぱん）」とされた藩を１つ選びなさい。

ア　加賀（かが）（金沢（かなざわ））藩　　**イ**　尾張（おわり）（名古屋（なごや））藩　　**ウ**　土佐（とさ）（高知（こうち））藩　　**エ**　肥前（ひぜん）（佐賀（さが））藩

問６　下線部⑥について，江戸時代には，木版の印刷技術を使って，多色刷りの同じ絵が大量に作られました。この絵を何というか答えなさい。

4 次の文章を読んで，問に答えなさい。

江戸時代になると，徳川幕府は，各地の主な鉱山に奉行所などを置いて直接支配をしました。そして，そこから産出された金・銀・銅などを使って，幕府は全国共通の①金貨・銀貨・銭の三貨を流通させました。金貨は主に②江戸を中心に東日本で使われたのに対して，銀貨は③大阪や京都など西日本で使われました。使われる地域にちがいがあったため，幕府は金貨と銀貨を交換する比率を定めました。また，江戸時代には足尾などの銅山開発が進み，産出された銅は，銭の原料として使われました。江戸時代に造られた代表的な銭が，図５の「寛永通宝」です。④寛永通宝は，全国の庶民が日常的に使う貨幣となりました。

これらの三貨以外に，地方を支配していた⑤多くの大名が，「藩札」とよばれる紙幣を発行しました。藩札はそれぞれの藩のなかで使われた紙幣です。この紙幣には⑥木版の技術が使われて，和紙に印刷されていました。藩札のなかには，すかしの技術や特殊な文字を使っているものもありました。図６は，大洲藩（現在の愛媛県）で発行された藩札です。江戸時代には，このような藩札が地域ごとに流通していました。

図３　金貨

図４　銀貨

図５　寛永通宝

図６　藩札

図はすべて，日本銀行金融研究所貨幣博物館『貨幣博物館　常設展示目録』（2017 年）より作成。（大きさは実際のものとは異なります。）

地図

問二

問三

問四

ことによって、思いもよらず、アオイからとげのある反応を示されたから。

問五

【三】

1	6
2	7
3	8
4	9　む
5	10　う

2024 年度

算数　解答用紙

受験番号		氏名	

評点	※70点満点（配点非公表）

1．

(1) (ア)	(1) (イ)
(2) □ □ □ □ □ □	
(3) 回	(4) 回
(5) 回	

【解答

3.

(1) (ア) 個	(1) (イ)
(2) (ア) 個	(2) (イ)
(3) (ア)	
(3) (イ)	

一の位	0	1	2	3	4
個数	個	個	個	個	個
一の位	5	6	7	8	9
個数					

2024年度

理科 解答用紙

受験番号		氏名	

※評点 ※50点満点（配点非公表

注意：※のあるところには記入しないこと

問１

問２ プラ ℃ 素焼き ℃

問３ プラ ℃ 素焼き ℃

問４

問５
(1) プラ g 素焼き g
(2) プラ g 素焼き g
(3) プラ g 素焼き g

問６

問７ 方法

予想

問８ 予想

理由

問９

問10 記号 時刻 時

2024年度　社　会　解答用紙　（注意　※のあるところには記入しないこと。）

1

問１　　問２　　問３　A

2

問１　B　　C

問２　　問３　　問４　　※

問５　・
・　　※

3

問１

問２（１）石見銀山　　佐渡金山

（２）

問３　　※

4

問１

問２

問３　　問４　　問５

問６　　※

5

問１

問２　国名　　　　通貨単位

問３

問４　D　　※

問５　金と比べて

鉄と比べて　※

6

問１　※

問２　※

受験番号		氏名	

評点	※ ※50点満点 （配点非公表）

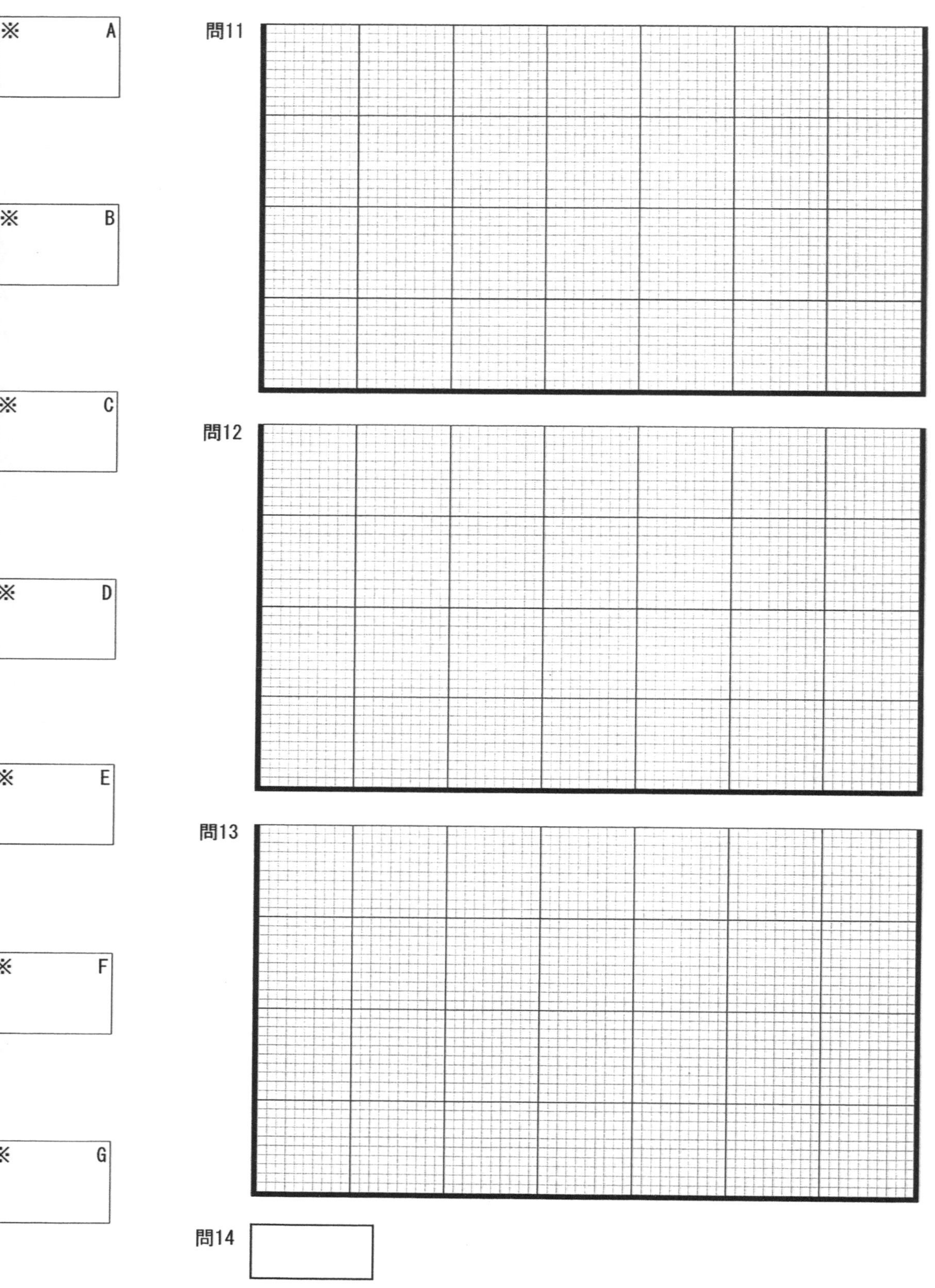
※ A
※ B
※ C
※ D
※ E
※ F
※ G
問11
問12
問13
問14

4．

(1) cm³	
(2)(ア) 面	(2)(イ) cm³
(3)(ア)	
(3)(イ) cm³	

(3) 分　　　　　　秒後	

(4) <求め方>

答え　　　　　　　Lより多く　　　　　　　L以下

二〇二四年度

国語解答用紙

受験番号

氏名

評点

※70点満点
（配点非公表）

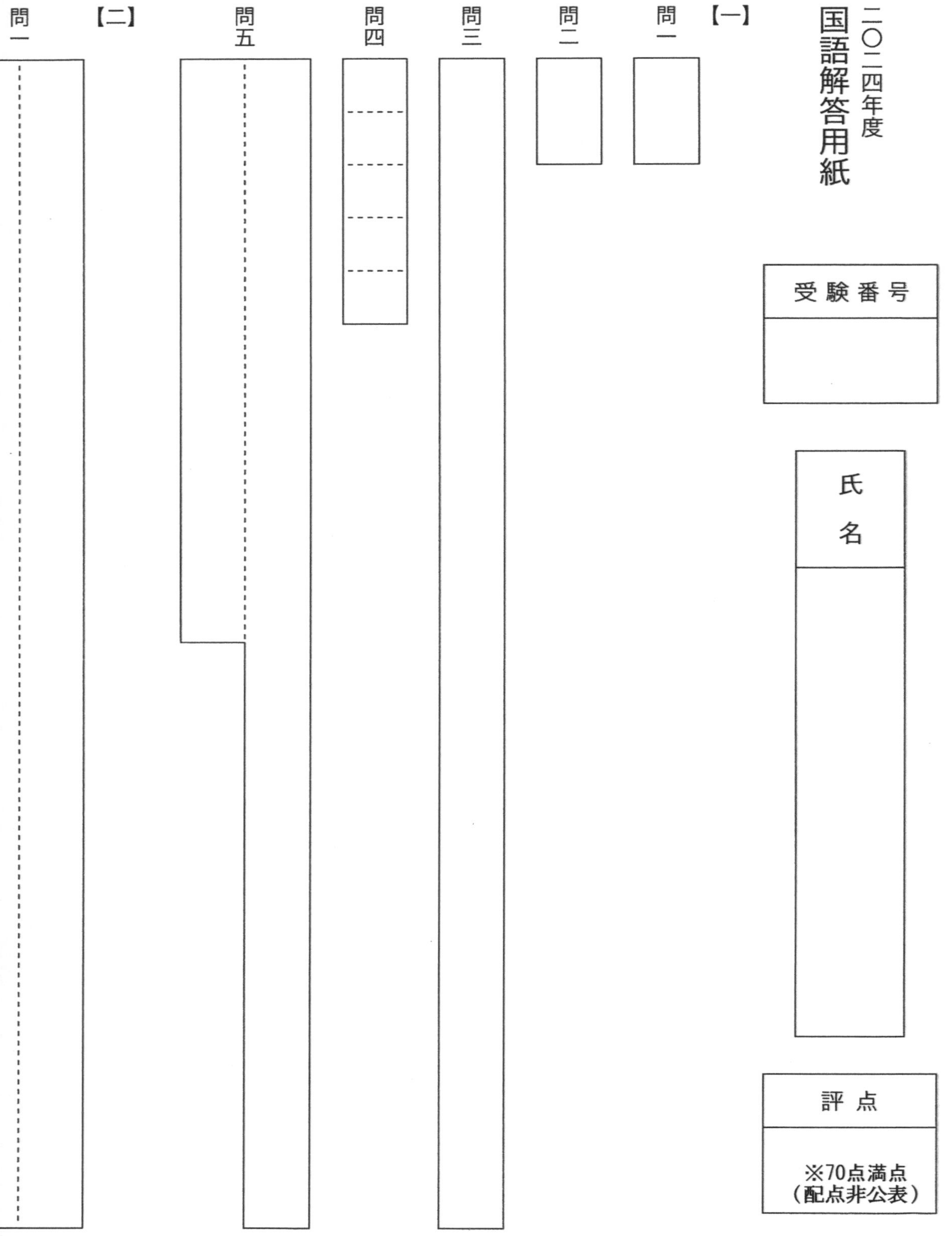

【一】

問一

問二

問三

問四

問五

【二】

問一

3 次の文章を読んで，問に答えなさい。

戦国時代になると，中国から日本に輸入される銭の量が減って，モノの取り引きに必要な銭が不足するようになりました。そこで中国銭をまねて国内でも銭が造られましたが，質の悪い銭もありました。①戦国大名のなかには，このような質の悪い銭でも，条件を設けて使用を認めることで，支配地域の商売がとどこおることを防ごうとする者もいました。一方，②金・銀の鉱山開発を進めて独自に貨幣を造る戦国大名もあらわれました。このころは，特に銀山の開発がめざましく，国内で銀を用いた取り引きが行われるとともに，輸出されるようになりました。戦国大名どうしが，鉱山の支配をめぐって，激しく争うこともありました。全国を統一して各地の鉱山を支配した豊臣秀吉は，③天正大判とよばれる金貨を造りました。

問１ 下線部①について，このような戦国大名のひとりに織田信長がいます。織田信長について述べた文としてまちがっているものを，次の**ア～エ**から１つ選びなさい。

ア 安土城の城下町で人びとが自由に商売を行うことを認めた。
イ 商工業で栄えていた堺を直接支配した。
ウ ポルトガルやスペインとの貿易を行った。
エ 各地に関所を設けて，通過する品物に税金を課した。

問２ 下線部②について述べた次の文章を読んで，（１）・（２）に答えなさい。

戦国時代に開発された銀山のひとつに石見銀山があります。石見銀山では，灰吹法とよばれる技術が朝鮮半島から伝わり，大量の銀が生産されるようになりました。灰吹法は，採掘された鉱石から銀を取り出す方法です。
この技術は，佐渡金山にも伝わり，鉱石から金を取り出すようになったといわれています。

（１）石見銀山と佐渡金山の場所を，６ページの**地図**の**ア～カ**からそれぞれ選びなさい。

（２）下線部について，鉱石から金を取り出すようになる前は，金をどのように採取していたか説明しなさい。

問３ 下線部③について，この金貨は，日常的なモノの取り引きに使われたものではありませんでした。どのような使われ方をしたと考えられるか，その例を１つあげなさい。

問１　（　Ｂ　）・（　Ｃ　）に入る中国の王朝をそれぞれ答えなさい。

問２　下線部①について，このような勢力の代表が平清盛でした。平清盛について述べた文としてまちがっているものを，次の**ア〜エ**から１つ選びなさい。

ア　兵庫の港を整備した。
イ　国ごとに守護，各地に地頭を置いた。
ウ　厳島神社を守り神とし保護した。
エ　武士としてはじめて太政大臣となった。

問３　下線部②について，この仏像がある寺院を，次の**ア〜エ**から１つ選びなさい。

ア　高徳院　　**イ**　中尊寺　　**ウ**　東大寺　　**エ**　平等院

問４　下線部③について，室町時代のころまでに開発された農法や農具について述べた文としてまちがっているものを，次の**ア〜エ**から１つ選びなさい。

ア　同じ年にイネとムギを栽培する二毛作が行われた。
イ　牛や馬にすきを引かせて，農地を耕した。
ウ　草木を焼いた灰やふん尿を肥料として使った。
エ　備中ぐわを使って農地を深く耕した。

問５　米などの品物よりも，銭が貨幣として優れている理由を，2の文章から考え，２つあげて説明しなさい。

2 次の文章を読んで，問に答えなさい。

平安時代の終わりごろになると，中国の（　B　）との貿易が，さかんに行われるようになりました。その輸入品のひとつとして，図２のような青銅で造られた中国銭が，大量にもたらされるようになりました。中国銭は，日本だけではなく，東南アジアなどにも広まっていたといわれています。中国銭は，まず貿易港のある博多の町を中心に広まり，やがて平安京などでもモノの取り引きに使われるようになりました。はじめ天皇や多くの貴族たちは，中国銭を受け入れることに消極的でした。一方，①中国との貿易によって利益を得る人びとは，中国銭の輸入を重視し，銭を国内で流通させることにも積極的でした。

その後，鎌倉時代になると，朝廷や幕府も中国銭の使用を認めるようになりました。このころから，それまで地方から米を運んで納められていた年貢が，米の代わりに銭でも納められるようになりました。また，つぼに入っている大量の銭が，土の中にうめられた形で見つかることがあります。さらに，中国銭はとかされて，②鎌倉に造られた大きな仏像の原料となったともいわれています。

室町時代のころには，各地の③農業生産力が高まるとともに，焼き物，紙すきなど，ものづくりの技術も発展しました。全国で特産品が作られて，港から各地へ運ばれて広がりました。東北地方から九州地方にいたるまで，人びとが多く集まる場所には，市が開かれるようになりました。港や市で行われた商売では，銭が広く使われるようになりました。室町幕府の３代将軍足利義満は，中国の（　C　）との国交を開きました。この貿易でもたくさんの中国銭がもたらされました。

図２　中国銭

日本銀行金融研究所貨幣博物館『貨幣博物館　常設展示目録』（2017 年）より作成。
（大きさは実際のものとは異なります。）

2024(R6) 栄光学園中
教英出版

問１　下線部①について，このようなモノを使ってできた道具を，次の**ア～エ**から１つ選びなさい。

ア　ニホンジカの骨でできたつり針
イ　クリの木でできたくわ
ウ　鉄でできた剣（けん）
エ　黒曜石（こくようせき）でできた矢じり

問２　下線部②について，このような鋳造の技術は，弥生（やよい）時代から用いられていました。弥生時代に鋳造技術を用いて造られ，祭りのときに鳴らして使われたと考えられている青銅でできた祭器を答えなさい。

問３　（　A　）は，律令（りつりょう）で定められた税である「庸（よう）」の支払いにも使われました。その品物を答えなさい。

私たちは，ふだん財布の中にお金を入れて持ち歩き，さまざまなモノを買うときに紙幣や硬貨を出して支払います。現在では，交通系ＩＣカードや，スマートフォンを使って支払うことも増えました。また，特定の地域のみで使うことができる地域通貨や，インターネットの技術を利用したビットコインなどの仮想通貨も知られています。

ここでは，紙幣や硬貨などのお金を「貨幣」とよぶことにします。日本で貨幣がどのように使われてきたのかを考えてみましょう。

1 次の文章を読んで，問に答えなさい。

まだお金がなかった大昔から，人びとは生活に必要なモノを他の地域から手に入れていました。①縄文時代の遺跡の調査をすると，限られた場所でしかとれないモノが，別の地域で数多く発掘されることがあります。そのことから，この時代の人びとがモノとモノの交換を通じて，かなり遠くのむらとも交流を持っていたことがわかっています。

飛鳥時代になると，中国にならい日本でも，朝廷によって，独自の「銭」とよばれる金属製の貨幣が造られるようになりました。主な原料の銅が国内で採掘されたことをきっかけに，708年から造られはじめたのが図１の「和同開珎」という青銅で造られた銭です。この銭は②ねん土などで作った型に，とかした銅やスズなどを流しこむ鋳造という技術でできています。朝廷は，平城京を造るために働いた人びとの賃金や，役人の給料を支払うときに，銭を使うことがありました。奈良時代には，都に設けられた市での商売に銭が使われるようになりました。一方で，朝廷は，地方から都に税を納めるためにやってきた農民たちに，銭を持ち帰らせて，各地に銭を流通させようとしました。しかし，モノの取り引きがさかんな都とその周辺以外では，銭を使うことはあまり広がりませんでした。平安時代の後半には，原料不足などから，朝廷が銭を造ることはなくなりました。銭が使われないときのモノの取り引きには，主に米や（　Ａ　）などの品物が用いられたと考えられています。

図１　和同開珎

日本銀行金融研究所貨幣博物館『貨幣博物館　常設展示目録』（2017年）より作成。
（大きさは実際のものとは異なります。）

２０２４年度

入学試験問題

社　　会

４０分

1．受験番号・氏名を解答用紙に書くこと。

2．受験番号は算用数字で書くこと。(例:123)

3．鉛筆(えんぴつ)などの筆記用具・消しゴム以外は使わないこと。

4．用紙を立てて見ないこと。

5．質問(印刷不明のところだけ)のある場合，鉛筆などを落とした場合，トイレに行きたくなった場合，気持ちが悪くなった場合は，だまって手をあげること。

6．解答用紙のみ回収します。

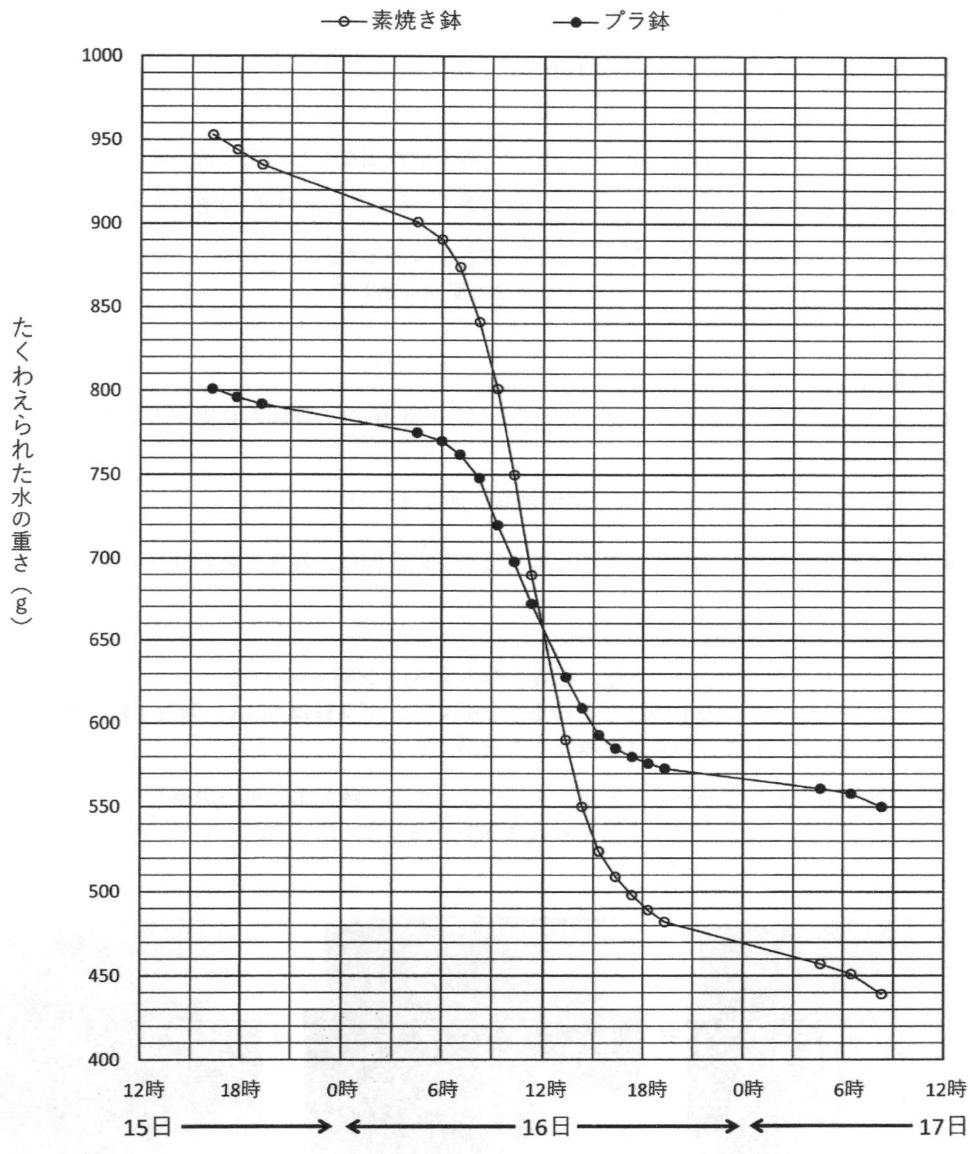

図５　たくわえられた水の重さの変化

実験２

① プラ鉢と素焼き鉢を１個ずつ，合計２個用意した。

② 鉢だけの重さをそれぞれはかった。

③ 乾いた土をそれぞれの鉢に 800g 入れた。

④ 鉢の中にたっぷり水を入れた。
鉢底の穴から余分な水が流れ出てくるので，水が流れ出なくなるまで待った。

⑤ 鉢底の穴から水が流れ出なくなったら，鉢の重さ(鉢と土と水の合計)をはかった。

⑥ 昼間は日なたに鉢を置いておき，ときどき重さをはかった。
7 月 15 日の夕方に開始し，7 月 17 日の朝まで測定を続けた。

実験２の結果

- 実験を行った３日間は風が弱くよく晴れていて，7 月 16 日の昼間も日光が雲にさえぎられることは一度もなかった。
- ②の結果，プラ鉢の重さは 137 g，素焼き鉢の重さは 1135 g だった。
- 水を入れて余分な水が流れ出なくなるまで待っている間に，素焼き鉢のほうは**図４**の **a → b → c** のように色が変わっていった。
プラ鉢では色の変化は起きなかった。
- ⑤の結果，プラ鉢の重さは 1738 g，素焼き鉢の重さは 2888 g だった。
それぞれから水を入れる前の鉢と土の重さを引くと，プラ鉢は 801 g，素焼き鉢は 953 g となり，これがたくわえられた水の重さと考えることができる。
- 時間の経過とともにどちらの鉢も重さが減っていった。鉢や土の重さが減ることは考えられないので，重さが減った分だけたくわえられた水が蒸発したのだと考えられる。

図４

５ページの**図５**が，たくわえられた水の重さの変化をグラフにしたものです。

問１　気温をはかるための温度計を設置する場所の条件を次の**ア**～**カ**から三つ選び，記号で答えなさい。

ア．　風通しの良いところ
イ．　風があたらないところ
ウ．　なるべく地面に近いところ
エ．　地面から 1.2 m くらいの高さ
オ．　温度計に日光があたるように日なた
カ．　温度計に日光があたらないように日かげ

問２　水を入れた場合の土の中の温度について，最も上がったときの温度と８時の温度の差は何度ですか。プラ鉢と素焼き鉢それぞれについて，**図２**から読み取り小数第１位まで答えなさい。

問３　水を入れなかった場合の土の中の温度について，最も上がったときの温度と８時の温度の差は何度ですか。プラ鉢と素焼き鉢それぞれについて，**図３**から読み取り小数第１位まで答えなさい。

水を入れた場合と水を入れなかった場合を比べると，水を入れたほうが土の中の温度が上がるのをおさえられるようです。これは，水は蒸発するときに周りの温度を下げる働きがあるためと考えられます。夏の暑さをやわらげるために家の前の庭や道路に水をまくことを打ち水といいますが，打ち水はこの働きを利用したものだといわれています。

水を入れた場合，プラ鉢と素焼き鉢では温度の上がりかたに大きな違(ちが)いがありました。栄一君は，プラ鉢と素焼き鉢では水が蒸発する量に違いがあるのではないかと考え，水の蒸発量を調べる実験をすることにしました。

実験１の結果

実験１の結果をグラフにしたものが**図２**と**図３**です。水を入れたプラ鉢と素焼き鉢の結果を示したのが**図２**，水を入れなかったプラ鉢と素焼き鉢の結果を示したのが**図３**です。

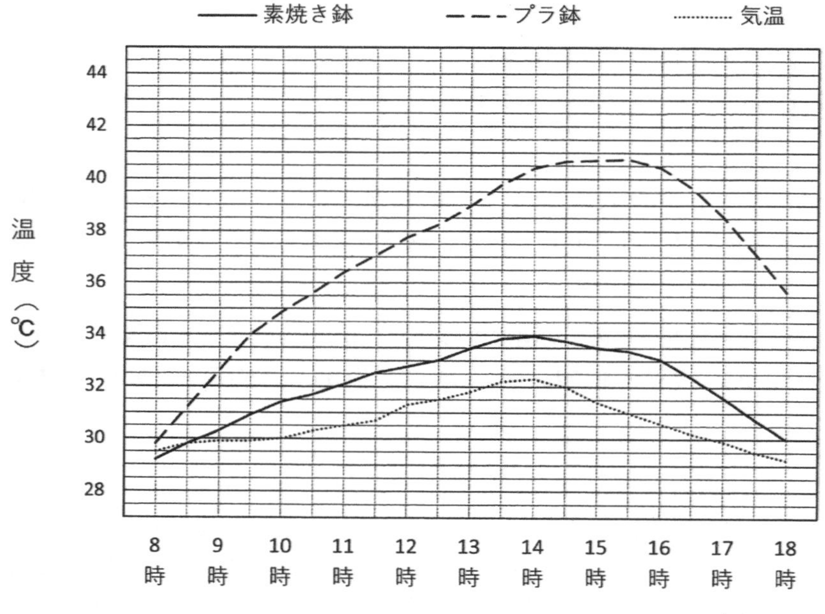

図２　水を入れた場合の土の中の温度変化

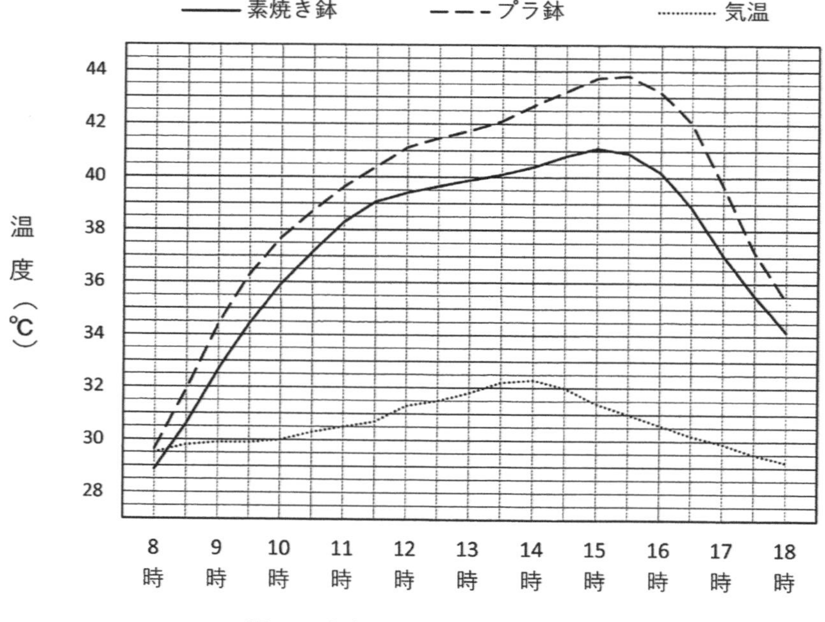

図３　水を入れなかった場合の土の中の温度変化

栄一君たちは，５月ごろから学校でいろいろな野菜を育ててきました。夏休みの間は，鉢(はち)に植えられた野菜を家に持ち帰り育てることになりました。栄一君はピーマンを選びました。

夏休みが近づき，鉢を置く場所や世話のしかたについてお父さんに相談しました。「鉢植えの場合には夏の暑さや水不足でかれてしまわないように気をつけなければいけないので，大きな鉢に植えかえて，西日の当たらないところに置くといいよ。」と教えてくれました。

栄一君が自分で調べてみると，鉢にはいろいろな種類があることがわかりました。その中でも，プラスチック製の鉢か，表面に何もぬられていない焼き物の鉢が，手軽で良さそうでした。ねん土を高温で焼いただけの，表面に何もぬられていない焼き物を素焼(すや)きというそうです。この後，プラスチック製の鉢を**プラ鉢**，表面に何もぬられていない焼き物の鉢を**素焼き鉢**と呼ぶことにします。

栄一君は植えかえる鉢をプラ鉢にするか素焼き鉢にするか決めるために，それぞれの鉢の特ちょうを調べてみることにしました。栄一君の家には，使われていないプラ鉢と素焼き鉢があったのでそれらを使って実験することにしました。２種類の鉢は形がよく似ていてどちらも高さが 16 cm，直径が 20 cm くらいです。鉢の底には余分な水が流れ出るように穴が開いています。

実験１

① プラ鉢と素焼き鉢を２個ずつ，合計４個用意した。

② プラ鉢と素焼き鉢１個ずつに，買ってきた乾(かわ)いた土をそれぞれ 800 g 入れた。（**図１**）
土の深さは 12 cm くらいになった。

③ 土の真ん中あたりの温度をはかるために，深さ 6 cm あたりまで温度計を差しこんだ。

④ プラ鉢と素焼き鉢それぞれに，鉢底の穴から余分な水が流れ出てくるまでたっぷり水を入れた。

⑤ 残りのプラ鉢と素焼き鉢１個ずつに，②〜③と同じように乾いた土を入れ，温度計を差しこんだ。
こちらの鉢には水を入れずにそのままにした。

── ここまでの準備は測定前日（7 月 10 日）の夕方に行った ──

⑥ 測定当日（7 月 11 日）の朝，４つの鉢を日なたに置いた。

⑦ ４つの鉢の近くに，気温を測定するための温度計を設置した。

⑧ 朝 8 時から夕方 18 時まで，30 分ごとに土の中の温度と気温を記録した。

図１

２０２４年度

入学試験問題

理　　科

４０分

1．受験番号・氏名を解答用紙に書くこと。

2．受験番号は算用数字で書くこと。（例：123）

3．鉛筆（えんぴつ）などの筆記用具・消しゴム・コンパス・配付された定規以外は使わないこと。

4．用紙を立てて見ないこと。

5．質問（印刷不明のところだけ）のある場合，鉛筆などを落とした場合，トイレに行きたくなった場合，気持ちが悪くなった場合は，だまって手をあげること。

6．解答用紙のみ回収します。

３．100 以上の整数のうち，次のような数を『足し算の数』，『かけ算の数』とよぶことにします。

『足し算の数』：一の位以外の位の数をすべて足すと，一の位の数になる

『かけ算の数』：一の位以外の位の数をすべてかけると，一の位の数になる

例えば，2024 は $2+0+2=4$ となるので『足し算の数』ですが，$2\times0\times2=0$ となるので『かけ算の数』ではありません。また，2030 は $2+0+3=5$ となるので『足し算の数』ではありませんが，$2\times0\times3=0$ となるので『かけ算の数』です。

(1) 『足し算の数』について考えます。

(ア) 3 桁(けた)の『足し算の数』は全部でいくつありますか。

(イ) 最も小さい『足し算の数』は 101 です。小さい方から数えて 60 番目の『足し算の数』を答えなさい。

(2) 『かけ算の数』について考えます。

(ア) 3 桁の『かけ算の数』は全部でいくつありますか。

(イ) 最も小さい『かけ算の数』は 100 です。小さい方から数えて 60 番目の『かけ算の数』を答えなさい。

(3) 『足し算の数』でも『かけ算の数』でもある数について考えます。

(ア) 一の位の数として考えられるものをすべて答えなさい。

(イ) 『足し算の数』でも『かけ算の数』でもある数はいくつあるか，一の位の数ごとに答えなさい。ただし，無い場合は空欄(くうらん)のままで構いません。

2．容積が 100 L の水槽(すいそう)があり，給水用の蛇口(じゃぐち)A，B と排水(はいすい)用の蛇口 C，D があります。蛇口から出る 1 分あたりの水の量はそれぞれ一定です。

また，水槽内の水量によって蛇口を開けたり閉めたりする装置①～④がついています。それぞれの装置の動作は次の通りです。

装置①：水槽内の水が 20 L になったとき，B が閉まっていたら開ける。

装置②：水槽内の水が 70 L になったとき，B が開いていたら閉める。

装置③：水槽内の水が 80 L になったとき，D が閉まっていたら開ける。

装置④：水槽内の水が 40 L になったとき，D が開いていたら閉める。

蛇口がすべて閉まっていて，水槽内の水が 60 L である状態を『始めの状態』とします。

『始めの状態』から A，C を同時に開けると，7 分 30 秒後に B が開き，さらにその 7 分 30 秒後に水槽は空になります。一方，『始めの状態』から B，D を同時に開けると，先に D が閉まり，その後 B が閉まりました。B，D を開けてから B が閉まるまでの時間は 15 分でした。

(1) B が 1 分間に給水する量は何 L ですか。

(2) 『始めの状態』から A，B，C を同時に開けると，何分何秒後に水槽は空になりますか。

(3) 『始めの状態』から A，C，D を同時に開けると，何分何秒後に水槽は空になりますか。

『始めの状態』から A，B を同時に開けると，通常は水槽が水でいっぱいになることはありませんが，装置②が壊(こわ)れて動かなかったので水槽がいっぱいになりました。

(4) A が 1 分間に給水する量は何 L より多く何 L 以下と考えられますか。求め方も書きなさい。

1．1段目に数をいくつか並べ，隣(とな)り合う2つの数の積を下の段に並べていきます。

例えば，1段目に左から **3**，**4**，**2**，**1** と並べると，下の図のようになります。

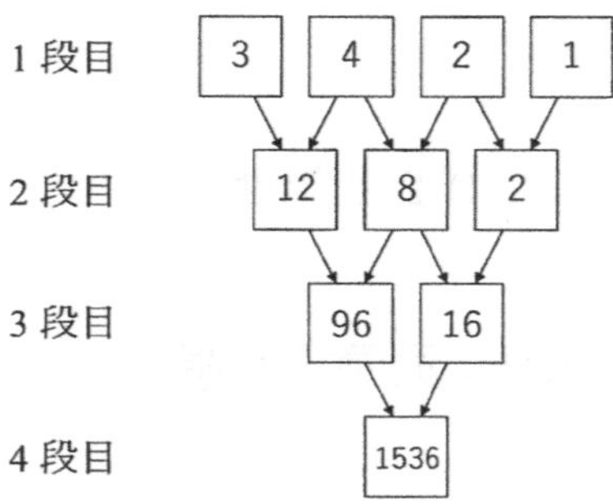

(1) 1段目に左から次のように並べるとき，4段目の数をそれぞれ答えなさい。

(ア) **3**，**4**，**1**，**2** と並べるとき

(イ) **3**，**2**，**4**，**1** と並べるとき

(2) 1段目に**1**から**6**までの数を1つずつ並べるとき，6段目の数が最も大きくなるのは1段目にどのように並べたときですか。並べ方を1つ答えなさい。

(3) 1段目に左から **3**，**5**，**4**，**2**，**1**，**6** と並べるとき，6段目の数は5で最大何回割り切れますか。例えば，75は5で最大2回割り切れます。

(4) 1段目に左から **1**，**2**，**3**，**4**，**5**，**6** と並べるとき，6段目の数は2で最大何回割り切れますか。

(5) 1段目に**1**から**8**までの数を1つずつ並べます。並べ方によって，8段目の数が2で最大何回割り切れるかは変わります。2で割り切れる回数が最も多いのは何回か答えなさい。

２０２４年度

入学試験問題

算　　数

６０分

1．受験番号・氏名を解答用紙に書くこと。
2．受験番号は算用数字で書くこと。（例：123）
3．鉛筆（えんぴつ）などの筆記用具・消しゴム・コンパス・配付された定規以外は使わないこと。
4．用紙を立てて見ないこと。
5．問題を解くために，問題用紙を切ったり折ったりしないこと。
6．問題を解くために，問題用紙と解答用紙以外に書き込（こ）みをしないこと。
7．特に指示がある場合を除いて、解答のみ解答用紙に書くこと。
8．質問（印刷不明のところだけ）のある場合，鉛筆などを落とした場合，トイレに行きたくなった場合，気持ちが悪くなった場合は，だまって手をあげること。
9．解答用紙のみ回収します。

でも、わたしをさそったのは初めてだ。
「何時でもいいよ。アオイも気分転換になるかな、と思ってさ」
実際、わたしはすっかり落ちこんでいた。
カレンダーを見るたびにため息をついて、でもなにもできない。
家にいたって苦しいだけではあった。
「じゃあ、十一時ごろに行こ」
「オッケー。じゃあ、その予定で」
お父さんは、また水道の蛇口をひねってから、思いだしたようにわたしに言った。
「そうだ、洗濯終わってんだった。ほしてくれるか？」
「うん、いいけど」
また、めんどくさいな、と思いながら洗面所に行き、洗濯機のフタをあけた。
お金持ちは、乾燥までやってくれる洗濯機を買うんだろうな。そう思って、はーっとため息をつく。
お父さんの分まで働く、と息まいていたお母さんはほとんど家にいなくて、夜はクタクタみたいだし、お姉ちゃんは、「塾、減らしたから、もっとがんばらないと」と、以前にもまして勉強するようになった。いつも(注1)スキッパーをききながら、ときどき新曲を口ずさんでいる。
『♪ずっとずっと暗やみのなかをかけていた。やっと見えたよ、ひとすじのあかり。あかりのなかにきっとある、ぼくの居場所——』
わたしの居場所は、どこにもない気がした。

十一時になって、お父さんが「そろそろ行くか」と声をかけてきた。急いで夏休みの宿題をバッグに入れ、店に向かう。
しめきった店内は、熱気がこもってムッとしていた。お父さんが窓をあけ、ドアもあけて、風を通す。
「やっぱり店はいいなあ」
そう言って、うーんとのびをする。
なにが、店はいいなあ、よ。店を再開してから言ってちょーだい——お母さんがここにいたら、きっとそう言う。
お父さんは電気をつけ、窓ガラスをふきはじめた。

しかたなく、わたしも店内のテーブルを全部ふき、おくのテーブルに宿題を広げた。
ノートに日づけを入れ、木曜日、と書いたとたんにドキドキした。
カンナの引っこしは、明日だ……。
もしかして、もう会えないかもしれない。会いにいきたいけれど、家を知らない。それに、きっと準備でいそがしくしているだろう、いきいきと、はりきって……。
①あーあ、あーあ。
らくがきをしたり、消しゴムをはじいたりしていると、コンコンとドアをたたく音がして、たちまちお父さんの声がひびいた。
「おお、いらっしゃい！」
以前のお客さんかな？　と顔をあげたら、カンナが笑顔（えがお）で立っていた。
「わっ、カンナ！」
はねるようにして、かけよった。
「休業中ってはってあって、あれ？　って思ったんだけど、ドアがあいてるし、のぞいたらアオイの頭が見えて」
「わー、会えてよかったー。引っこし、明日なのに、家を知らないから……」
「ありがと。もうね、家はダンボール箱の山。っていうほど、荷物ないけどね」
カンナが、ふふっと軽く笑う。どんよりしているわたしとちがって、ずいぶんすっきりした顔だった。
お父さんが、わざとか？　って思うくらいに大きな声で言った。
「カンナちゃんが引っこすからって、アオイがしょげちゃってさ」
「もう！　よけいなこと言わないでよ」
ほおをプッとふくらませて、きつく言ったのに、お父さんはそれを無視した。
「こんなあまったれとなかよくしてもらって、ありがとよ」
「あ、いえ、こちらこそ……」
カンナが店を見回して、「今、休業中なんですか？」ときいた。
「じつは、そうなんだ」
お父さんが頭をかく。カンナがわたしをちらりと見た。②気まずくて、小さくなった。

この前会ったとき、もう休業していたのに、休むかも、としか言えなかった。わたしなりに見栄をはっていたのだ。
そんなわたしの気持ちも考えないで、お父さんはぺらぺらとしゃべり続けた。
「カンナちゃんに言うのもなんだけど、お客が減っちゃってね。店をあけた分だけ赤字でさ。けど、あきらめてないよ。またイチからやり直すつもりで、ただいま研究中ってとこかな」
「イチからやり直すって、うちといっしょですね」
カンナとお父さんが笑顔を交わす。
「そうだね。おたがいに、まっさらな気持ちで再出発だね」
「再出発できるの？」
わたしは、わざといじわるな言い方をした。
「そりゃあ、わからないけどさ」
お父さんは、けろりとそう答え、「そうだ」と手を打った。
「カンナちゃん。冷凍したお子さまカレーがあるから、食べてくか？」
「いいんですか？」
「もちろんだよ。店をしめた日に残ってたのを冷凍したから味は落ちるけど、ごはんもあるしね。ま、そのへんに座って待っててよ」
お父さんがキッチンに入って、エプロンをつけ、オレンジのバンダナを巻いた。
③それを見ていて鼻のおくがツンとした。毎日、下校時にここにきて、お父さんとふたりですごした時間が、急によみがえってきた。
ああ、もう。せっかくカンナが訪ねてきてくれたのに、気持ちが暗いほうへ、暗いほうへと引きずられていく。
それをさとられないように、少しすまして、わたしはカンナと向かいあった。
カンナがゆっくりと口を開いた。
「あのさ、あたし、明日の朝、九時には出発しちゃうんだ。それで、アオイにだけは会っておきたくて」
わかっていても、心臓がドクンとはねた。
「う、うん。ありがと」
もっと言いたいことがあるはずなのに、頭のなかがまっ白だ。
「わたし、お水入れてくるね」

にげるようにキッチンに行くと、お父さんが、
「アオイ、ついでにカレーも運んでくれるか」
と言った。カレーの入った密閉容器が、電子レンジの光の下で、くるくる回っている。それを見ながら、笑顔でいなくちゃ、と自分に言い聞かせる。
チン！　と高い音がした。
「よし、できたぞ！」
お父さんが、ごはんをお皿にもって、カレーをそえた。それとお水もいっしょにトレーで運ぶ。
「さ、食べよっか」
「ありがと。いただきまーす」
なぜだか大好きなはずのお子さまカレーが、ちっともおいしくなかった。スプーンでくちゃくちゃまぜているだけで、なかなか減らない。
でも、カンナは、ぱくり、ぱくりとおいしそうに食べて、スプーンを置いた。
「ごちそうさま。あー、おいしかった。幸せー」
ふわーっと胸をそらし、それから両ひじをテーブルについて、食べあぐねているわたしに、はずんだ声で話しかける。
「あたしね、ほんっとに、ワクワクしてんだ。だって、じいちゃんちに行ったら、ふつうの暮らしができるんだよ。自分の部屋だって……」
わたしが暗い顔をしていたのだろうか、カンナが、ぷつっと話すのをやめた。
「ごめん。こんな気持ち、アオイにはわかんないよね」
え？　わたしにはわからない？
わたしにとって、カンナは大切な友だちだった。カンナの気持ちもわかっているつもりだった。けれど、カンナは——。
心のなかに、黒いあぶくがぷくりとういた。
「ふうん。そんなふうに、わたしのことを思ってたんだ」
「え。そうじゃないよ、そうじゃないけど」
④あわてるカンナを、わたしはふし目がちに見つめる。

ふっとカンナの顔つきが変わった。いつも教室で見ていた、あのツンとしたすまし顔。近寄りがたい雰囲気……。

「うん、やっぱり、アオイにわかるわけがないんだよ」

カンナはポケットをさぐり、百円玉を一枚出した。

「だってアオイは、あたしから見たらとってもめぐまれてるもん」

ひと息にそう言って、⑤テーブルの上に百円玉をコトリと置く。

「こんだけしかないけど、タダで食べるのは気をつかうから」

ゆっくりと立ちあがり、よくひびく声で、「ごちそうさまでした！」と、お父さんに頭をさげる。

お父さんが、ぎこちない笑顔で声をかけた。

「カンナちゃん、またいつか、なっ」

「はい。ありがとうございました」

わたしを見ないまま、カンナはドアに向かう。

バタン。空気が小さくふるえた。

わたしは、だまってお皿を片づけた。お父さんはなにもきかない。わたしもなにも言わない。

百円玉だけが、テーブルの上にそのまま残っていた。

その夜、よくねむれなくて、何度も何度も寝返りをうった。

窓はあけていても、風はほとんど入ってこない。

「ねえ、エアコンつけようよ」

たまらず、勉強中のお姉ちゃんに言った。

だけど、「だめ」と、お姉ちゃんが首を横にふる。

「電気をむだに使わない！」

「お姉ちゃんだって、暑いと頭に入んないでしょ」

「玉田カレー、休業中なんだよ、わかってる？」

「もう！」

タオルケットをけとばしながら、わたしはベッドをごろごろ転がった。

ほら、うちだって貧乏じゃん。なにが、アオイはめぐまれてる、よ。カンナだって、わたしのこと、ちっともわかってないくせに――。

心のなかでカンナに文句を言って、顔をごしごしこすった。

むしょうに泣きたかった。

わたしはカンナが大好きだったのに……。

やりきれなくて、はね起きた。そしてまた、ばたんと寝転がる。お姉ちゃんに、「うるさい!」とどなられながら、そんなことを何度もくり返した。

(あんずゆき『アゲイン』)

(注1) スキッパー　問題文よりも前に、「スキッパーは、今、人気ナンバーワンのボーイズグループだ。ガリ勉のお姉ちゃんでさえ、いつもその音楽をきいている」とある。

問一　傍線部①「あーあ、あーあ。」とありますが、このときアオイはどのような気持ちでしたか。

問二　傍線部②「気まずくて」とありますが、アオイが「気まずく」感じたのはなぜですか。

問三　傍線部③「それを見ていて鼻のおくがツンとした。」とありますが、それはなぜですか。

問四　傍線部④「あわてるカンナ」とありますが、なぜカンナは「あわて」たのですか。次の空欄に合うように七十字以内で答えなさい。(字数には句読点等もふくみます。)

七十字以内

ことによって、思いもよらず、アオイからとげのある反応を示されたから。

問五　傍線部⑤「テーブルの上に百円玉をコトリと置く。」とありますが、このときのカンナの気持ちの説明として最も適当なものを次の中から選び、記号で答えなさい。

ア　アオイとは思った通りに話が運ばず、二人の仲をこじらせてしまったので、何もしないで仲直りはできないという思いがある。
イ　アオイの家庭も自分の家庭と同様に生活の状況が厳しいことを考えたことで、わずかであってもお金を払いたいという思いがある。
ウ　アオイとの環境の違いを実感し、気持ちに隔たりが生じたことで、一方的にごちそうされるわけにはいかないという思いがある。
エ　アオイとは別に、おいしいカレーをふるまってくれたアオイのお父さんには、せめてものお礼をさせてほしいという思いがある。
オ　アオイがおいしいカレーを毎日無料で食べられる恵まれた立場にあることを、はっきりわからせてやりたいという思いがある。

【三】　次のカタカナの部分を漢字に直しなさい。

1　道をさえぎっているショウガイを取りのぞく。
2　力士がドヒョウ入りをする。
3　職業はハイユウだ。
4　土地の争いをチョウテイする。
5　大阪までのリョヒを支払う。
6　都市がフッコウする。
7　人間のヨクボウはきりがない。
8　紙のウラに書く。
9　身のチヂむ思い。
10　空きかんをヒロう。

２０２３年度

入学試験問題

国　　語

５０分

１．受験番号・氏名を解答用紙に書くこと。
２．受験番号は算用数字で書くこと。（例：123）
３．鉛筆（えんぴつ）などの筆記用具・消しゴム以外は使わないこと。
４．用紙を立てて見ないこと。
５．質問（印刷不明のところだけ）のある場合，鉛筆などを落とした場合，トイレに行きたくなった場合，気持ちが悪くなった場合は，だまって手をあげること。
６．解答用紙のみ回収します。

栄光学園中学校

2023(R5) 栄光学園中
K 教英出版

【一】　次の文章を読んで、あとの問に答えなさい。

時代が移り変わり、価値観が変化する中で、依存症という病気のとらえ方もまた大きく変わりつつあります。依存症という呼び方すら変わる可能性があります。実際、アメリカの医学界は、すでに薬物依存については「依存」という言葉を使うのをやめ、「物質使用障害」と呼ぶようになりました。

依存という言葉は、「依存性のある薬物をくり返し摂取すると、馴れが生じ、同じ効果を得るために必要な量がどんどん増えていく。そして、急にやめると離脱症状（注1）リバウンドのような症状）が出る」という現象を指しています。ただし、これは、動物実験でわかったことにすぎません。これだけでは説明のつかないことがあるのです。

例えば、がんの激しい痛みをしずめるために医療用麻薬を使うことがあります。けれども、その患者が依存症になり、病院から麻薬を盗んだ、もしくは売人から不法に入手したなどという話は聞いたことがありません。医療用麻薬は、症状によってはかなりの量をある程度の期間使いつづけます。だから、馴れも生じるし、量も増えていきます。それでも、医療用麻薬を使っている患者を依存症とは呼びません。アトピー性皮膚炎などの治療に使われるステロイドという薬もまた、使い続けるうちに馴れが生じるものの一つです。内服薬として継続的に使っていた場合、急にやめることは難しく、ゆっくりと少しずつ量を減らしていかなければなりません。しかし、だからといってこの薬を使っている患者が依存症として扱われることはありません。

第3章に書いたように、依存症のしくみは脳のメカニズムにあります。それはそれで、理解しておくべき事実です。しかし、複雑な社会の中で生きる僕たち人間は、それだけですべてを説明しきれるほど単純なものでしょうか。①僕は、そうは思いません。脳のしくみを解明するだけでは、依存症という病気の核心にはたどり着けません。歪んだ人間関係の中で心に痛みを抱え、それを放置したまま薬物あるいは特定の行為で一時しのぎをつづけ、いつしかコントロールできなくなって生活が破綻してしまう。これが依存症の全貌です。つまり、依存症という病気は、僕たちがどんな人間関係を築き、どんな社会をつくっていくのかということと直結しているのです。

【　A　】僕は、依存症がこの世からなくなることはないだろうと考えています。絶望的になっているわけではなくて、人間は、どんな時代も、何かしらよりかかるものを必要としているような気がするのです。

【　B　】面倒な単純作業をしなければならないとき、昔聞いた歌をいつのまにか頭の中でぐるぐるとループしていること、ありませんか？　それから、授業がどうにもつまらないときに、ノートを取っているふりをしながらラクガキしたり、わけもなく図形を塗りつぶしたり。多くの人は身に覚えがあるでしょう。人間は、ストレスを感じる状況に置かれたとき、それをやりすごすために気をまぎらわせようとするものなのです。そして、僕たちの祖先は、そうやって気をまぎらわせるのにうってつけのものを見つけました。アルコールやカフェインをはじめとする薬物です。やがて社会が複雑化したとき、それを乱用する人が出てきてしまったわけですが、何かで気をまぎらわせるという行為は、僕たち人間の知恵でもあります。

【　C　】現代では依存性物質とされているタバコは、かつて儀式や治療に使われるものでした。大勢の人が日常的に楽しんでいるアルコールが、違法だった時代もあります。大麻が違法とされる国もあれば、合法とされる国もある。ゲーム依存は問題になるのに、どれだけ本を読んでも問題にならないのはなぜでしょう？　その時代、大人たちが気にくわないものを依存と称して突き放しているようなきらいさえあります。1日10時間以上勉強して、勉強以外のことがおろそかになったとしても「勉強依存」とはいいませんしね。1980年代、あれほど多かった(注2)シンナー依存は、不良文化の衰退とともに激減しました。インターネットができればインターネット依存が生まれ、スマホが浸透すればスマホ依存が問題になります。

【　D　】結局、「○○依存」と名前をつけて問題になるものの総量は、どんな社会でも、どんな時代でも、それほど変わらないのかもしれません。ある依存症がなくなったところで、別の依存症が生まれるだけ。だとしたら、何に依存しているかということよりも、根本にある生きづらさのほうに目を向けて、それを生み出す社会のあり方を疑問視するべきです。

【　E　】違法薬物を使うことを「被害者なき犯罪」と表現することがあります。では、依存症によって傷つく人はいないのでしょうか？　そんなことはありません。十中八九、家族は大変な思いをするでしょう。中高生なら、先生や友達に迷惑をかけるかもしれません。働いている人なら仕事に影響が出て、周囲の人を困らせたりもするでしょう。しかしながら、一番傷ついているのは、おそらく依存症になった本人ではないでしょうか。もともと歪んだ人間関係の中で悩みや苦しみ、心の痛みを抱えていたのです。そのうえ依存症によって健康を害し、生活が壊れ、場合によっては差別すらされてしまうのですから。違法薬物の場合は、とりわけ厳しい差別や偏見にさらされます。人とつながることができなくて、孤立しているから依存症になったのに、依存症になったことでますます孤立を深め、回復から遠ざかっていくのです。

②こうした負の連鎖を少しでも減らしていくためには、根本的な問題に向き合わなければなりません。虐待やいじめをなくしていくことはもとより、暴力や支配の背景には、貧困や失業、過激な受験戦争や少子化などがあります。貧困家庭を支援したり、経済格差を正したり、社会のしくみから見直すべきなのだろうと思います。

そうやってできるだけの工夫を重ねたうえで、気をまぎらわせるツール、すなわち薬物やゲームやギャンブルといったものを撲滅するのではなく、うまくつきあっていく。そうできたらいいなと思います。もちろん、度を越して使ってしまう人はゼロにはならないでしょう。どんなによりよい社会になろうとも、それは難しい。であれば、そういう人が出てくることをあらかじめ想定したうえで、社会をつくっておけばいいのです。切り離し、辱め、排除するのか。それとも心の痛みに寄り添い、回復を支援し、もう一度迎え入れるのか。僕は、後者のような社会でなければ、依存症になった人に限らず、みんなが幸せになれないように思います。

アメリカでは、アルコール依存症や薬物依存症から回復して社会に復帰した人たちは、人々から(注3)リスペクトされます。有名な俳優やミュージシャンたちが依存症からの回復を公表し、(注4)自助グループにも積極的に参加しています。そのことが、依存症への誤解や差別を減らし、また回復の途中にある人を勇気づけています。

僕は、日本でも、依存症から立ち直った人が一般の人に触れ合う機会がもっとあったらいいのにと考えています。みなさんにも、ぜひそういう人に会ってもらいたいです。学校で行われている薬物乱用防止教育では、「ダメ。ゼッタイ。」というキャッチコピーのもと、一度でも薬物に手を染めたら人生が台なしになるかのように伝えられています。しかし、事実は違います。こうしたやり方は、依存症とは縁のない子に差別や偏見の種を植えつけます。一方で、自分は依存症ではないかと不安になっている子、すでに依存症になっている子を深く傷つけます。

依存症には、ならないほうがいい。その理由は、この本の中でくり返し伝えてきたつもりです。ただ、依存症になったからといって、人生おしまいではありません。人は失敗することがある。だけど、そこから立ち直ることもできる。③そういう希望を持てる社会のほうが、ずっといいと思いませんか？

（松本俊彦『世界一やさしい依存症入門』）

（注1）リバウンド　投薬を突然やめたとき、急激に症状が悪化すること。

（注2）シンナー　前の章で筆者は「シンナーとは有機溶剤（塗装や洗浄などに使われる有機化合物）の一種で、脳の働きを抑制する薬物です。当時の不良たちはこれをビニール袋に入れ、気化したものを吸っていました」と説明している。

（注3）リスペクト　尊敬。

（注4）自助グループ　同じ問題をかかえる人たちが集まり、相互理解や支援をし合うグループ。

問一　傍線部①「僕は、そうは思いません」とありますが、それはどういうことですか。解答欄に合うように四十五字以内で答えなさい。

問二　本文には、次の【　　】の文章が抜けています。【　　】の文章が入るところとして最も適当なものを、文中の空欄【　A　】～【　E　】から選び、記号で答えなさい。

【考えてもみてください。依存症として問題視されているものとされていないものの線引きって、どこにあるのでしょうか。】

問三　傍線部②「こうした負の連鎖」とありますが、それはどのようなことですか。

問四　傍線部③「そういう希望を持てる社会」とありますが、筆者はどのような社会をつくるのがよいと考えていますか。

問五　本文の内容と一致するものを次の中から選び、記号で答えなさい。

ア　一般の人と依存症から回復した人とがかかわりあう機会を増やすことが、日本では積極的に行われている。
イ　がんなどの激しい痛みを和らげるために医療用麻薬を使い続ける患者も、依存症として扱うことができる。
ウ　昔は問題視されず、治療に使われていた物質が、現在は依存性の高い物質として問題視されることがある。
エ　違法薬物を使い依存症になることで一番傷ついているのは、それを使用した本人ではなくその家族である。
オ　ストレスのかかる状況をやりすごし、気をまぎらわせるためのものを初めて発見したのは、現代人である。

【二】 次の文章を読んで、あとの問に答えなさい。

お詫び

著作権上の都合により、文章は掲載しておりません。
ご不便をおかけし、誠に申し訳ございません。

教英出版

(2) 100×100 のマス目において，(ア) 図 5 の経路，(イ) 図 6 の経路でさいころを転がしたとき，出た目の和をそれぞれ答えなさい。ただし，(ア) は解答欄に途中式も記入すること。

(ア) 右上のマスに到着するまで右に転がし，その後，下に転がす。

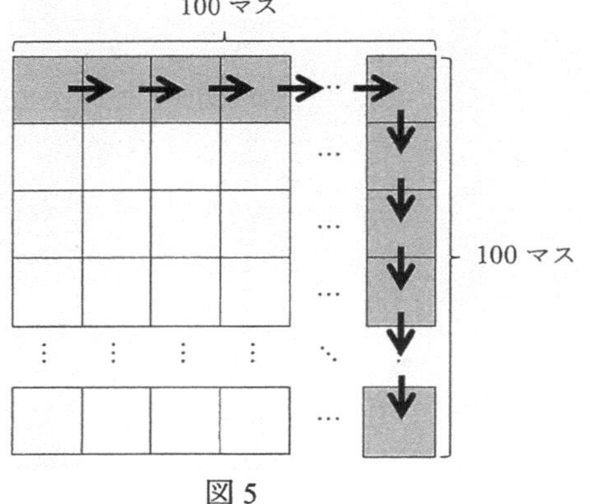

図 5

(イ) 奇数回目は右に，偶数回目は下に転がす。

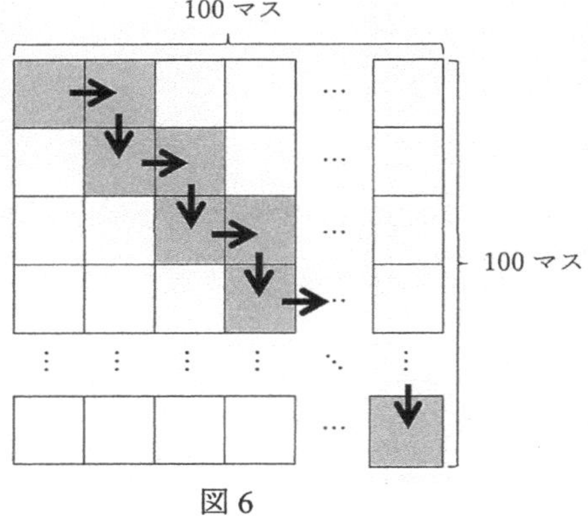

図 6

(3) 100×100 のマス目において，さいころを転がしたとき，

(ア) 最初に左上のマスで出たものを含めて，1 の目が 30 回出ました。このとき，6 の目が出た回数として考えられるものをすべて答えなさい。

(イ) 2の目が 40 回出ました。このとき，5 の目が出た回数として考えられるものをすべて答えなさい。

(4) 100×100 のマス目において，さいころを転がしたとき，出た目の和として考えられるものをすべて答えなさい。

4．正方形のマス目と，向かい合う面の目の和が７の立方体のさいころがあり，最初は左上のマスにさいころが図１の向きでおかれています。以下の問では，すべてこの向きから始めます。

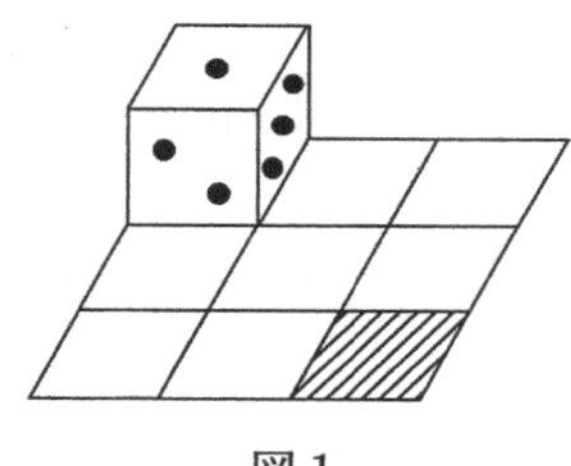

図１

このさいころを右下のマス（図１においては斜線のマス）に止まるまで，右のマスまたは下のマスに１マスずつ転がします。このとき，各マスにおけるさいころの上面に出た目とそれらの和について考えます。

例えば，3×3 のマス目（縦３マス，横３マスのマス目）において，図２の経路でさいころを転がすと図３のようになります。出た目は最初の１を含(ふく)めて順に「1 → 4 → 5 → 3 → 6」となるので，出た目の和は，

$$1+4+5+3+6=19$$

となります。

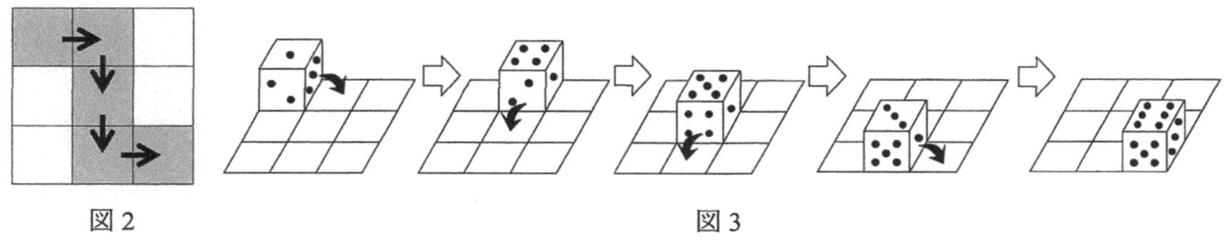

図２　　　　図３

(1) 4×4 のマス目において，図４の経路でさいころを転がしたとき，出た目の和を答えなさい。

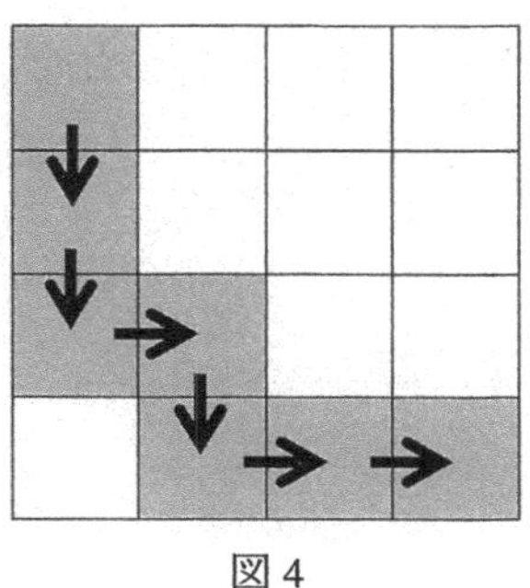

図４

(4) 以下の計算式の $\boxed{\text{ア}}$, $\boxed{\text{イ}}$ に当てはまる整数をそれぞれ答えなさい。

$$
\begin{aligned}
\ll \mathbf{64} \gg &= [2]+[3]+[4]+[5]+[6]+[7]+[8]+\cdots+[61]+[62]+[63]+[64] \\
&= [2]+[4]+[4]+[6]+[6]+[8]+[8]+\cdots+[62]+[62]+[64]+[64]+\boxed{\text{ア}} \\
&= [2]+(\,[4]+[6]+[8]+\cdots+[62]+[64]\,)\times 2+\boxed{\text{ア}} \\
&= [2]+\left([2]+[3]+[4]+\cdots+[31]+[32]+\boxed{\text{イ}}\right)\times 2+\boxed{\text{ア}} \\
&= [2]+\left(\ll \mathbf{32} \gg+\boxed{\text{イ}}\right)\times 2+\boxed{\text{ア}} \\
&= 1+\ll \mathbf{32} \gg\times 2+\boxed{\text{イ}}\times 2+\boxed{\text{ア}}
\end{aligned}
$$

(5) $\ll \mathbf{128} \gg$ を求めなさい。

問９　栄一君が買ってきた炭酸水は25℃程度のとき，開けた直後で100g あたり 0.8g の二酸化炭素がとけているようです。このことと，今までの実験の結果をまとめて，**表５**を作ることにしました。作成途中(とちゅう)のこの表を参考に，横軸に「水または炭酸水 100g にもともととけている二酸化炭素の重さ(g)」，縦軸に「クエン酸と重そうが反応すると発生するはずの二酸化炭素のうち水または炭酸水にとけた割合(%)」をとった折れ線グラフを作りなさい。グラフに示す値は ○ でかきなさい。なお，5ページにあるように，16g のクエン酸がなくなるまで反応させるには 21g 以上の重そうが必要で，このとき二酸化炭素が 11g 発生します。そして気体の二酸化炭素 1L の重さは，25℃程度では 1.8g です。

表５　クエン酸と重そうを 0.75g ずつ反応させた結果

	炭酸水Ａ	炭酸水Ｂ	炭酸水Ｃ	水
水または炭酸水 100g にもともととけている二酸化炭素の重さ(g)	0.80	0.57	0.40	0.00
実験で集まった二酸化炭素の体積(mL)	365	260	161	126
上の値のうち，クエン酸と重そうが反応して発生した二酸化炭素の体積(mL)	問８（　１　）	問８（　２　）	問８（　３　）	126
クエン酸と重そうが反応すると発生するはずの二酸化炭素の重さ(g)		左と同じ	左と同じ	左と同じ
上の値のうち，水または炭酸水にとけた割合(%)				

問10　**問９**でかいたグラフからわかることをまとめたものとなるように，次の文を完成させなさい。

クエン酸と重そうが反応すると発生するはずの二酸化炭素のうち水または炭酸水にとけた割合は，（　　　　　　　　　　　　　　　　　　　　　　　　）。

問11　開けた直後から 270 分間放置して少し気がぬけてしまった炭酸水 100g を，開けた直後の炭酸水と同じ重さの二酸化炭素がとけている状態に戻すには，最低何 g のクエン酸と重そうを入れればよいですか。**問９**と**問 10** を参考にしなさい。答えは小数第三位を四捨五入して，小数第二位まで求めなさい。

栄一君は今度こそと思って，少し気がぬけた炭酸水に，適当と思われる重さのクエン酸と重そうを入れて飲んでみました。すると今度は，炭酸を強く感じることができました。

こうして栄一君は，気がぬけた炭酸水を元のおいしい炭酸水に戻す術(すべ)を身につけることができました。

おわり

栄一君はこれらの結果をもとに，少し気がぬけた炭酸水に，適当と思われる重さのクエン酸と重そうを入れてみました。すると，気泡がたくさん出てきました。期待して飲んでみましたが，思ったほど炭酸を強く感じませんでした。クエン酸や重そうを水にとかすのと，炭酸水にとかすのとでは，同じようにはいかないのかもしれません。そこで，今度は炭酸水を使って次の実験をすることにしました。

【実験３】

３つの三角フラスコそれぞれに開けた直後の炭酸水を100g入れました。このうち２つのフラスコはふって炭酸水の気をぬき，ふらなかったフラスコの炭酸水も含めて，炭酸水Ａ，炭酸水Ｂ，炭酸水Ｃとしました。

炭酸水Ａ：ふらなかった（開けた直後の炭酸水のまま）。

炭酸水Ｂ：1分間ふって少し気をぬき，0.23g軽くした。

炭酸水Ｃ：3分間ふってたくさん気をぬき，0.40g軽くした。

それぞれのフラスコにクエン酸と重そうを0.75gずつ入れ，**図２**の装置を使って4分間かくはんし，集まった二酸化炭素の体積を量りました。結果を**表３**に示します。

表３　炭酸水にクエン酸と重そうを0.75gずつとかして集まった二酸化炭素の体積

	炭酸水Ａ	炭酸水Ｂ	炭酸水Ｃ
集まった二酸化炭素の体積(mL)	365	260	161

水にとかしたときと比べて，集まった二酸化炭素の体積が多かったので，栄一君は炭酸水にとけていた二酸化炭素がふくまれているのではと思い，さらに実験をしました。

【実験４】

実験３と同じ3種類の炭酸水をもう一度100gずつ用意して，今度はクエン酸と重そうを入れずに，**図２**の装置を使って4分間かくはんし，集まった二酸化炭素の体積を量りました。結果を**表４**に示します。

表４　炭酸水から集まった二酸化炭素の体積

	炭酸水Ａ	炭酸水Ｂ	炭酸水Ｃ
集まった二酸化炭素の体積(mL)	180	95	11

問８　**実験３**と**実験４**の結果をまとめた次の文をよく読んで，（　１　）～（　３　）に適当な数値を入れなさい。

> **実験４**より，クエン酸と重そうを入れなくても，かくはんすると二酸化炭素が炭酸水からぬけることがわかる。こうしてぬける二酸化炭素の量が**実験３**の条件でも変わらないとすると，**表３**の値から**表４**の値を引けば，**実験３**で集まった二酸化炭素のうち，クエン酸と重そうが反応して発生した量を求められる。炭酸水Ａでは（　１　）mL，炭酸水Ｂでは（　２　）mL，炭酸水Ｃでは（　３　）mLとなる。

さらに栄一君は先生から，**16g のクエン酸と 21g 以上の重そうを水にとかすと，二酸化炭素が 11g 発生し，そのうちの一部が水にとけること**，そして**気体の二酸化炭素 1L の重さが，25℃程度では 1.8g であること**を教えてもらいました。そこで栄一君は，とかしたクエン酸や重そうの重さと，集まった二酸化炭素の体積から，二酸化炭素がどの程度水にとけたのかを求めることにしました。

問6 クエン酸と重そうを 0.75g ずつ，100g の水にとかして発生した二酸化炭素のうち，何%が水にとけたかを求める考え方を述べた次の文をよく読んで，（　1　）にはクエン酸または重そうのどちらかを入れなさい。次に（　2　）と（　3　）に入る適当な数値を，小数第三位を四捨五入して，小数第二位まで求めなさい。最後の（　4　）に入る数値は，下の【数値】**ア**～**エ**の中から最も適当なものを選び，記号で答えなさい。

クエン酸 16g に対して重そうは 21g 反応するので，クエン酸と重そうを 0.75g ずつ反応させると（　1　）のほうがすべて反応してなくなる。よって，発生する二酸化炭素の重さは（　2　）g となる。**表2**より，そのうち 126mL が水にとけず集まったので，水にとけたのは（　3　）g となる。これは発生した二酸化炭素のおよそ（　4　）%である。

（　4　）の【数値】　**ア**　10　　**イ**　25　　**ウ**　40　　**エ**　55

問7 開けた直後から 270 分間放置して少し気がぬけてしまった炭酸水 100g を，開けた直後の炭酸水と同じ重さの二酸化炭素がとけている状態に戻すのに必要な，クエン酸と重そうの最低限の重さを求める考え方を述べた次の文をよく読んで，（　1　）～（　3　）に適当な数値を入れなさい。

表1より，開けた直後から 270 分間でおよそ 500g の炭酸水からぬけた二酸化炭素は（　**問3**の答え　）g とわかる。100g の炭酸水で考えるときには，この値を 5 で割ればよい。**問6**の【数値】で選んだ，発生した二酸化炭素のうち水にとける割合の値を使うと，全部で（　1　）g の二酸化炭素が発生すればよいことになるので，必要なクエン酸の最低限の重さは（　2　）g で，重そうの最低限の重さは（　3　）g とわかる。

図4は**表2**の結果をグラフにしたものです。とかしたクエン酸の重さは 0.75g で変えずに，重そうの重さだけ様々に変えて実験しています。栄一君は先生にこのグラフを見せました。先生は「**16g のクエン酸がなくなるまで反応させるには 21g 以上の重そうが必要**です。このグラフはその性質をよく表していますね。」と話してくれました。

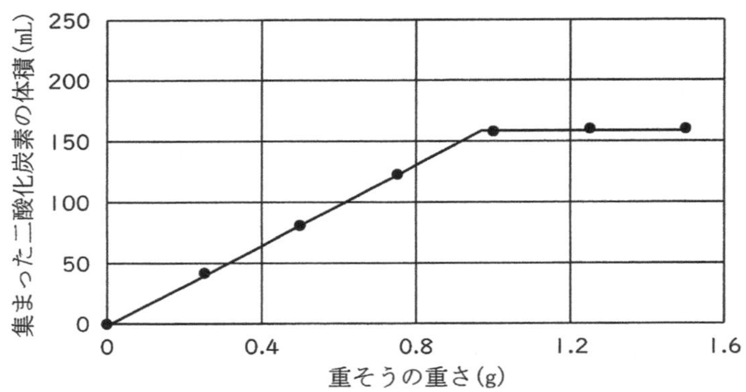

図4　とかした重そうの重さと，集まった二酸化炭素の体積の関係

問5　栄一君は**図2**の装置を使って，とかした重そうの重さは 0.75g で変えずに，クエン酸の重さだけ変える実験もしました。その結果を，横軸（じく）に「クエン酸の重さ(g)」，縦軸に「集まった二酸化炭素の体積(mL)」をとってグラフにしたものとして，最も適当なものを次の**ア**～**エ**の中から一つ選び，記号で答えなさい。

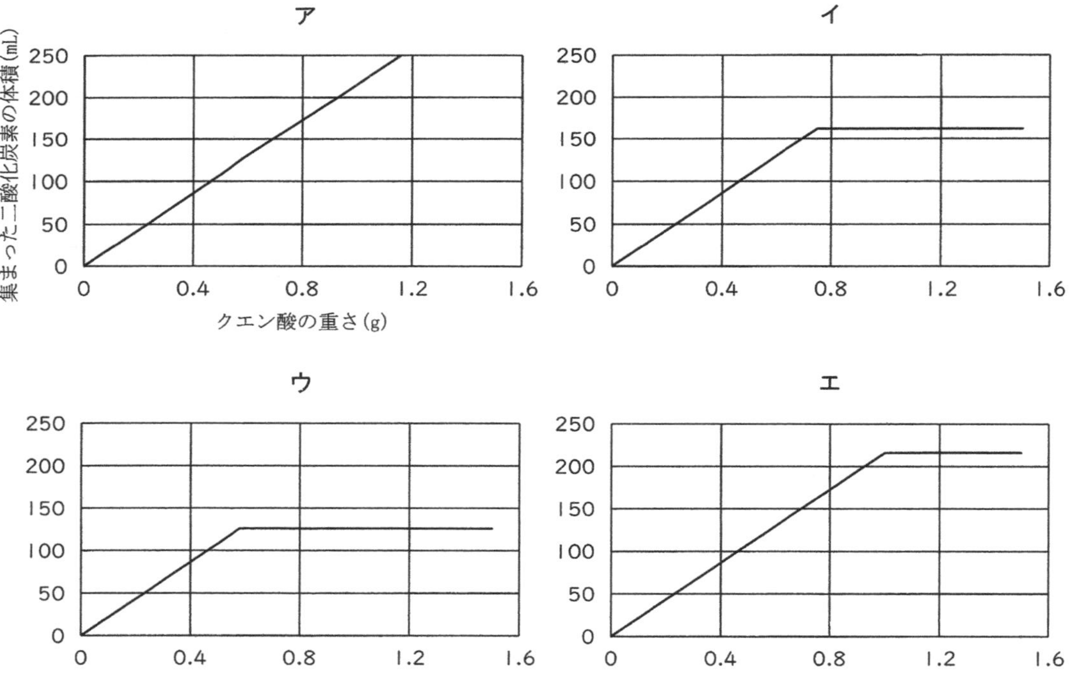

2023(R5) 栄光学園中
K 教英出版

6 日本で牛乳の普及が進んだ明治時代から現在まで，「生乳」の生産地と「牛乳」の生産地はどのように変わってきたでしょうか。生産地と消費地という点と，現在までに起きた生産のしかたの変化に着目してまとめなさい。

5　地域ごとの「生乳」の利用方法を調べていくと,「牛乳」に加工するときに「生乳」を他の都道府県から運んで「牛乳」に加工することも少なくありません。また「牛乳」に加工するだけではなく，乳製品の原料とすることもあります。下の**【表】**は，2019 年に「生乳」の生産量が１位～３位,「牛乳」の生産量が１位～３位だった都道府県について，以下の①～⑥をまとめたものです。

①都道府県内での「生乳」生産量
②他の都道府県へ運ばれた「生乳」の量
③他の都道府県から運ばれた「生乳」の量
④都道府県内で「牛乳」に加工するために利用された「生乳」の量
⑤都道府県内での「牛乳」生産量
⑥都道府県内で乳製品へ加工するために利用された「生乳」の量

【表】　　単位はトン

	①	②	③	④	⑤	⑥
北 海 道	4,048,197	529,547	なし	556,498	546,980	2,939,035
栃 木 県	330,598	179,591	8,151	156,902	150,673	706
神奈川県	30,947	なし	294,223	306,570	291,784	18,167
愛 知 県	160,406	27,300	83,933	205,705	188,925	10,634
熊 本 県	252,941	92,297	17,630	119,669	118,692	57,890

『日本国勢図会 2021/22 年版』,『牛乳乳製品統計 2019 年版』をもとに作成

北海道は「生乳」・「牛乳」とも生産量が１位で，神奈川県は「牛乳」の生産量が２位になっています。なお，ここでの「牛乳」には，成分を調整したものなども含みます。
「生乳」と「牛乳」の違いに注意して，あとの問に答えなさい。

問１　**【表】**からわかる北海道の「生乳」の生産および利用のしかたの特色について，4で考えてきたことも参考にして，その理由として考えられることとあわせて説明しなさい。

問２　**【表】**からわかる神奈川県の「生乳」および「牛乳」生産の特色について説明しなさい。

問３　神奈川県で「牛乳」の生産量が多いことについて，どのような技術の進歩に支えられていると考えられるか説明しなさい。

【グラフ２】

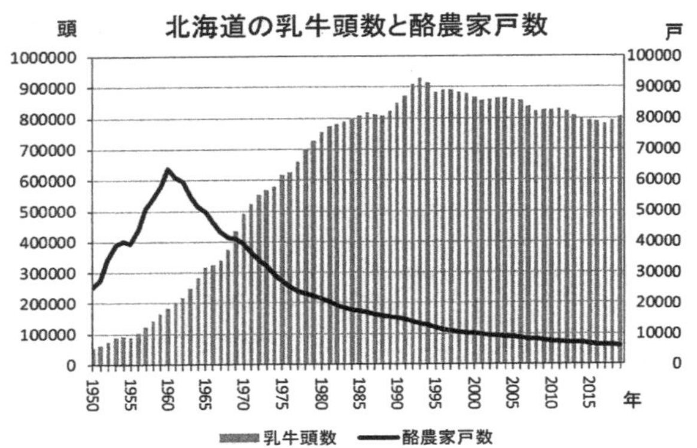

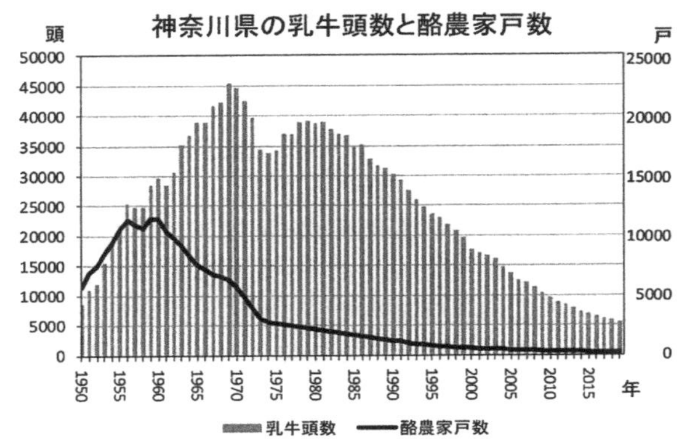

注：酪農家戸数には乳牛を飼っている農家を含む

『牛乳・飲用牛乳・乳製品の生産消費量に関する統計』『畜産統計』『e-stat長期累計』『北海道農林水産統計年報』をもとに作成

問１　【グラフ１】について，1950 年ごろから 1990 年ごろまで約 40 年間で，全国の生乳生産量の変化とあわせて起きていたと考えられることがらとして，**ア～エ**から適切なものを１つ選びなさい。

ア　１人あたりの牛乳消費量はあまり変わらなかった。

イ　食生活が変化し，牛乳だけでなく乳製品の消費も増えた。

ウ　外国へ輸出される牛乳が増えた。

エ　廃棄（はいき）される生乳の量が大幅に増えた。

問２　【グラフ１】について，北海道と他の地域の生乳の生産量の変化を比べて，次の(1)・(2)に答えなさい。

(1) 1990 年まではどのように変化しているか説明しなさい。

(2) 1990 年以降はどのように変化しているか説明しなさい。

問３　【グラフ２】について，1960 年ごろから 1990 年ごろにかけての酪農のやり方の変化として，北海道と神奈川県で，ともに起こったことを答えなさい。またそのことについて，北海道と神奈川県を比べるとどのような違いがあるか，【グラフ２】からわかることをもとに説明しなさい。

問二

問三

問四

問五

という考え。

【三】

1

2

3

4

5

6

7

8 れる

9 れる

10

2023 年度

算数　解答用紙

受験番号		氏名	

評点	※70点満点（配点非公表）

1.

(1)(ア)　　cm^2	(1)(イ)　　cm^2
(1)(ウ)　　cm^2	
(2)　　秒後	
(3)　　秒後	

2.

(1)(ア)　　個	(1)(イ)　　個
(2)(ア)　　個	(2)(イ)　　個
(3)(ア)　　個	(3)(イ)　　個

2023年度

理科 解答用紙

受験番号		氏名	

※評点	※50点満点（配点非公表）

注意：※のあるところには記入しないこと

問１

問２

問３ g

問４

問５

問６	(1)	(2) g	(3) g	(4)

問７	(1) g	(2) g	(3) g

問８	(1) mL	(2) mL	(3) mL

問９以降の解答らんは，裏にあります。

※ A	※ B	※ C	※ D

2023年度　社　会　解答用紙　（注意　※のあるところには記入しないこと。）

1

問1

問2

問3

※

2

問1

問2

※

3

問1

問2　→　→　→　→

4

問1

※

問2

(1)

(2)

問3

※

5

問１

※

問２

問３

※

6

※

受験番号		氏名	

評点	※ ※50点満点 （配点非公表）

問９

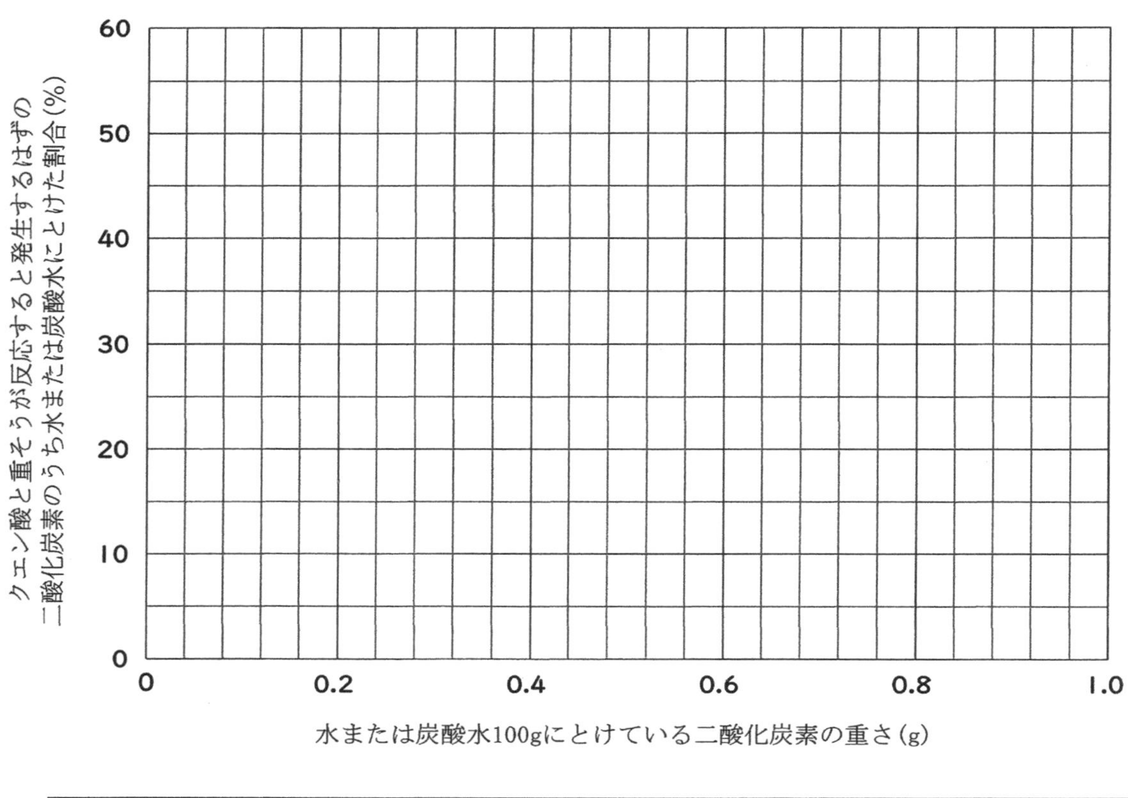

問10

クエン酸と重そうが反応すると発生するはずの二酸化炭素のうち水または炭酸水にとけた割合は,

問11

クエン酸　　　　g	重そう　　　　g

※　　E	※　　F	※　　G

3．

(1)	(2)

(3)

	[2]	[3]	[4]	[5]	[6]	[7]	[8]	[9]	[10]
	1	3	2	5					
[11]	[12]	[13]	[14]	[15]	[16]	[17]	[18]	[19]	[20]
[21]	[22]	[23]	[24]	[25]	[26]	[27]	[28]	[29]	[30]

(4) ア	(4) イ

(5)

4．

(1)

(2) (ア) ＜途中式＞

答え

(2) (イ)	

(3) (ア)	(3) (イ)

(4)

二〇二三年度
国語解答用紙

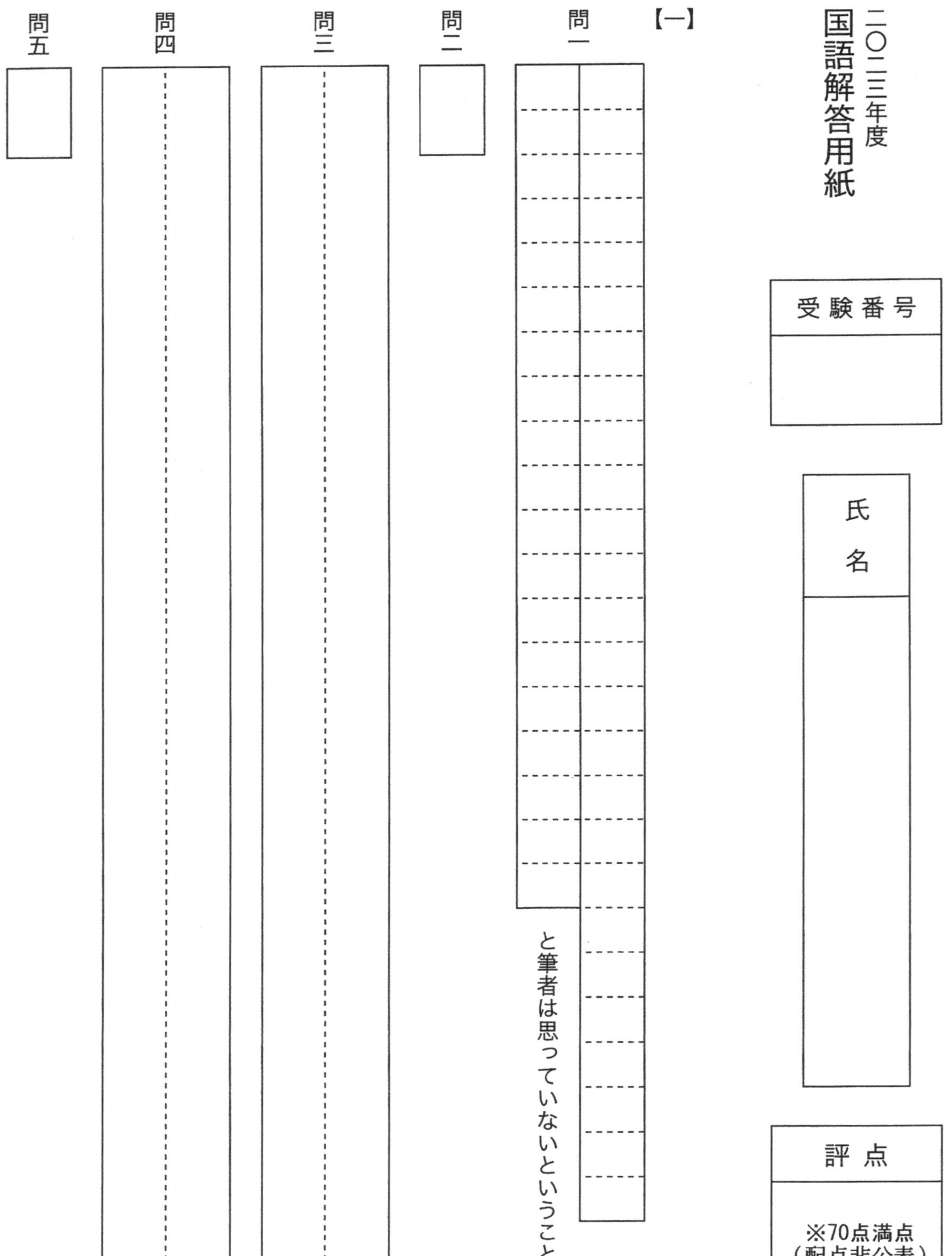

受験番号

氏名

評点

※70点満点
（配点非公表）

4　つぎに，第二次世界大戦(だいにじせかいたいせん)が終わってから現在までの，日本の生乳生産量と，生乳が日本のどこで生産されてきたかということを見てみましょう。【グラフ１】は全国の生乳の生産量と，地方別の生産量の移り変わりをあらわしたものです。【グラフ２】は，北海道および神奈川県の乳牛頭数と酪農家戸数の移り変わりをあらわしたものです。これらを見てあとの問に答えなさい。なお【グラフ２】の北海道と神奈川県のグラフでは，縦の目盛りの値が違(ちが)っているので，注意してください。

【グラフ１】

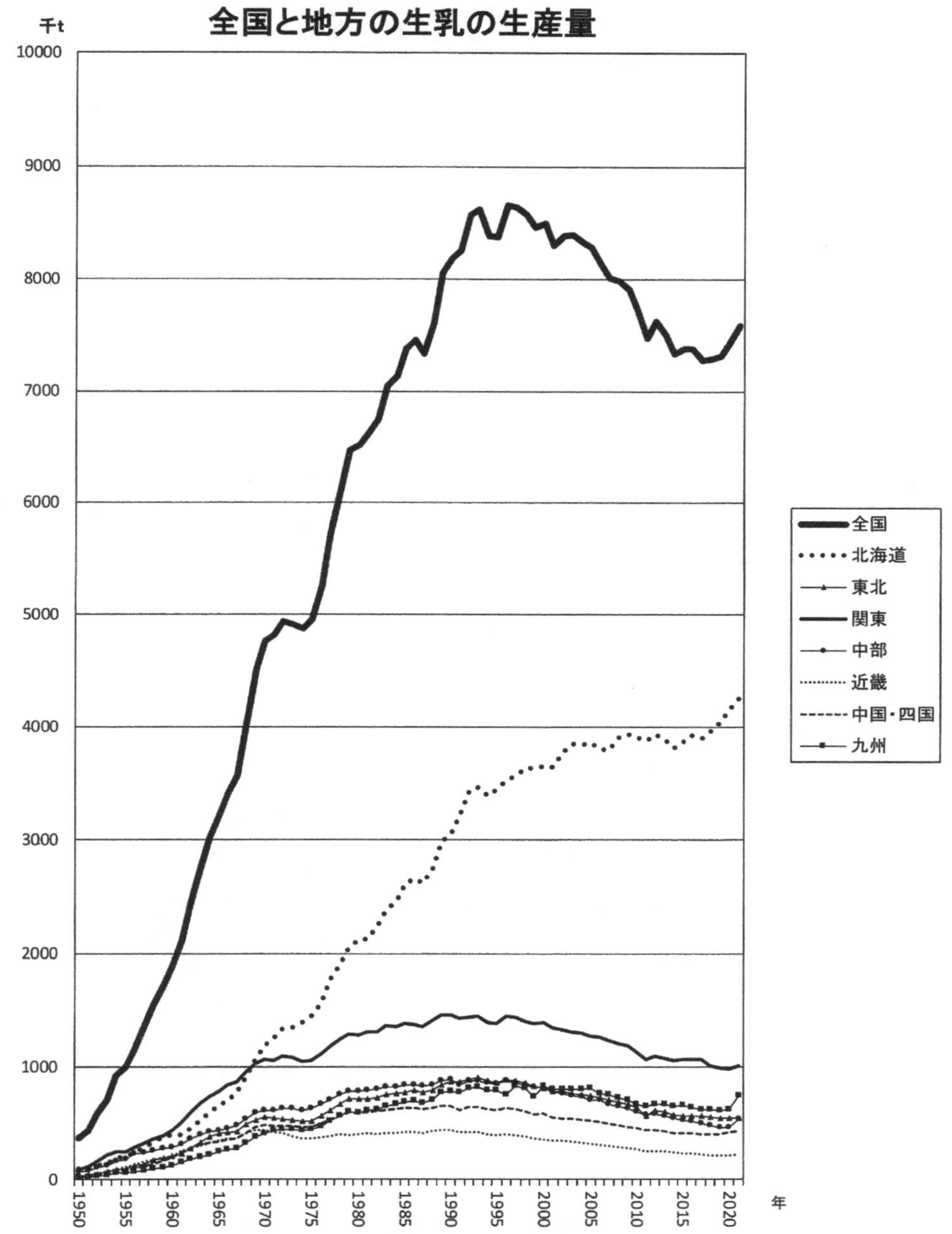

『日本国勢図会』『牛乳・飲用牛乳・乳製品の生産消費量に関する統計』『牛乳・乳製品統計』をもとに作成

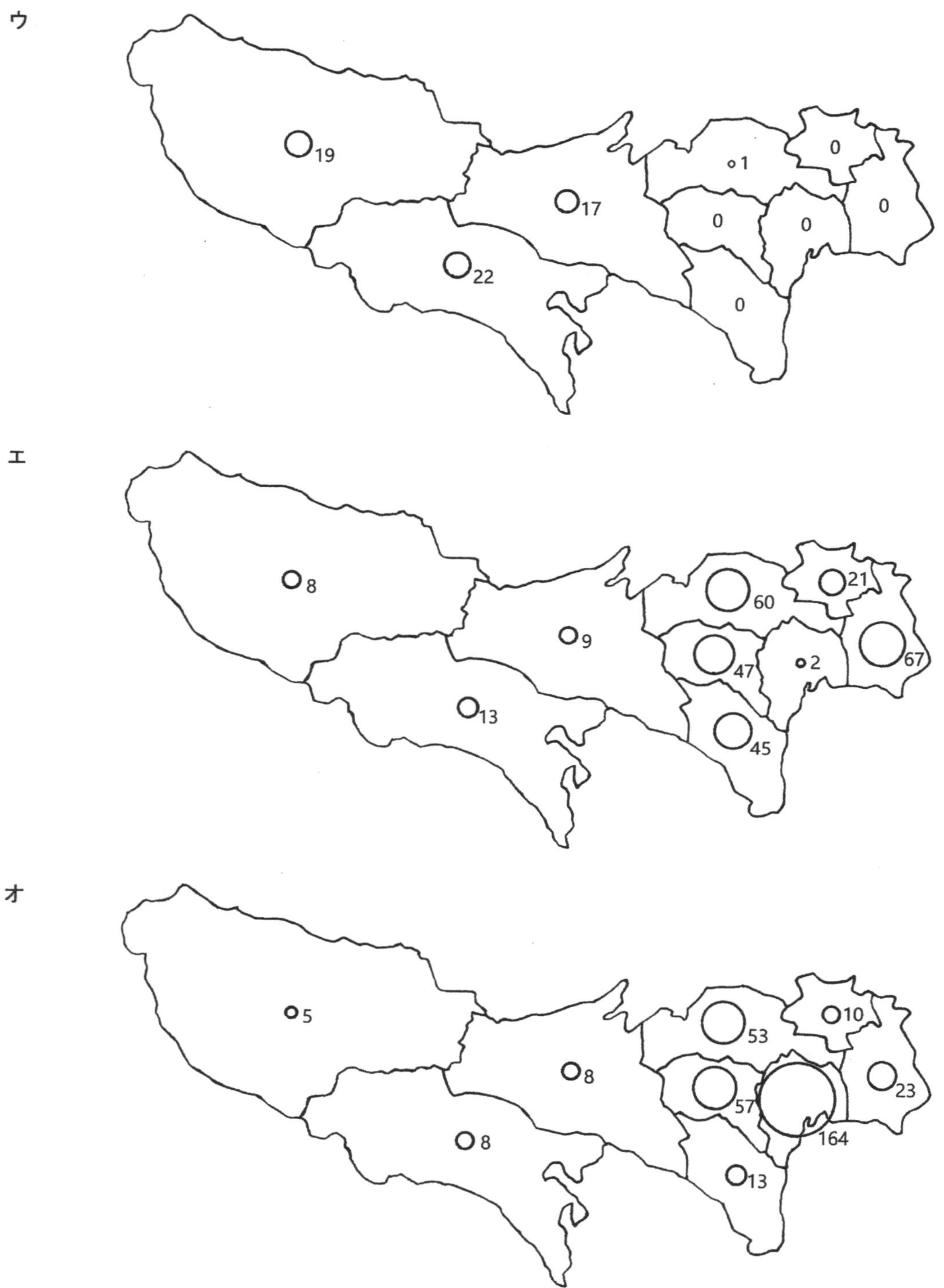

前田浩史・矢澤好幸『東京ミルクものがたり』をもとに作成

海岸線は 1889 年当時の位置を推定したものです

3 「牛乳」はどこで生産されているのでしょうか。これを考えるにはまず「生乳」がどこで生産されているかということに着目しなければなりません。「生乳」は乳牛から搾られますが，乳牛を飼育しているのは酪農(らくのう)家です。すなわち酪農がどこで行われているかということに着目することになります。

東京都を例にしてみてゆくと，明治時代に牛乳の生産がはじめられたころは，⑥東京の中心部に牧場付きの牛乳販売店が増えていきました。ところが人家の密集したところに牧場があるのは衛生面で問題があるということから，1900年に政府が規制をはじめ，しだいに牧場は郊外(こうがい)へ移っていきました。さらに20世紀後半には，東京都全体から業者の数が減っていくという変化をたどりました。

問１　下線部⑥のように，人口の多い東京の中心部に牧場があったのは，どのような良い点があったからでしょうか。考えられることを答えなさい。

問２　下の**ア～オ**は，1901年・1927年・1954年・1980年・2010年のいずれかで，東京都内のどこに乳搾りをする業者があったか，地区ごとに業者の戸数をあらわしたものです。**ア～オ**を，年代の古い順に並べると，どのような順番になるか答えなさい。

ア

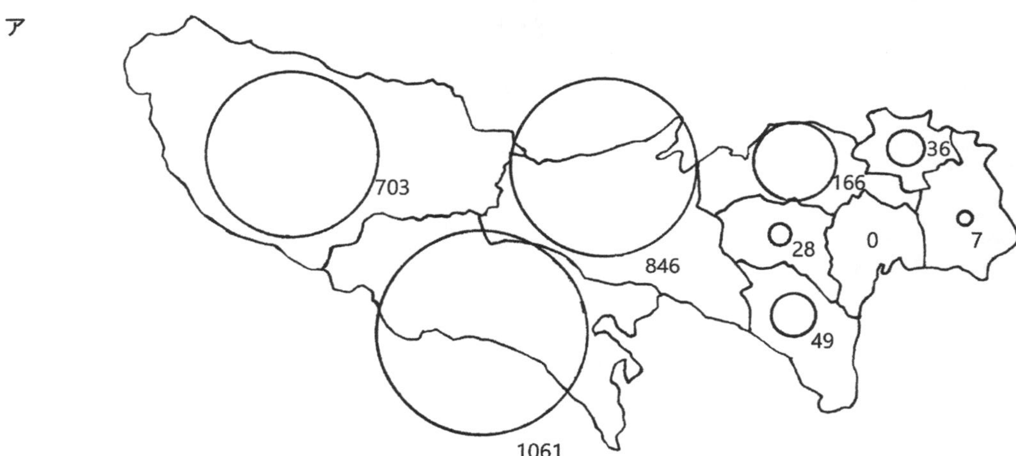

イ

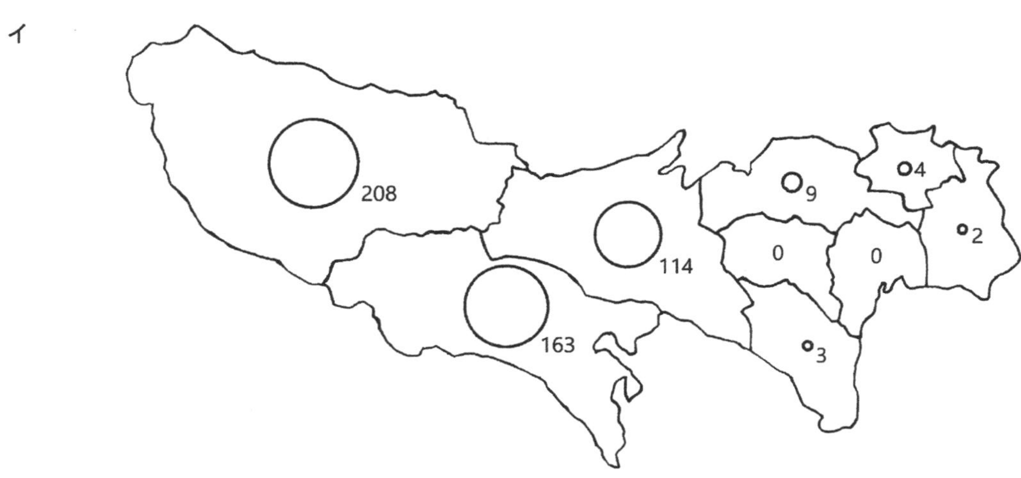

2　牛乳はとても腐りやすいので，安全に飲むために，明治時代のはじめから行政による監視や指導が行われていました。東京で 1873 年に知事から出された文書では，あまり人がいない静かな場所で搾乳することが勧められていたり，1878 年に警視庁から出された規則では，器具の衛生的な取りあつかい方法が定められていたりします。

明治時代に，まず牛乳の普及が進んだのは病院でしたが，明治後半になると都市を中心に，家庭でも少しずつ飲まれるようになっていきました。当初は牛乳の販売店が ④少量の牛乳を毎日配達するという形が多かったようです。また，はじめは**【資料１】**のように大きな金属製の缶に入れた牛乳を，ひしゃくですくって配っていたものが，しだいに**【資料２】**のような ⑤びんに牛乳を入れて配るようになりました。びんは回収されて繰り返し使われました。さらに 1928 年，東京では配達用の牛乳には無色透明のびんを使うように定められました。

【資料１】

【資料２】

武田尚子『ミルクと日本人』

一般社団法人全国牛乳流通改善協会ホームページ（https://zenkaikyou.or.jp）より引用

問１　下線部④について，少量の牛乳を毎日各家庭に配達するという方法がとられた理由を考えて説明しなさい。

問２　下線部⑤について，牛乳をびんに入れて配ることが，ひしゃくを使って配ることに比べて，衛生面でどのような利点があるか説明しなさい。

以下の文章を読み，問に答えなさい。

みなさんは家庭で，また学校の給食で牛乳を飲む場面があると思います。牛乳は牛の乳から作られます。みなさんの中には，乳搾(しぼ)りの体験をしたことがある人もいるでしょう。この搾った牛の乳を**「生乳（せいにゅう）」**とよびます。

しかし，みなさんがふだん飲んでいる牛乳は，牛から搾った生乳そのままではありません。生乳にはさまざまな菌(きん)が混じっているので，そのまま飲むと腹をこわしてしまうことがあります。そこで，工場で生乳から脂肪分などを取り除いたり，殺菌(さっきん)をしたりするなどして，安全に飲めるようにしたものが**「牛乳」**です。

また，生乳を利用してバターやチーズ，ヨーグルトなどが作られます。このような製品を**「乳製品」**とよびます。

日本ではどのように牛乳を生産してきたか，どこで生産されてきたかを考えてみましょう。

[1] 江戸(えど)時代以前には，一般(いっぱん)の人々に牛の乳を飲む習慣はありませんでした。そのことは，当時の外国人の残した記録からもわかります。ただし，鎖国(さこく)をしていた江戸時代に，長崎(ながさき)の①出島(でじま)では，外国人が牛を飼って牛乳を利用していました。

乳製品については，戦国(せんごく)時代にヨーロッパ人がバターやチーズを伝えて以来，日本人に知られてはいました。江戸時代にも出島では食用にしていました。また，蘭学(らんがく)者の書いた書物にも紹介(しょうかい)されていました。

実際に牧場を設けた例としては，徳川吉宗(とくがわよしむね)が今の千葉県にひらいた嶺岡牧場(みねおかぼくじょう)をあげることができます。しかし，江戸時代には乳製品は一般の人が口にするような食品ではなく，将軍家など一部の身分が高い人が，薬の代わりとして食べる特別なものでした。

牛乳や乳製品が広まっていくのは，開国以降のことでした。②1860年代に日本人が横浜(よこはま)で牛を飼って牛乳を搾って売りはじめ，その後，東京にも広まっていきました。一般の人々の間に広まっていったことには，③海外に渡(わた)った日本人の中に牛乳や乳製品を現地で口にした者がいたり，日本でも欧米(おうべい)人の食生活を見聞きする機会がふえたこと，書物などで牛乳や乳製品の効用が説かれるようになったことなどが影響(えいきょう)しているようです。

問１　下線部①で幕府から貿易を許されていた国を答えなさい。

問２　下線部②について，横浜でこのような商売が始まった理由を，開国との関係を考えて答えなさい。

問３　下線部③について，アメリカに渡って帰国したあと，当時の欧米の様子を紹介した『西洋事情(せいようじじょう)』や，『学問(がくもん)のすゝめ』を書いた人を答えなさい。

２０２３年度

入学試験問題

社　　会

４０分

1．受験番号・氏名を解答用紙に書くこと。

2．受験番号は算用数字で書くこと。(例:123)

3．鉛筆(えんぴつ)などの筆記用具・消しゴム以外は使わないこと。

4．用紙を立てて見ないこと。

5．質問(印刷不明のところだけ)のある場合，鉛筆などを落とした場合，トイレに行きたくなった場合，気持ちが悪くなった場合は，だまって手をあげること。

6．解答用紙のみ回収します。

表2　水 100g にクエン酸と重そうをとかして集まった二酸化炭素の体積

クエン酸の重さ(g)	重そうの重さ(g)	集まった二酸化炭素の体積(mL)
0.75	0.25	42
	0.50	81
	0.75	126
	1.00	158
	1.25	160
	1.50	160

問4　栄一君が最初に作った実験装置は**図3**のようなものでした。しかしある問題点に気づき，この装置の１か所を**図2**の装置のように改良して，実験をしました。栄一君が気づいた問題点とはどのようなことだと思いますか。

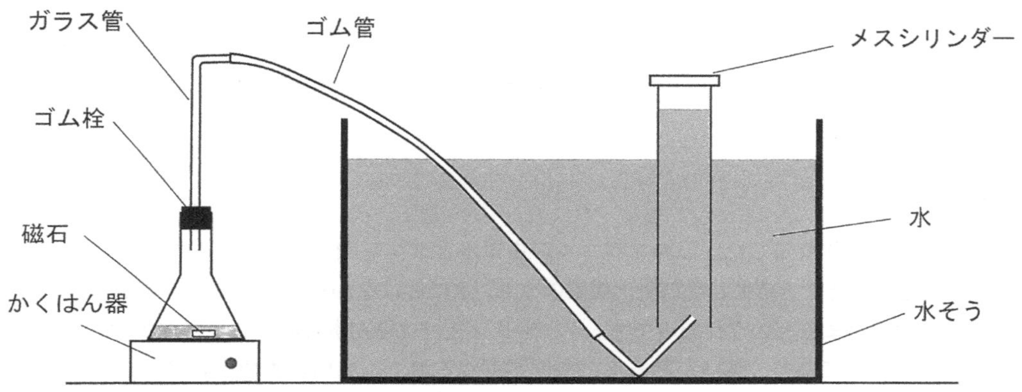

図3　最初に作った装置

問１　炭酸水とは，二酸化炭素がとけた水のことです。したがって，気がぬけるとはとけている二酸化炭素がぬけていくことと考えられますが，ぬけていく気体が二酸化炭素なのかどうかを確かめる方法として正しいものを，次の**ア～エ**の中から一つ選び，記号で答えなさい。

ア　炭酸水からぬけた気体を集めた容器に，火のついたろうそくを入れる。
イ　炭酸水からぬけた気体を集めて，石灰水に通す。
ウ　炭酸水からぬけた気体を集めて，においをかぐ。
エ　炭酸水からぬけた気体を集めて，ムラサキキャベツ液に通す。

問２　栄一君は，炭酸水だけではなく，水のペットボトルでも同じ実験を行っています。水のペットボトルで同じ実験を行う理由を説明しなさい。

問３　ペットボトルを開けた直後から270分間でこの炭酸水からぬけた二酸化炭素の重さを答えなさい。

インターネットで調べたところ，水にクエン酸と重そうを入れると二酸化炭素が発生し，一部が水にとけて炭酸水ができる，という記事を発見しました。そこで栄一君はお店で食用のクエン酸と重そうを買ってきて，次のような実験をしました。

【実験２】

図２のような装置を作りました。三角フラスコの中に水とクエン酸と重そうを入れてすぐにガラス管の通ったゴム栓（せん）をつけると，発生した二酸化炭素のうち，水にとけなかった分がガラス管やゴム管を通ってメスシリンダーにたまるという仕組みです。メスシリンダーは最初水で満たしておきます。メスシリンダーには目盛りがついていて，気体がたまると水位が下がるので，気体の体積を測定することができます。三角フラスコの下の機械はマグネチックスターラー（かくはん器）というもので，棒状の磁石を回転させることで三角フラスコ内の液体をよくまぜ，クエン酸や重そうのとけ残りを防ぎます。この装置を使って，100g の水に様々な重さのクエン酸や重そうをとかして４分間反応させ，メスシリンダーに集まった二酸化炭素の体積を量りました。体積はメスシリンダーを動かし，中の水面と水そうの水面を同じ高さにしてから量りました。結果の一部を**表２**に示します。

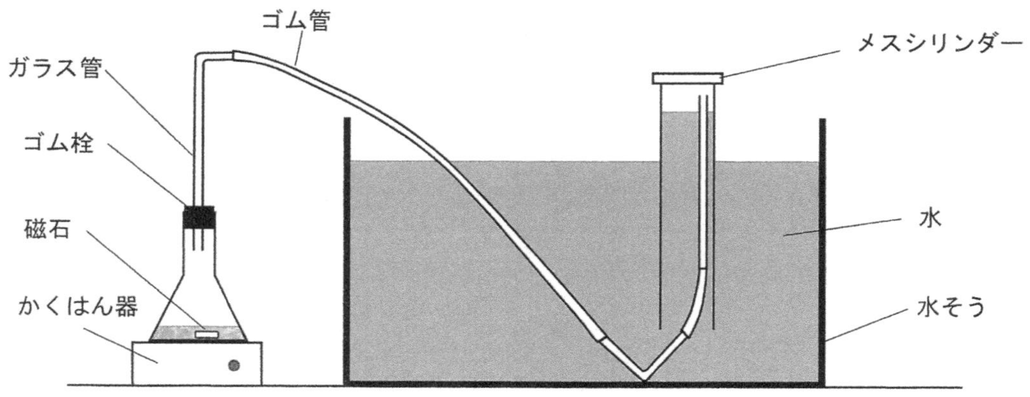

図２　実験装置

栄一君は炭酸水が大好きです。しかし，炭酸水は開けてから時間がたつとだんだん気がぬけておいしくなくなっていきます。栄一君は，このような気がぬけた炭酸水を元のおいしい炭酸水に戻したいと考え，まずは気がぬけていくようすを学校の実験室で観察することにしました。なお，実験はすべて 25℃程度の室温や水温で行いました。

【実験１】

お店で買ってきたペットボトルの炭酸水のふたを開け，重さを量りました。以降ふたを開けたまま放置し，30 分ごとに重さを量って，重さが変化していくようすを調べました。同じペットボトルに大体同じ量の水を入れたものでも実験しました。結果を**表１**に示し，**表１**をグラフにしたものを**図１**に示します。

表１　炭酸水と水の重さの変化

実験開始からの時間(分)	炭酸水(g)	水(g)
0(開けた直後)	505.24	503.22
30	505.01	503.21
60	504.73	503.20
90	504.51	503.19
120	504.36	503.18
150	504.20	503.18
180	504.09	503.17
210	503.99	503.16
240	503.90	503.15
270	503.84	503.14

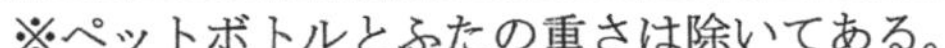
※ペットボトルとふたの重さは除いてある。

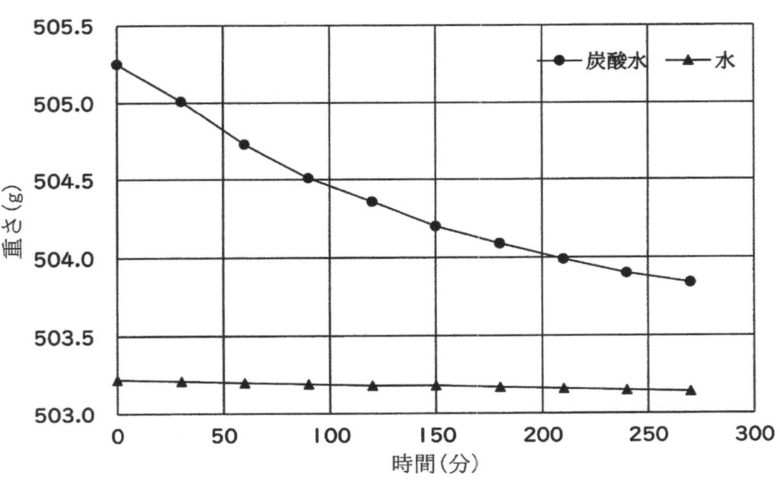

図１　炭酸水と水の重さの変化

２０２３年度

入学試験問題

理　　科

４０分

１．受験番号・氏名を解答用紙に書くこと。

２．受験番号は算用数字で書くこと。(例:123)

３．鉛筆(えんぴつ)などの筆記用具・消しゴム・コンパス・配付された定規以外は使わないこと。

４．用紙を立てて見ないこと。

５．質問(印刷不明のところだけ)のある場合，鉛筆などを落とした場合，トイレに行きたくなった場合，気持ちが悪くなった場合は，だまって手をあげること。

６．解答用紙のみ回収します。

３．2以上の整数に対して，以下の操作を行います。

操作：偶数ならば2で割り，奇数ならば1を足す

2以上の整数Aに対して，この操作をくり返し，結果が1になるまでの操作の回数を[A]とします。さらに，[2]，[3]，[4]，…，[A] の和を≪A≫とします。

例えば，5に対して操作をくり返すと，

$$5 \rightarrow 6 \rightarrow 3 \rightarrow 4 \rightarrow 2 \rightarrow 1$$

になり，5回の操作で1になるので，[5] = 5になります。同様に，[2] = 1，[3] = 3，[4] = 2になるので，

$$\ll \mathbf{5} \gg = [2] + [3] + [4] + [5] = 1 + 3 + 2 + 5 = 11$$

になります。

(1) [2023]を求めなさい。

(2) [A] = 5になるような2以上の整数Aをすべて答えなさい。

(3) [6]～[30]を求めて，解答欄の表に書き入れなさい。

【下書き用】

	[2]	[3]	[4]	[5]	[6]	[7]	[8]	[9]	[10]
	1	3	2	5					
[11]	[12]	[13]	[14]	[15]	[16]	[17]	[18]	[19]	[20]
[21]	[22]	[23]	[24]	[25]	[26]	[27]	[28]	[29]	[30]

２．1 辺の長さが 1 cm の小立方体 72 個を下の図の直方体になるように積み上げます。この直方体の 1 つの頂点に集まっている 3 辺の長さは 3 cm，3 cm，8 cm です。直方体の頂点を下の図のように A～H とするとき，以下の問に答えなさい。

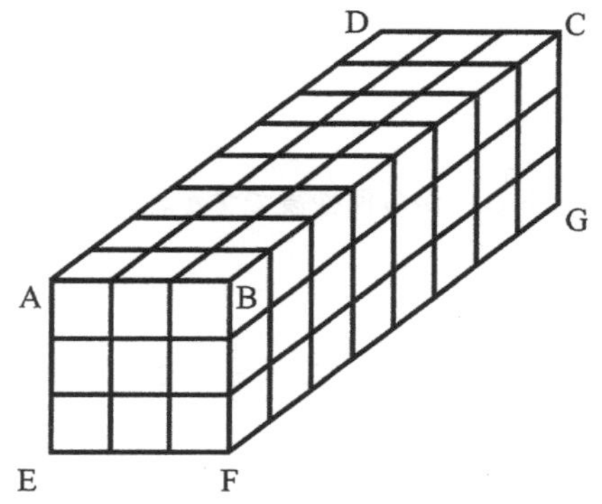

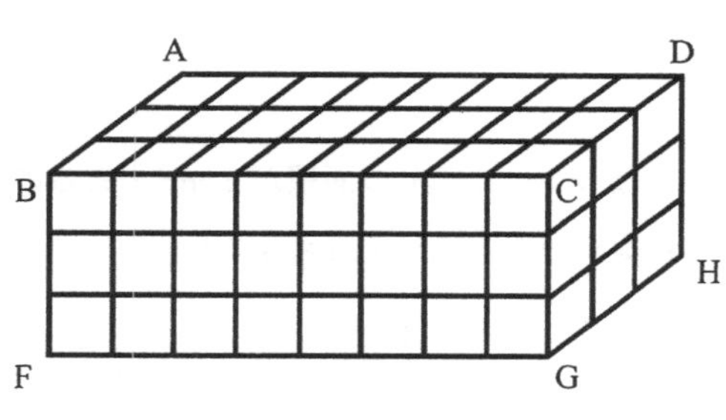

(1) 3 点 A，B，G を通る平面で直方体を切断したとき，

(ア) 切られていない小立方体の個数を答えなさい。

(イ) 体積が 1 cm^3 未満の立体の個数を答えなさい。

(2) (1)の切断に加えて，さらに，3 点 A，D，F を通る平面で直方体を切断したとき，

(ア) 切られていない小立方体の個数を答えなさい。

(イ) 体積が 1 cm^3 未満の立体の個数を答えなさい。

(3) (1)と(2)の切断に加えて，さらに，3 点 B，C，E を通る平面で直方体を切断したとき，

(ア) 切られていない小立方体の個数を答えなさい。

(イ) 体積が 1 cm^3 未満の立体の個数を答えなさい。

(1) 次のときの重なっている部分の面積をそれぞれ答えなさい。

(ア) スタートしてから 3 秒後

(イ) スタートしてから 4 秒後

(ウ) スタートしてから 5 秒後

(2) 重なっている部分の面積が 2 cm^2 であるのは，スタートしてから何秒後ですか。答え方の例にならって，すべて答えなさい。

例：$\frac{1}{2}$ 秒後から 2 秒後の間と 3 秒後のとき　　（答え方）　$\frac{1}{2}$ ～ 2, 3 秒後

(3) 重なっている部分の面積が $\frac{32}{75}$ cm^2 であるのは，スタートしてから何秒後ですか。すべて答えなさい。

1．3 辺の長さが 3 cm，4 cm，5 cm の直角三角形 ABC（図 1）と 1 辺の長さが 2 cm の正方形（図 2）があります。正方形の対角線の交点を点 O とします。まず，図 3 のように点 O が A と重なるように正方形をおきます。

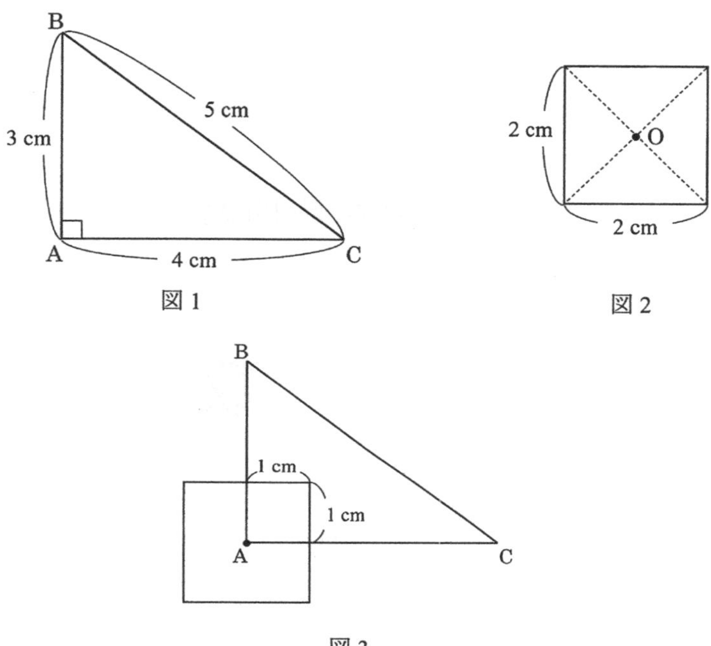

図 1　図 2

図 3

この状態から正方形を，向きを保ったまま（回転することなく）動かします（図 4）。点 O は，直角三角形の辺上を A → B → C → A の順に毎秒 1 cm で動き，再び A に戻ってきたら止まります。

以下の問では，直角三角形と正方形が重なっている部分の面積（図 4 の斜線部）について考えます。

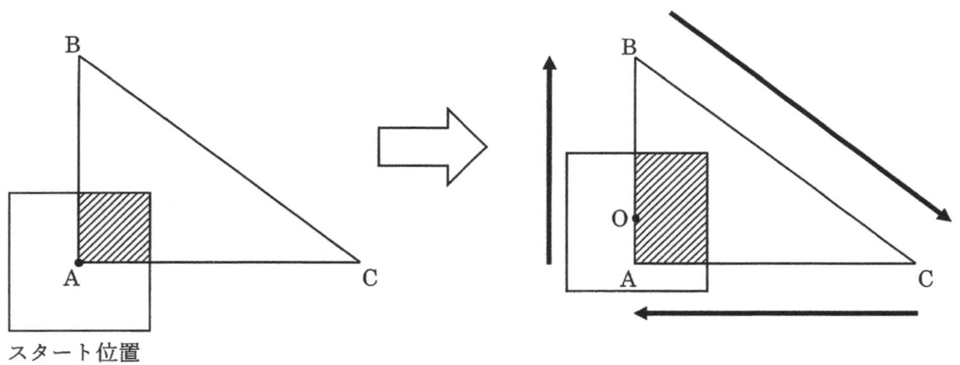

図 4

２０２３年度

入学試験問題

算　　数

６０分

1．受験番号・氏名を解答用紙に書くこと。

2．受験番号は算用数字で書くこと。(例:123)

3．鉛筆(えんぴつ)などの筆記用具・消しゴム・コンパス・配付された定規以外は使わないこと。

4．用紙を立てて見ないこと。

5．問題を解くために，問題用紙を切ったり折ったりしないこと。

6．問題を解くために，問題用紙と解答用紙以外に書き込(こ)みをしないこと。

7．特に指示がある場合を除いて、解答のみ解答用紙に書くこと。

8．質問(印刷不明のところだけ)のある場合，鉛筆などを落とした場合，トイレに行きたくなった場合，気持ちが悪くなった場合は，だまって手をあげること。

9．解答用紙のみ回収します。

お詫び

著作権上の都合により、文章は掲載しておりません。ご不便をおかけし、誠に申し訳ございません。

教英出版

お詫び

著作権上の都合により、文章は掲載しておりません。
ご不便をおかけし、誠に申し訳ございません。

教英出版

お詫び

著作権上の都合により、文章は掲載しておりません。

ご不便をおかけし、誠に申し訳ございません。

教英出版

お詫び

著作権上の都合により、文章は掲載しておりません。ご不便をおかけし、誠に申し訳ございません。

教英出版

お詫び
著作権上の都合により、文章は掲載しておりません。
ご不便をおかけし、誠に申し訳ございません。
教英出版

（ウン・ソホル作　すんみ訳『５番レーン』）

（注１）ナル　漢江(ハンガン)小学校に通う六年生。水泳部の女子部員であり、チームのエース。サラン、セチャン、スンナム、ドンヒも同じ水泳部に所属している。

（注２）キム・チョヒ　ナルとは別の小学校に通う六年生。水泳部の女子部員であり、ナルのライバル。

（注３）スンナム　漢江小学校に通う六年生。水泳部の部長をつとめる男子部員。

問一　傍線部(ぼうせんぶ)a「おじけづいている」、b「無鉄砲に」の意味として最も適当なものを次の中から選び、それぞれ記号で答えなさい。

a「おじけづいている」

ア　落ちこんでいる　　イ　緊張(きんちょう)している　　ウ　あきらめている
エ　こわくなっている　　オ　覚悟(かくご)を決めている

b「無鉄砲に」

ア　礼儀(れいぎ)もわきまえずに　　イ　あとさきを考えずに　　ウ　自信に満ちあふれて
エ　かざり気のない態度で　　オ　自分の都合を優先して

問二　傍線部①「メンタルの強さだけで勝てないときだってありますよね」とありますが、このような言い方でナルが本当に主張したいことは何ですか。

問三　傍線部②「がっかりしたようないら立ち」とありますが、スンナムはナルのどのような態度に対して「がっかりしたようないら立ち」を感じたのですか。

問四　傍線部③「申し訳ないと思う気持ち」とありますが、ナルがスンナムに対して申し訳ないと思うのはどうしてですか。六十字以内で答えなさい。

問五　傍線部④「よくわかりません」とありますが、コーチの言葉を理解することができないのは、ナルがどのような考えを抱(いだ)いているからですか。解答欄(かいとうらん)に合うように十五字以内で答えなさい。

【三】　次のカタカナの部分を漢字に直しなさい。

1　カンソな生活をおくる。　　2　アッカンの演技。　　3　今後の方針をキョウギする。
4　年功ジョレツ。　　5　月の表面をタンサする。　　6　イニン状を渡す。
7　キュウトウ器が壊(こわ)れる。　　8　しずくがタれる。　　9　日がクれる。
10　キヌの名産地。

２０２２年度

入学試験問題

国　　語

５０分

１．受験番号・氏名を解答用紙に書くこと。

２．受験番号は算用数字で書くこと。（例：123）

３．鉛筆（えんぴつ）などの筆記用具・消しゴム以外は使わないこと。

４．用紙を立てて見ないこと。

５．質問（印刷不明のところだけ）のある場合，鉛筆などを落とした場合，トイレに行きたくなった場合，気持ちが悪くなった場合は，だまって手をあげること。

６．解答用紙のみ回収します。

栄光学園中学校

2022(R4) 栄光学園中
K 教英出版

【一】 次の文章は谷川俊太郎の詩を論じています。読んであとの問に答えなさい。

なぜ谷川の作品はわかりやすいのか。それを例をあげながら順番に確認していきましょう。まず次の詩を読んでみてください。

おならうた

いもくって　ぶ
くりくって　ぼ
すかして　へ
ごめんよ　ば
おふろで　ぽ
こっそり　す
あわてて　ぷ
ふたりで　ぴょ

言うまでもなくこの詩のわかりやすさは、言葉の平易さからきています。わかりやすい語と単純な(注1)構文だけで書かれていて漢字もなくぜんぶ平仮名だから、小さな子供や日本語にそれほど詳しくない非日本語圏の人でもわかるでしょう。しかもすごく短い。これなら集中力ももつ。

もちろんリズムも大事です。音読してみればわかるように、「いもくって、ぶ！　くりくって、ぼ！」という進行感は実に軽快で、覚えようとしなくてもいつの間にか覚えてしまうほど、こちらの舌や口や手足ともなじみがいい。頭でわかる前に、まず体が言葉をわかってしまう。

しかし、①それだけでしょうか。「わかる」というのは意外とやっかいなことです。人間というのは面倒くさい生き物で、簡単ならわかるというものではない。簡単すぎてかえってわからないということもある。そのことを確認するために、ちょっとした実験をしてみましょう。たとえば、この「おならうた」が次のように書かれていたらどうでしょう。よりわかりやすくなるでしょうか？

いもくって　ぶ
いもくって　ぶ
いもくって　ぶ
いもくって　ぶ
いもくって　ぶ

言葉の種類がより少ないからより簡単になったかというと、そんなことはない。おそらく「おならうた」というタイトルの詩がこのようなものであったら、多くの人は「よくわかんないなあ～」という感想を持つのではないでしょうか。

でも、こんなに簡単な言葉で書かれているのに、どうして「よくわかんないなあ～」なのでしょう。おそらく「よくわかんないなあ～」とつぶやく人は、「それで？」という思いを持っているのです。つまり、この偽(にせ)の「おならうた」には「それで」が欠けている。もう少し平たい言葉でいうと「おち」や「イミ」がわからない。何を読んだのかがわからない。

ひるがえって谷川俊太郎による本物の「おならうた」を見てみると、たしかに「おち」や「イミ」は豊富です。もっとも目につくのは最後の「ふたりで　ぴょ」というところでしょう。それまでの「ぶ」「ぼ」「へ」「ば」「ぽ」「す」「ぷ」は、まあ、「おならはこんな音がするものだ」という私たちの予想の範囲(はんい)におさまるものです。でも、②最後の「ぴょ」だけはちょっとちがう。「ぴょっていうかなあ？」と思わせる。でも、ひょっとするとそういう音が聞こえるかもしれない。ある種のおならは「ぴょ」かもしれない。あるいはふたりでいっぺんにおならをすると共鳴するということもあるのでしょうか。それとも、ふたりでいっぺんにおならしてしまって、びっくりして「ぴょ」となるのか。「げ」「あら」「どき」というような、いわば心理の音が「ぴょ」なのかもしれない。いや、仲のいい友達や恋人(こいびと)同士が親密な空気の中にいると、どんな音も「ぴょ」というかわいらしい響(ひび)きに包まれてしまうのかもしれない。

……なんていうことを考えるだけで私たちはすでに詩人の(注2)術中にはまっています。谷川は「おち」の達人です。いろんな技(わざ)をもっています。とりわけ彼(かれ)がすごいのは、通常の「謎(なぞ)を提示してそれを解決してみせる」という「おち」の型とはひと味ちがう形で落としどころをつくれること、それから、目にもとまらぬスピードで「おち」をつけられることです。この「おならうた」でもその辺がとてもうまく行われています。

その(注3)メカニズムをもう少し詳しく確認してみましょう。「いもくって　ぶ／くりくって　ぼ……」という連続を読んでいるうちに、いつの間にか私たちは「自分」という枠(わく)をこしらえてしまいます。それはこういうことです。みなさん同意してくださると思いますが、「おなら」という生理現象はできれば他人には聞かれたくないものです。公の場で堂々とおならを鳴らせるのは、相当な大人物です。だから、おならというだけで、私たちは「こっそりやるもの」という先入観がある。実際、六行目には「こっそり　す」ともあります。

そういう意味ではこれはとても「詩らしい詩」だと言えます。日本語の現代詩は、何より「ひそやかな自分」と結びついてきた。公の言葉になる以前の、個人の心の底にあるもやもやしたもの、黒くて気持ちが悪いもの、ひりひりする切実なものを、恥ずかしさを乗り越えてやっと口にするのが詩というものだった。これは(注4)第5章でも説明しました。

それで私たちは無意識のうちに「ひそかにおならにこだわる『私』」なるものをここに読んでしまうのです――そうとは知らずに。ところが最後の行にきて、いきなり「ふたりで」とあってびっくりする。ここで私たちは、③「ふたり」という語の意外性に打ちあたることで、そもそも自分が「おなら」と「私」とを深く結びつけていたことを今さら思い知って、二重の意味でびっくりするわけです。

しかも、その音が「ぴょ」ときている。今までのおならの音は、それなりに写実的でした。おならをする状況や、お尻の感触も想像できた。しかし、「ぴょ」というのはどういう音か？　写実的なのか？　心理主義か？　あるいはファンタジーだろうか？と私たちは戸惑う。混乱する。

しかし、次の瞬間、私たちはしてやられたことに気づくのです。そうだ、そうだ、とうなずく。そもそもこの詩は冗談なのだ、まじめにとりあうだけばかばかしい。「ぴょ」なんてまったくふざけた、漫画みたいな音じゃないか。子供だましもいいところだ、と。

ところがこんな(注5)感慨もまた詩人の術中にはまっているわけです。だって、ばかばかしいというけど、みなさんはけっこう本気でびっくりするからです。「ふたり」とか「ぴょ」とか言われて、言葉にならないくらいどきっとした。最初からいかにもばかばかしそうな詩を読ませておいて、それでもどきっとさせるなんて、谷川俊太郎という人はほんとうに人が悪い。

では、この「どきっ」はいったい何だったのでしょう。おそらくそれは「そうでないもの」への入り口だったのです。「詩」でないもの。「私」でないもの。谷川俊太郎の「おち」が「おちへの階段」を登った末にたどり着かれるものではないとはそういうことです。たしかに出発点には「詩」や「私」が設定されているのですが、彼はそれをぜんぶひっくり返してその外に出てしまうのです。テイヤ！　とばかりにぜんぶ転覆させる。「詩」につきまとう「ひそやかな私」をひっくり返し、「こんなのジョークだよ」という(注6)ライトヴァース的な安心感もひっくり返す。

今の例からも明らかなように、谷川俊太郎の「わかりやすさ」の根本にあるのは「わからなさ」なのです。最後に「ぴょ」というわからなさに行き当たるからこそ、私たちは「なるほど！」と思う。何とも変な話です。あれ？　あれ？　と戸惑うおかげで、かえってわかった気になるなんて、なんと(注7)マゾヒスティックな。でも、先にも言ったように、人間というのはほんとに面倒臭い生き物なのです。人が「わかる」と感じるためには、どこかで「わからなさ」とぶつかったり、それを横目で見たり、乗り越えたりしないといけないようなのです。

そもそも「わかりやすい」などということを話題にした時点で、私たちは谷川俊太郎的世界に足を踏み入れているのかもしれません。一般に現代詩では「わかる」などということはそれほど問題にならない。この本でも「詩がわかる」という言い方は極力避けてきました。「わかるかどうか？　頭でわかる必要なんかないさ。そんなの、知ったこっちゃないよ」というのが現代詩人の(注8)スタンスです。現代詩では、論理や慣習といった通常のわかり方を飛び越えた言葉の使い方をするのが、むしろ当たり前なのです。

これに対し私たちは谷川の詩を読むとき、自分でも気づかないうちに、わかろうとしている。それはいったいどうしてでしょう。そこには④仕掛けがある。たとえば「おならうた」の「いもくって　ぶ」は、「いも」と「ぶ」からなっています。そこには、「問：『いも』ときたらなんと解く？」「答：『ぶ』です！」という問答の形がひそんでいる。私たちは知らず知らずのうちに、問いに答えようとしているのです。「じゃ、くりの場合は？」「すかしは？」という問いがいちいち私たちの前に立ちあがってきて、私たちは忙しくそれに対する答えをさがしつつも、結局は詩人に先をこされて「なるほど」と相づちを打つわけです。この〝なるほど感〟のおかげで、私たちは「わかった」と思うのではないか。

それだけではありません。「ぶ」ときたら、次は何だろう？　あ、「ぼ」か。じゃ、「ぼ」の次は？……というふうな問いも連鎖していきます。このように「次はいったいどうくるんだろう？」という「見えない問い」の連鎖を仕組むことを谷川俊太郎は得意としています。

（阿部公彦『詩的思考のめざめ　心と言葉にほんとうは起きていること』）

（注1）構文　文・文章の組み立て。
（注2）術中　相手のしかけた計略のなか。
（注3）メカニズム　物事の仕組み。
（注4）第5章でも……　「第5章　恥じる」には「恥ずかしさ」と「詩を書くこと」について書いてある。
（注5）感慨　心に深く感じるしみじみとした思い。
（注6）ライトヴァース　日常的な出来事を平易な言葉でつづった軽妙な形式の詩のこと。
（注7）マゾヒスティック　苦痛を受けることで満足する傾向のある様子。
（注8）スタンス　物事に対する心情的・思想的な立場や態度。

問一　傍線部①「それだけでしょうか。」とありますが、「それ」の指す内容として**あてはまらない**ものを次の中から二つ選び、記号で答えなさい。

ア　軽快なリズムで進行して体にしっくりくるということ。
イ　非日本語圏の人にも発音しやすい音であるということ。
ウ　理解しやすい言葉だけで詩を形成しているということ。
エ　文の組み立てがわかりやすく、そして短いということ。
オ　詩で使われている言葉がすべてひらがなだということ。
カ　おならというテーマが身近で親しみやすいということ。

問二　傍線部②「最後の『ぴょ』だけはちょっとちがう。」とありますが、どういうことですか。六十字以内で答えなさい。

問三　傍線部③「『ふたり』という語の意外性」とありますが、なぜ意外なのですか。

問四　傍線部④「仕掛け」とありますが、ここで言う「仕掛け」とはどのようなものですか。

(3) 図５は，あるときに円すいを真上から見た図で，３点Ｃ，Ｐ，Ｘは一直線上にありました。
このとき，実際のＸＰの長さ（円すいの頂点から点Ｐまでの長さ）と，図５のＸＰの長さ（真上から見たときのＸＰの長さ）を答えなさい。

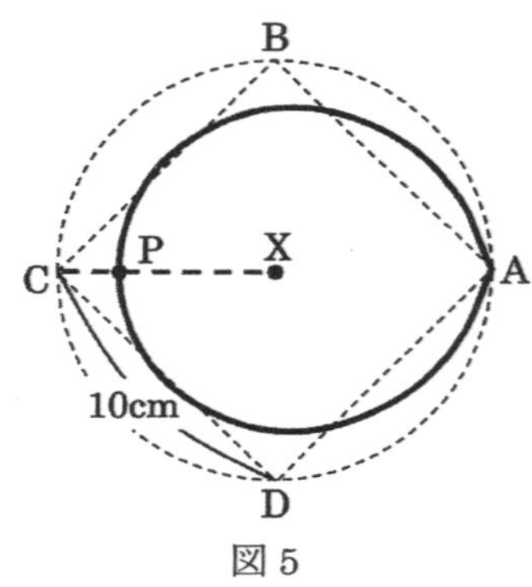

図５

(4) 図６は，あるときに円すいを真上から見た図で，３点Ｂ，Ｐ，Ｘは一直線上にありました。

(ア) Ａを出発してからこのときまでにかかった時間は，点Ｐが１周する時間の $\frac{1}{4}$ 倍の時間と比べて，長いですか，短いですか，同じですか。次の①～③の中から選び，記号で答えなさい。

① 長い　② 短い　③ 同じ

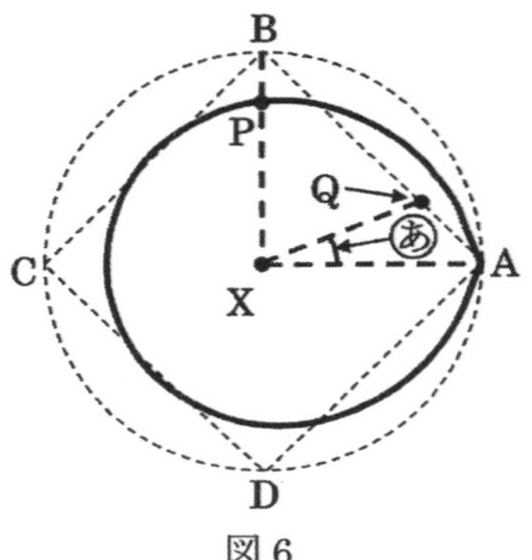

図６

(イ) 図６のあの角度を答えなさい。

(ウ) 図６のＸＰの長さは，図６のＸＱの長さと比べて，長いですか，短いですか，同じですか。次の①～③の中から選び，記号で答えなさい。また，その理由も書きなさい。

① 長い　② 短い　③ 同じ

(5) 図７は，あるときに円すいを真上から見た図で，点Ｐは辺ＡＢ上にありました。図７のいの角度を答えなさい。

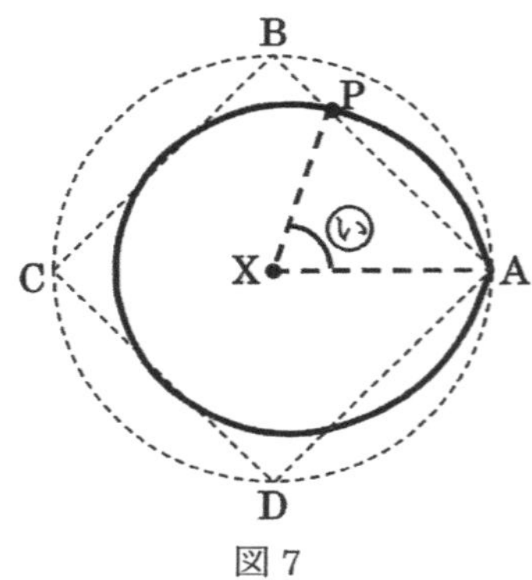

図７

4．図１のような円すいがあります。この円すいの側面を直線XAに沿って切りひらくと，円の４分の１であるおうぎの形になります。また，円すいの底面の円には，すべての頂点が円周上にあるような正方形ABCDが書いてあります。正方形ABCDの１辺の長さは10 cmです。

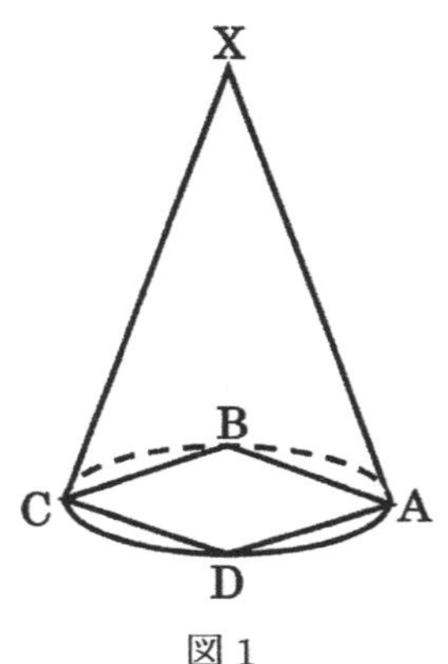

図１

(1) XAの長さは底面の円の半径の長さの何倍ですか。

この円すいの表面上を動く点Pと点Qを考えます。

点Pは，図２のように，Aを出発して円すいの側面を最短距離で左回りに１周してAに戻ってきます。一方，点Qは，図３のように，Aを出発して正方形ABCDの辺上を左回りに１周してAに戻ってきます。点Pと点Qは同時にAを出発して，それぞれ一定の速さで動きます。点Pの速さは点Qの速さの４倍です。このとき，円すいを真上から見ると，点Pは図４の実線部分に沿って動いていました。

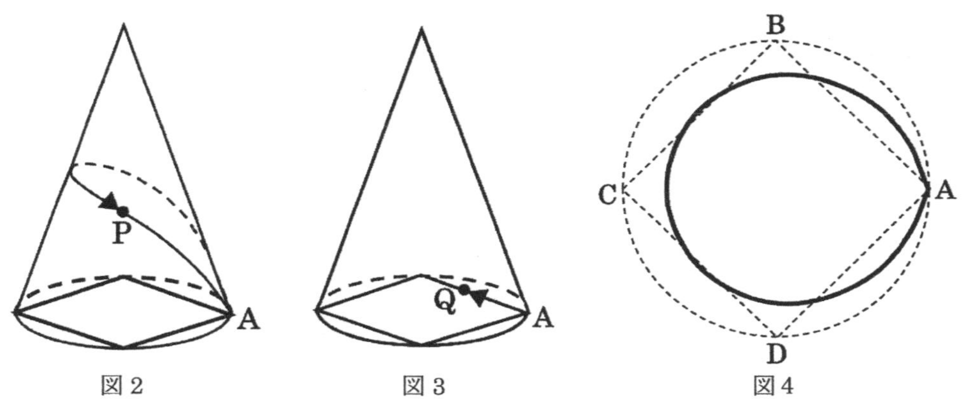

図２　　図３　　図４

(2) 点PがAを出発してから，再びAに戻るまでに移動した距離を答えなさい。また，点PがAに戻ったときの点Qの位置を，次の①～⑧の中から選び，記号で答えなさい。

① A　② AとBの間　③ B　④ BとCの間
⑤ C　⑥ CとDの間　⑦ D　⑧ DとAの間

今度は，A君とB君にC君を加えて，3人で池の周りを左回りに走ります。3人は同時にスタートしますが，C君だけはスタートする地点が違(ちが)います。また，C君の走る速さは，B君と同じ分速 250 m で，3人とも自分の前 10 m 以内に誰(だれ)かがいるときは速さが 1.2 倍になります。

(4) C君のスタートした地点が，他の2人のスタート地点Xから左回りに 150 m のところでした。

(ア) B君がちょうど1周分の差をつけてA君に追いつくまでに，A君が走る距離は何 m ですか。

(イ) A君が 10 周してスタート地点Xに戻ってくるまでの時間は，(3)で求めた時間より何秒短くなりますか。

(5) A君が 10 周してスタート地点Xに戻ってくるまでの時間が，(3)で求めた時間より7秒短くなりました。また，B君とC君が 10 m 以内に近づくことはありませんでした。このとき，C君がスタートした地点は，他の2人のスタート地点Xから左回りに何 m のところでしたか。

栄一君がこの実験を始めたきっかけは，水やりを忘れて野菜をしおれさせてしまったことでした。あわてて水をあげると，次の日には葉がしっかりして元気を取りもどしていました。植物の生命力におどろくとともに，いったいどこまでたえられるのかという疑問がわいたのでした。もう一日水やりを忘れていたら枯れてしまったのかもしれません。

植物がしおれるのは，乾燥して水分が減ったからです。しおれてしまっても再び水をやれば，水を吸って元通りに回復することもあるのです。乾燥させすぎれば，元にはもどらないこともあります。

問11　栄一君の「どのくらい乾燥させると元にもどらなくなるのか，どれくらいまでなら元にもどるのか。」という疑問に対して，**図3**と**問10**でかきいれた曲線を参考にして答えなさい。

【実験２】

実験１と同じように１本ずつ取り外した苗を，たくさん用意しました。すべての苗の豆（種子）を取り外し，重さを量ったあと根をアルミ箔で包んで，しばらく乾燥させました。乾燥時間は豆苗ごとに変えました。乾燥を終えた豆苗は，アルミ箔を外して再度重さを量った後，根を水につけて，これ以上重さが増えなくなるまで十分に吸水させ，重さを量りました。結果の一部を**表４**に示します。

表４　豆苗の重さの変化

	豆苗①	豆苗②	豆苗③	豆苗④	豆苗⑤	豆苗⑥	豆苗⑦	豆苗⑧	豆苗⑨	豆苗⑩
最初の重さ(g)	1.24	1.34	1.28	1.09	1.24	1.16	1.14	1.38	1.21	1.29
乾燥後の重さ(g)	0.78	0.73	0.61	0.37	0.39	0.30	0.27	0.29	0.22	0.18
吸水後の重さ(g)	1.24	1.29	1.22	0.91	0.95	0.76	0.62	0.71	0.62	0.58

表４には 10 本分の値しか示されていませんが，実際には 90 本ほどの苗を量りました。すべての苗の結果を，横軸(じく)に乾燥後の重さを最初の重さで割った値，縦軸に吸水後の重さを乾燥後の重さで割った値をとって図に表したものが**図３**です。

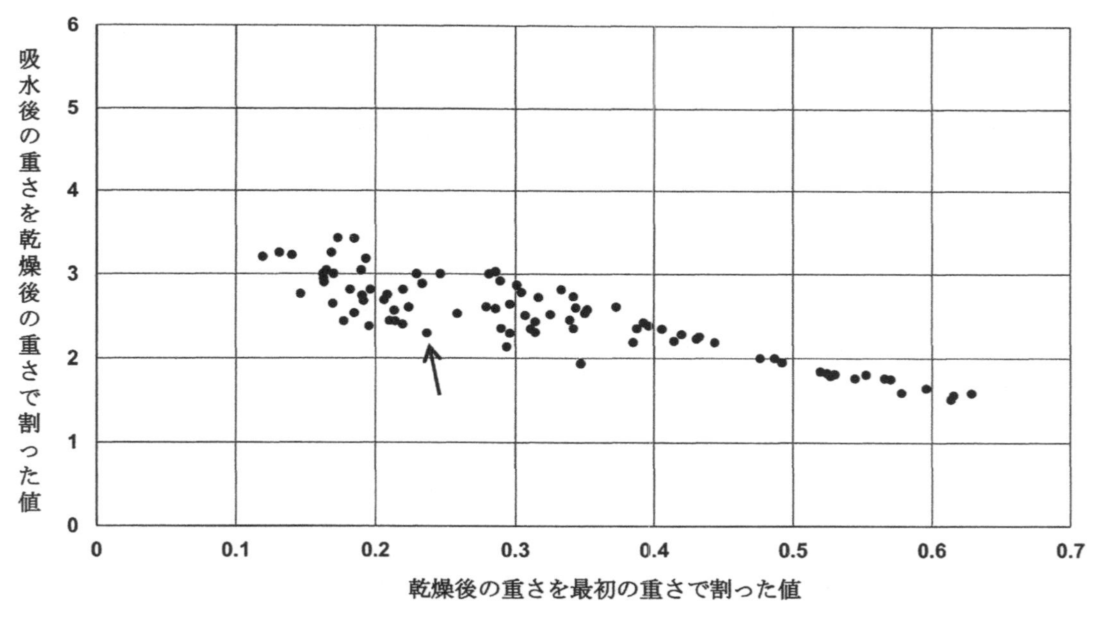

図３　**実験２**の結果

問９　**図３**中の矢印で示した値は，**表４**の豆苗①～⑩のうちのどれかです。どの豆苗のものか，番号で答えなさい。

問10　**図３**について，乾燥後に吸水して完全に最初の重さにもどった場合のグラフはどのような曲線になりますか。解答らんの図にかきいれなさい。

（問題は次のページに続きます）

下の**写真４**は乾燥を始めた直後の苗のようす，**写真５**，**写真６**は乾燥を始めてから 24 時間後と 48 時間後の苗のようすです。

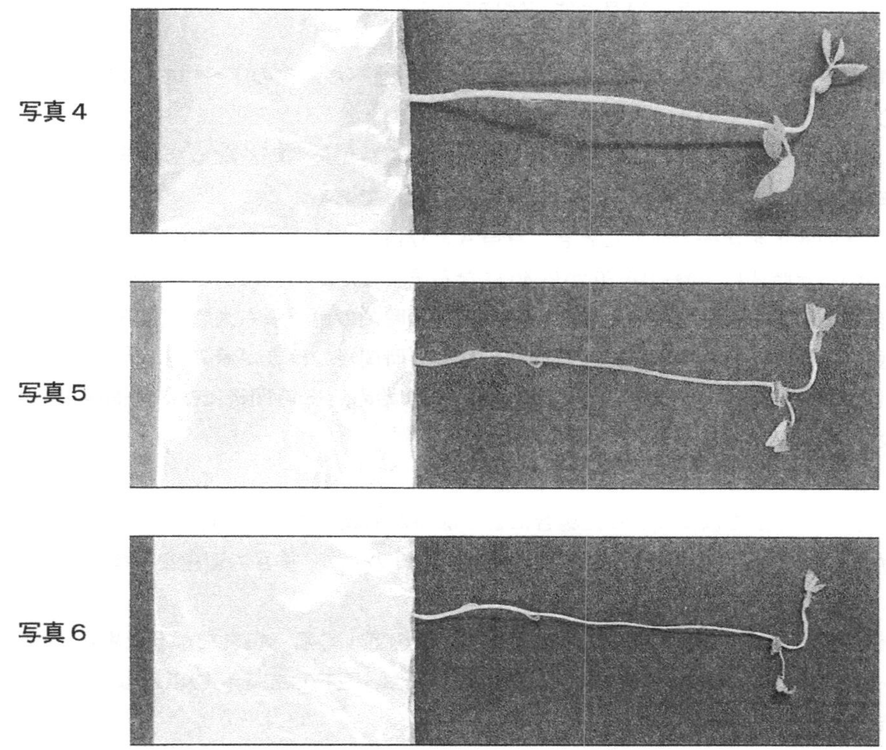

豆苗が乾燥していく様子を観察できたので，次に栄一君は，乾燥した豆苗に水をあたえて，しおれた豆苗の重さがどの程度もどるのか，重さを量ってその変化を調べようと思いました。

栄一君は教科書を参考にして，水を入れた三角フラスコに乾燥させた苗を立てて水を吸わせようとしましたが，問題が生じてうまくいきませんでした。そこで栄一君は水の吸わせ方を工夫して，48 時間乾燥させた豆苗にも，根から水を吸わせることに成功しました。

問８　下線部の「問題」とはどんなことだと思いますか。**写真４～６**を参考にして答えなさい。また，この問題を解決して根から水を吸わせるために，あなたならどのような工夫をするか説明しなさい。三角フラスコ以外の道具を使ってもかまいません。必要なら図をかいてもよいです。

問4　**表2**の空らん［あ］と［い］に入る数値を，小数第一位を四捨五入して，整数で答えなさい。

問5　豆苗Dについてのグラフを，解答らんの図にかきいれなさい。グラフの点は △ で示しなさい。

問6　最初の重さを 100 としたときの豆苗の重さについて述べた，次の**ア**～**ウ**の文について，正しいものには ○ ，まちがっているものには × を書きなさい。

ア．実験開始直後と比べて，実験開始 4 時間後の重さが最も軽くなった豆苗も，実験開始 48 時間後の重さが最も軽くなった豆苗も，豆苗Cである。

イ．重さの変化を比率で表したとき，豆苗Aと豆苗Dでは，数値が 100 から 70 になるまでにかかった時間は，数値が 70 から 40 になるまでにかかった時間の半分以下である。

ウ．重さの変化を比率で表したとき，それぞれの時刻の値が最も大きい豆苗と値が最も小さい豆苗を比べると，実験開始 4 時間後よりも 8 時間後のほうが値の差が大きくなっている。しかし，24 時間後を過ぎると差は小さくなり始め，48 時間後には 8 時間後よりも差は小さくなっている。

栄一君は，根をアルミ箔で包まなかった場合にどうなるかも調べました。**表3**は，根をアルミ箔で包まずに乾燥させた豆苗Eの重さの変化です。最初の重さを 100 として，重さの変化を比率で表しています。

問7　豆苗A～豆苗Dの結果と豆苗Eの結果を比べて，根をアルミ箔で包まなかった場合，どのようなことが起こったのか，あなたの考えを説明しなさい。なお，豆苗は根を包む以外は同じ環境（かんきょう）で乾燥させたとします。

表3　最初の重さを 100 としたときの，豆苗Eの重さの変化

実験開始からの時間（時間）	豆苗E
0	100
4	58
8	40
12	32
16	
20	
24	23
28	20
32	18
36	17
40	
44	
48	11

5 これまでの問題で読んだ文章や問，別紙の**図**を見返して，次の問に答えなさい。

伊能忠敬は，それまでの行基図や赤水図とくらべて，日本のすがたを正確にあらわした日本図をつくることができました。それはどのような考え方をもって，どのように地図づくりを行ったからですか。江戸時代の後半に発達した学問や，伊能忠敬が行ったことをもとにしてまとめなさい。

問2　下線部②について，伊能忠敬の地図で用いられた縮尺のうち，同じ大きさの用紙を使った場合，もっとも広い範囲をあらわすことができるのはどれですか。次の**ア**～**ウ**から1つ選びなさい。

ア　3万6000分の1　　**イ**　21万6000分の1　　**ウ**　43万2000分の1

問3　下線部③について，21万6000分の1の地図の場合，地図上での1cmは実際の距離では何mになりますか。

問4　下線部④について答えなさい。

図Eでは ← **e** で示したところに小田原がえがかれています。3万6000分の1の地図とはことなり，小田原には赤い線で四角形(□)がえがかれています。この四角形は城をあらわす記号です。このように，城を記号であらわしている理由を説明しなさい。

問5　下線部⑤について，天体観測などによってわかったこととして，別紙の**図E**に太く記された黒い線 **f**，**g** があります。これらの線を何といいますか。次の**ア**～**エ**からそれぞれ1つずつ選びなさい。

ア　緯線　　**イ**　経線　　**ウ**　国境線　　**エ**　等高線

問6　下線部⑥について，別紙の**図F**には，伊能忠敬たちが測量をして歩いたおもな街道があらわされています。これらのうち，← **h** で示した場所を江戸からの終点とする街道を何といいますか。

問１　下線部①について，測量ではいろいろな器具が使われましたが，下の写真**１～４**の器具について説明したものを，それぞれ下の文**ア～エ**から選びなさい。同じ記号を2度用いてはいけません。

1

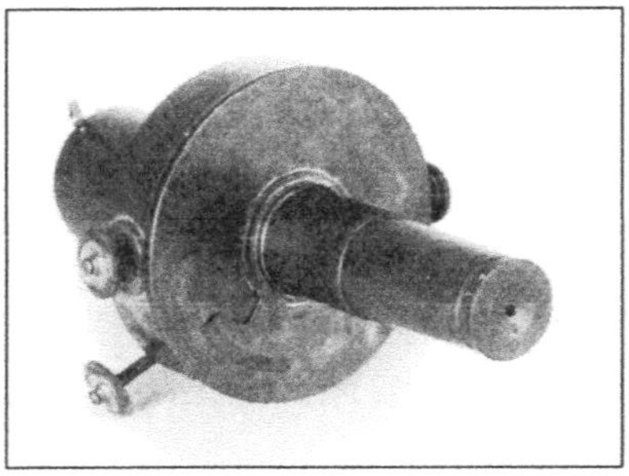

2

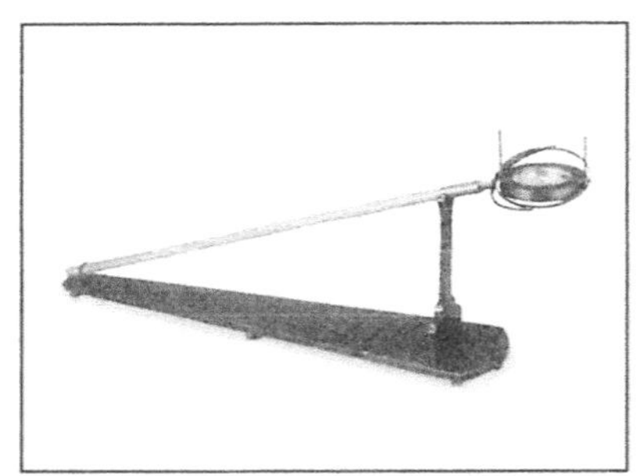

3

4

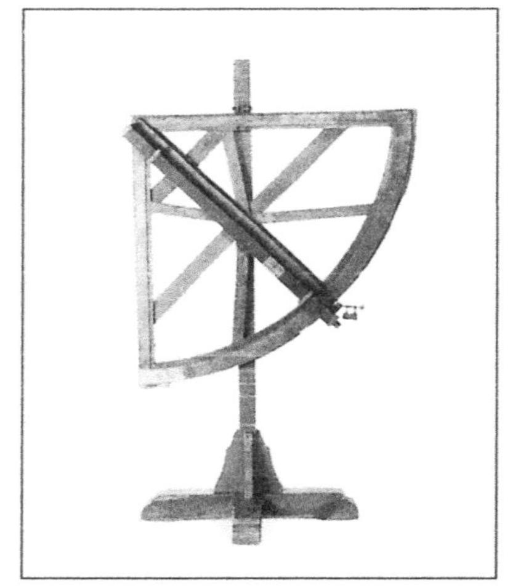

酒井一輔，北風美恵，宮西英洋編集『国宝　伊能忠敬　関係資料』(2018) より作成。

ア　車輪の回転で内部の歯車が回り，連動する目盛りが距離を示すようにしたもの。

イ　水平に置いて，星の高さを細かい角度まで測れるようにしたもの。

ウ　杖の先につけられた方位磁石が常に水平になるようにしたもの。

エ　望遠鏡の接眼部につけて，日食や月食を観測できるようにしたもの。

図Ｅ　伊能図の一部　注：実物と同じ大きさであらわしてある。図中のｅ，ｆ，ｇは，問のために書

図Ａ，Ｂ，Ｄ：海田俊一著『流宣図と赤水図』（2017）より作成。

図Ｃ，Ｆ：神戸市立博物館編集『伊能図上呈200年記念特別展「伊能忠敬」』（2021）より作成。

図Ｅ：日本国際地図学会・伊能忠敬研究会監修，清水靖夫・長岡正利・渡辺一郎・武揚堂編著『伊能

図C　赤水図の一部　注：図中のXは，問のために書き加えた。

図D　伊能図の下書きの例

問二　お葬式のときのおじちゃんとサマーは

から。

問三

問四

問五

【三】

1	2	3	4	5
6	7	8	9 ます	10 げる

2022 年度

算数　解答用紙

受験番号		氏名	

評点	

※70点満点
（配点非公表）

1.

(1)	
(2) 式 $\frac{\square}{\square}+\frac{\square}{\square}+\frac{\square}{\square}+\frac{\square}{\square}+\frac{\square}{\square}$	計算結果
(3) 式 $\frac{\square}{\square}+\frac{\square}{\square}+\frac{\square}{\square}+\frac{\square}{\square}+\frac{\square}{\square}$	計算結果
(4) 式 $\frac{\square}{\square}\times\frac{\square}{\square}\times\frac{\square}{\square}\times\frac{\square}{\square}\times\frac{\square}{\square}$	計算結果
(5)	

2.

(1)（ア）　通り	(1)（イ）
(2)（ア）	(2)（イ）　回
(3)	
(4)　通り	

2022年度

理科 解答用紙

受験番号		氏名	

注意：※のあるところには記入しないこと

※評点

※50点満点
（配点非公表）

問１ ［　　］　問２ ［　　］　※A

問３ (1) ［　　］ (2) ［　　］ (3) ［　　］　※B

問４ あ ［　　］ い ［　　］　※C

問５

※D

問６ ア ［　　］ イ ［　　］ ウ ［　　］

問７ ［　　］　※E　※F

2022年度　社　会　解答用紙　（注意 ※のあるところには記入しないこと。）

1

問１

問２

問３

問４

※

2

問１

問２

※

問３　問４

3

問１（ａ）　（ｂ）　（ｃ）

（ｄ）

※

問２

※

問３（１）

（２）

問４　問５

※

4

問1　1　　2　　3

4

問2　　問3　m　※

問4

問5　f　　g

問6　※

5

※

受験番号		氏名	

評点	※

※50点満点
（配点非公表）

問８

問題点
解決方法

問９

問10

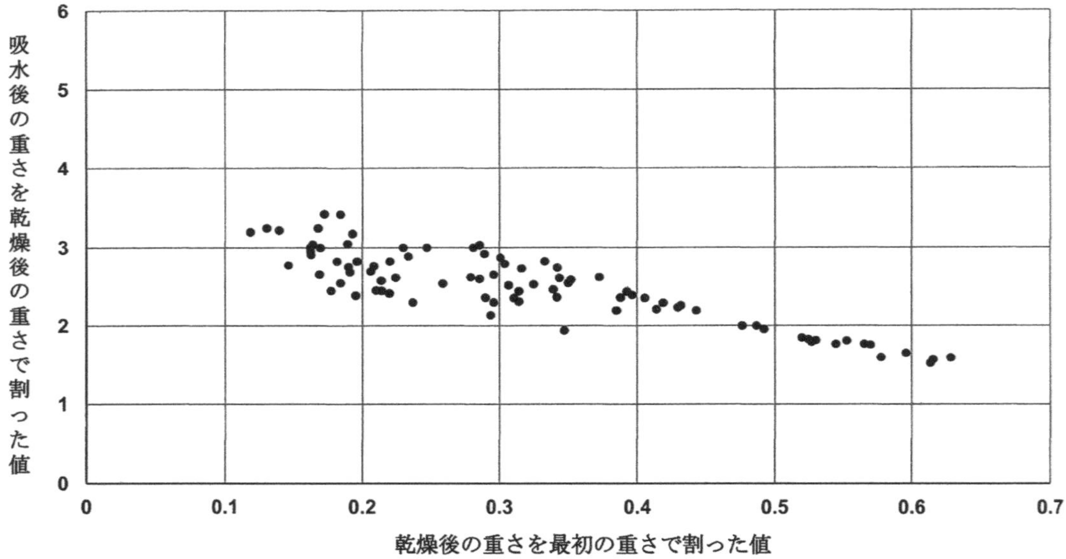

吸水後の重さを乾燥後の重さで割った値

6
5
4
3
2
1
0

0　0.1　0.2　0.3　0.4　0.5　0.6　0.7

乾燥後の重さを最初の重さで割った値

問11

3.

(1) m	(2) m
(3) 分　秒	
(4)（ア） m	(4)（イ） 秒
(5) m のところ	

4.

(1) 倍		
(2) 点 P が移動した距離 cm	点 Q の位置	
(3) 実際の XP の長さ cm	図 5 の XP の長さ cm	
(4)（ア）	(4)（イ） 度	
(4)（ウ） <記号>	<理由>	
(5) 度		

二〇二二年度
国語解答用紙

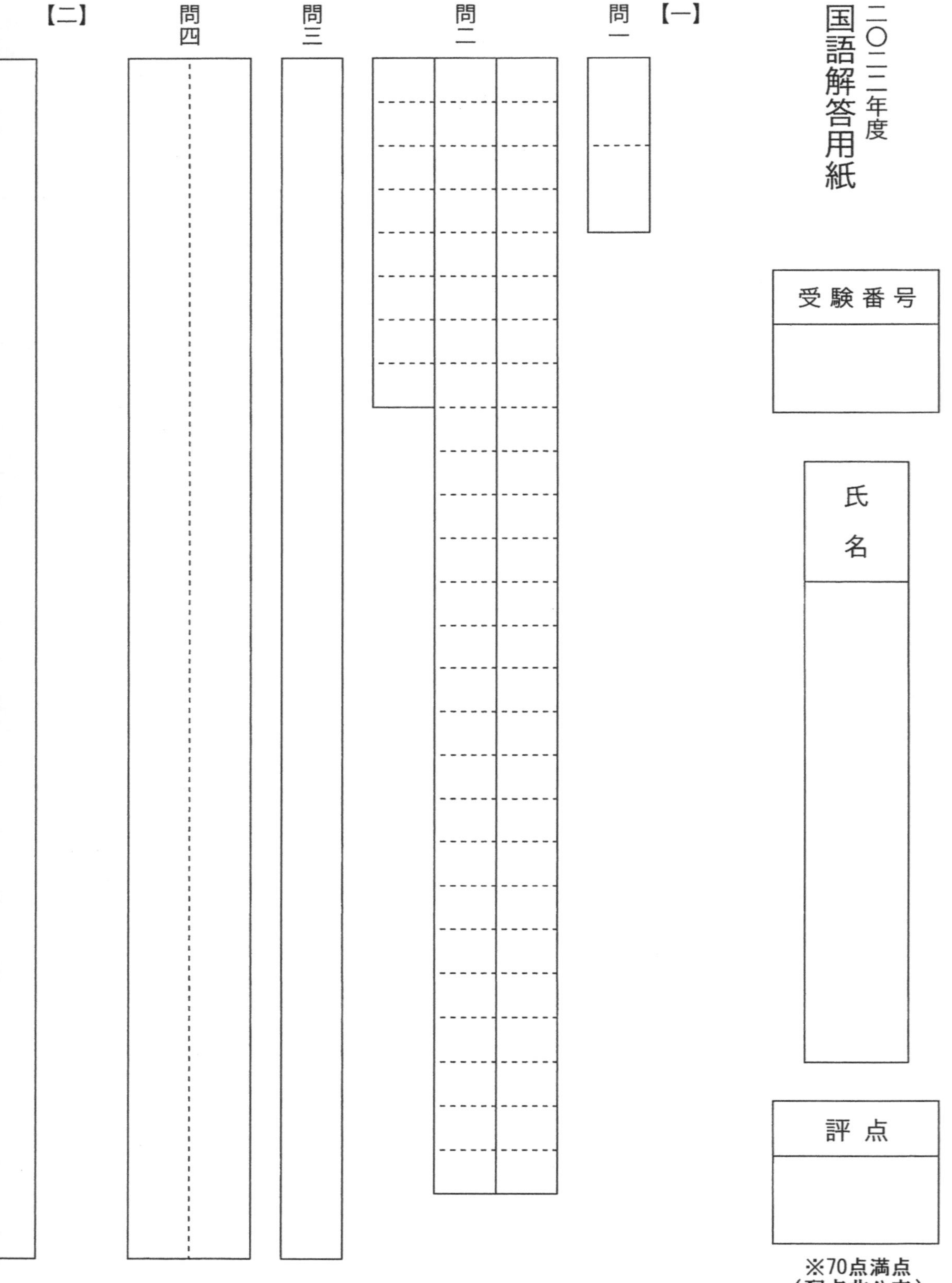

受験番号

氏名

評点

※70点満点
（配点非公表）

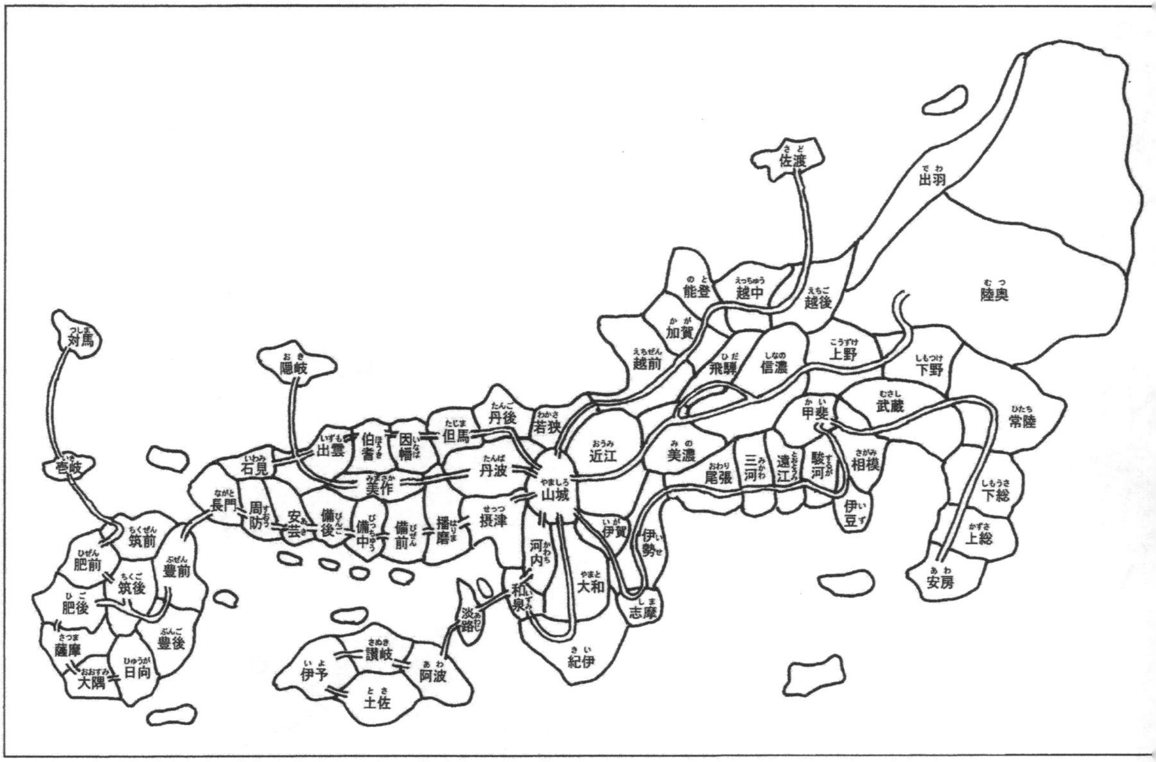

図Ａ　行基図の全体　注：元の図にある旧国名のみを，現代の漢字で入れてある。

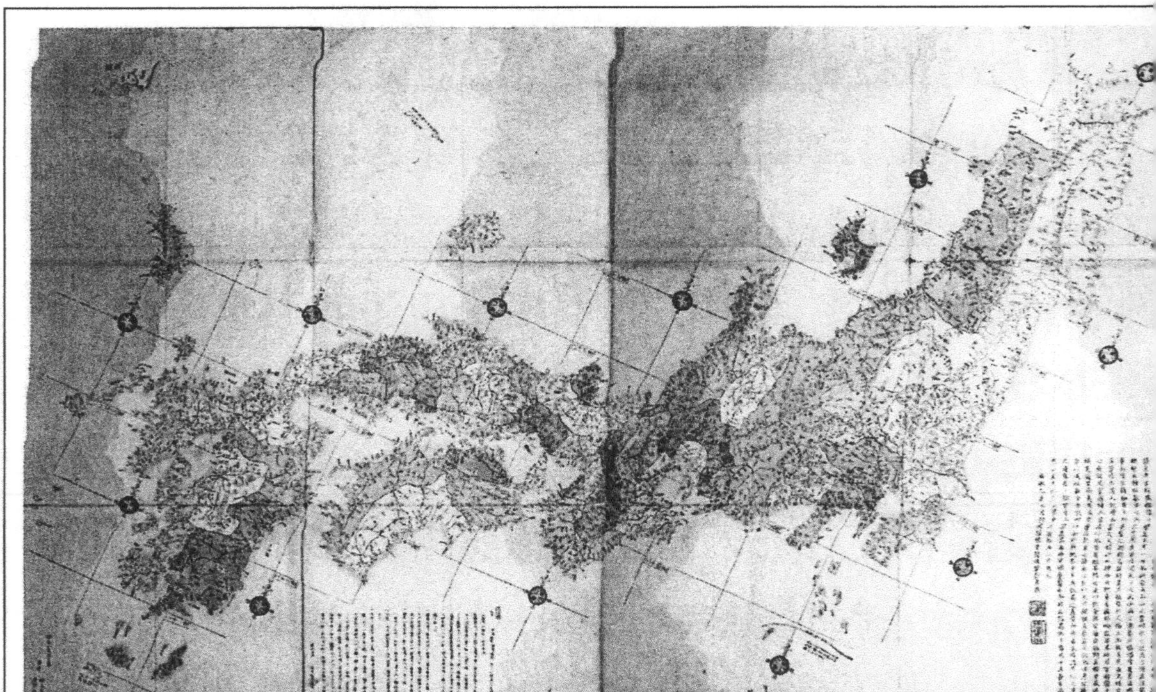

図Ｂ　赤水図の全体

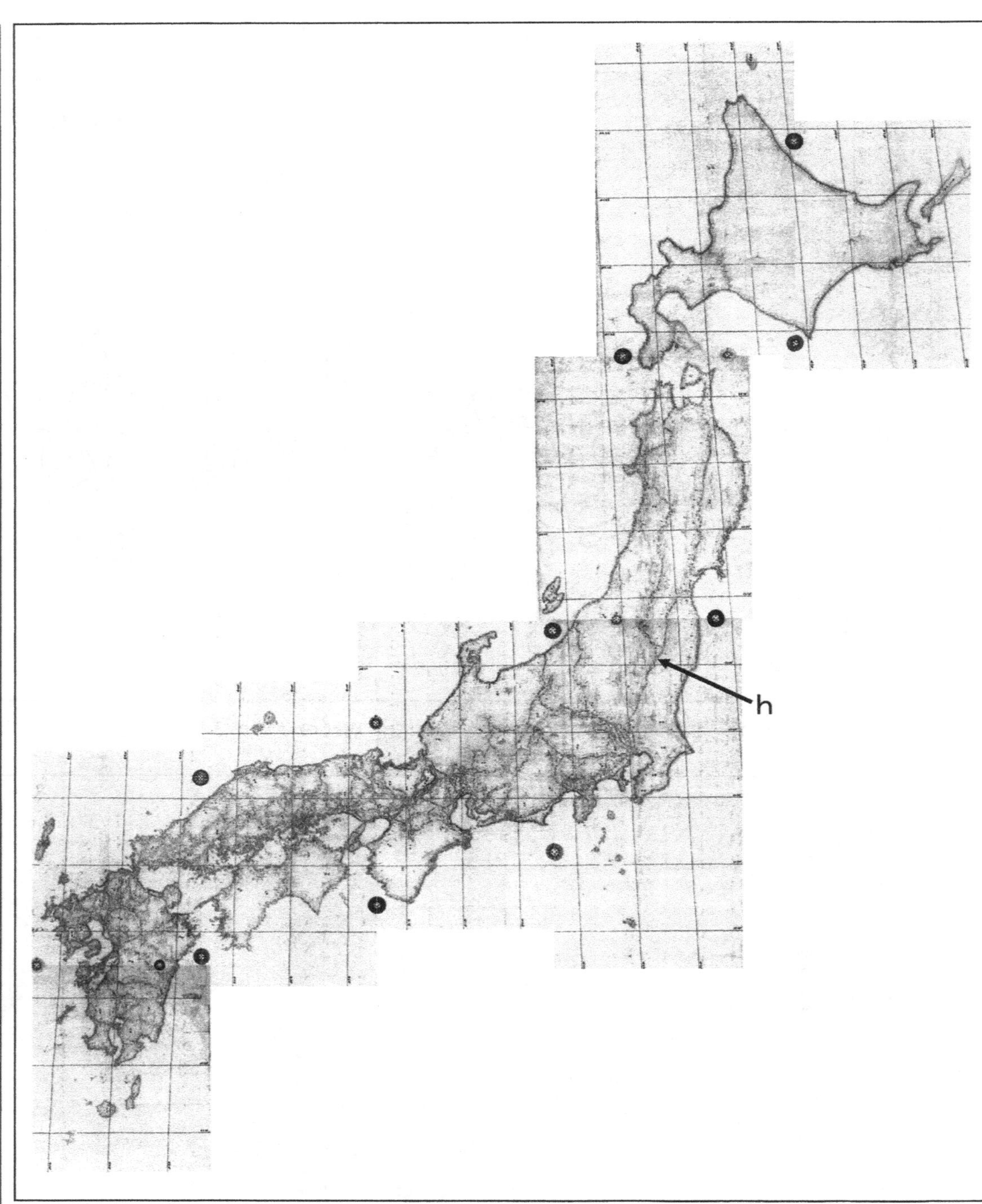

図Ｆ　伊能図をつなげたもの　注：図中のｈは，問のために書き加えた。

より作成。

4 伊能忠敬の地図(「伊能図」)がつくられた手順について，次の文章を読んであとの問に答えなさい。

実際の測量は，街道などの道や海岸線に沿って行われました。曲がりくねった道や海岸線を正確にあらわすために，少しずつまっすぐな区間に区切りました。そして区間ごとの距離を測り，その区間がどのような方位になるか，北からの角度で測りました。忠敬たちは，地球が球体であると考え，①さまざまな器具を使って正確に測量を行いました。地上の角度や距離を測定しただけではなく，北極星(ほっきょくせい)などの天体も観測し，地球上における測量した場所の位置を確定するということも行いました。さらに，測量した場所の周りの風景をスケッチして記録に残しました。忠敬たちは，これらの作業を地道にくりかえしました。

測量の結果をもとに地図をあらわしていきます。どのような大きさであらわすか，まず②縮尺を決めます。最初に3万6000分の1の地図がつくられました。測量した区間ごとに縮尺に応じた直線をえがいて下書きをつくります。この作業でえがかれたものの例が別紙の**図D**です。こうしてえがかれた図を，清書用の大きな紙に順番に写し取ると，街道や海岸線をあらわす図ができあがります。そしてこの図に，測量したところで実際に見た風景をえがき，歩いた村などの地名をいれて，地図を仕上げました。地図にあらわしたのは，実際に測量を行った場所やそのまわりの風景だけで，想像でえがいたところはありません。街道に城がある場合は城の絵をえがき，大名の名前もいれました。このようにしてつくられた3万6000分の1の地図をもとに，地図上の長さを6分の1に縮めて③21万6000分の1の縮尺の地図が，さらにこれを半分に縮めて43万2000分の1の地図がつくられました。

別紙の**図E**は，21万6000分の1の地図の一例です。この地図では，現在ふつうに使われているものとは少しちがいますが④地図記号も使われ，城・大きな神社・港・⑤天体観測をした地点などがえがかれています。そして21万6000分の1の縮尺でつくられた地図を8枚つなぎ合わせたものが別紙の**図F**です。つまり⑥伊能忠敬の日本図は，最初から日本全体をえがく地図としてつくられたのではなく，部分図をつなぎ合わせて日本全体の図になっているのです。

問１　下線部①について，次の文章（１）～（４）は鎖国の時代の日本と他の国や地域との関係について述べたものです。文章の空らん（　ａ　）～（　ｄ　）にあてはまる言葉を，あとの**ア**～**カ**からそれぞれ1つずつ選びなさい。

（１）オランダとは長崎の出島と呼ばれるうめ立て地で，（　ａ　）の監視の下で貿易が行われた。オランダ商館長は江戸の将軍を訪ね，海外のできごとを記した報告書を提出した。

（２）朝鮮からは朝鮮通信使と呼ばれる使節が，将軍がかわるごとに日本に送られた。また，（　ｂ　）がプサンに船を送って朝鮮との間で貿易を行った。

（３）琉球王国は 17 世紀はじめに（　ｃ　）に攻められ，政治を監督されるとともに年貢を取り立てられたり，国王や将軍がかわるごとに使節を送らされたりした。

（４）北海道のアイヌの人びとは（　ｄ　）と交易を行っていたが，不正な取引に対する不満を高めたアイヌの人びとが戦いをおこして敗れた。

ア　佐賀藩　　**イ**　薩摩藩　　**ウ**　対馬藩　　**エ**　長州藩　　**オ**　幕府
カ　松前藩

問２　下線部②について，この時に輸入が認められなかったのはどのような内容の書物ですか。幕府が鎖国のしくみをつくった目的を考えて答えなさい。

問３　下線部③の中で，大きく発達したもののひとつは医学でした。小浜藩（福井県）の医師であった杉田玄白たちは，オランダ語で書かれた解剖書の図の正確さを知り，その翻訳書を 1774 年に出版しました。これについて（１），（２）に答えなさい。

（１）杉田玄白たちは，どのようにして，この解剖書の図の正確さを知ることができたのか，説明しなさい。

（２）杉田玄白たちが出版した翻訳書を何といいますか。

問４　下線部④について，緯度差1度の距離は約何kmですか。次の**ア**～**エ**からもっとも近いものを1つ選びなさい。なお，地球の半径は 6370 km，円周率は 3.14 とします。

ア　55 km　　**イ**　111 km　　**ウ**　222 km　　**エ**　333 km

問５　空らん（　Ｙ　）に入る国名を，次の**ア**～**エ**から1つ選びなさい。

ア　アメリカ　　**イ**　スペイン　　**ウ**　ポルトガル　　**エ**　ロシア

3　18 世紀後半の地図づくりには，江戸時代にみられた学問の発達が大きく関わっていました。伊能忠敬（いのうただたか）の地図づくりもそのひとつです。このことについて，次の文章を読んで問に答えなさい。

17 世紀前半に，幕府は日本人が海外に行くことを禁じ，①他の国や地域との貿易や交流を制限するしくみをつくりました。これを「鎖国（さこく）」と呼んでいます。鎖国の時代には，漢文に訳されたヨーロッパの書物の輸入を制限していました。

その後，18 世紀前半に将軍の徳川吉宗（とくがわよしむね）は，鎖国を続けながら，それまで輸入を禁じていた書物のうち②一部を除いて許可し，海外の文化や技術の導入につとめました。この政策によって発達した学問のひとつが天文学です。

天文学は暦（こよみ）づくりに必要で，幕府では天文方（てんもんがた）をつとめる役人が天文学を用いて暦をつくっていました。天文方の高橋至時（たかはしよしとき）は，漢文に訳されたヨーロッパの書物に学んで 1797 年に「寛政暦（かんせいれき）」をつくり，それまでの暦を修正することができました。至時はさらに正確な暦をつくろうと，オランダ語の天文学書の研究をしているうちに亡（な）くなりました。このように，直接ヨーロッパ，とくにオランダ語の書物を読んで研究する学問を③蘭学（らんがく）といいます。

伊能忠敬が高橋至時の弟子となったのは，至時が寛政暦の作成にとりかかったころです。忠敬は至時から天文学や測量を学び，④緯度（いど）差１度の距離（きょり）を知りたくなりました。それには，天体観測を行いながら，長い距離を測る必要がありました。至時が幕府にはたらきかけたことにより，忠敬は江戸から蝦夷地（えぞち）までの距離を測ったり天体観測をしたりしただけでなく，蝦夷地の南側の海岸線の地図もつくることができました。そのころ，北方から（　Ｙ　）の船が蝦夷地周辺に現れ，鎖国を続ける幕府に対して貿易を求めていました。

伊能忠敬の測量は，その後，蝦夷地だけでなく日本の各地で行われました。天文学の知識を使うことで，観測地点が地球上のどの位置にあるかを知ることができました。

2 次の文章を読んで，あとの問に答えなさい。

別紙の**図B**は，18 世紀の後半に水戸藩（みとはん）の学者であった長久保赤水（ながくぼせきすい）がつくった日本図で，「赤水図（せきすいず）」と呼ばれています。江戸時代のおわりまでに，①地域が色分けされて複製された赤水図は，人びとのあいだに広まっていきました。

一枚の赤水図には，全部で 4000 か所以上の地名が記されています。しかし，房総（ぼうそう）半島と伊豆（いず）半島の形や位置が実際とちがっていたり，隠岐島（おきのしま）や佐渡島（さどがしま）が実際よりも目立ってえがかれていたりしています。

赤水図以前に，幕府（ばくふ）は 1604 年以降たびたび②全国の大名（だいみょう）に国ごとの地図の作成と提出を命じました。そうしてつくられた地図を「国絵図（くにえず）」といい，赤水は赤水図をつくるのにこれらを利用しました。幕府は地図とともに，③各地の米の収穫量（しゅうかく）についての資料も提出させました。国絵図にも，それに関する数値が記入されています。

別紙の**図C**は，赤水図の一部を拡大したものです。この図を見ると，地名や④川筋が細かくかかれています。

問1　下線部①のように複製した技術は浮世絵（うきよえ）にも使われていますが，それはどのような技術ですか。

問2　下線部②について，幕府がこのように命じて実際に地図の作成と提出をさせることができた理由を，1600 年と 1603 年のできごとを取り上げて説明しなさい。

問3　下線部③を知るために，田畑の面積を測量したり土地の良しあしなどを調べたりしたことを何といいますか。

問4　下線部④について，**図C**で，← X は現在の何という川の河口を示していますか。川の名を答えなさい。

みなさんは，ふだん地図を見ますか。街歩き用の絵地図，住宅地図，地形を知るための地図など，さまざまな地図がありますが，日本のすがたを一目で見ることができる日本図は，学校や家の壁(かべ)にはってあることも多いかもしれません。ここでは，江戸(えど)時代までの日本図に着目してみましょう。

1 日本のすがたをえがこうとした日本図に，「行基図(ぎょうきず)」と呼ばれるものがあります。これは奈良(なら)時代の僧侶(そうりょ)である行基(ぎょうき)がつくったとされますが，行基図と呼ばれる地図はたくさんあることから，長い期間にわたって書き写されてきたと考えられています。別紙の**図A**は，江戸時代初期に書物に載(の)せられていた，行基図のひとつをもとにした図です。これを見て，あとの問に答えなさい。

問１ **図A**には，「山城(やましろ)」という場所から日本各地に道が通じていることを示す線があります。「山城」は山城国のことですが，山城国は，河内(かわち)国，和泉(いずみ)国，摂津(せっつ)国，大和(やまと)国とともに「五畿(ごき)」と呼ばれました。河内国，大和国，山城国は，それぞれ現在のどこの都道府県にありますか。正しい組み合わせを示しているものを，次の**ア**～**エ**から1つ選びなさい。

ア 河内国－京都府，大和国－奈良県，山城国－大阪府

イ 河内国－大阪府，大和国－奈良県，山城国－京都府

ウ 河内国－大阪府，大和国－京都府，山城国－奈良県

エ 河内国－奈良県，大和国－京都府，山城国－大阪府

問２ 奈良時代には大和国から，平安(へいあん)時代には山城国から各地に道が通じていました。それはどうしてなのか，そのころの農民が納めた調(ちょう)や庸(よう)のしくみから考えて説明しなさい。

問３ 山城国，近江(おうみ)国，美濃(みの)国，信濃(しなの)国，上野(こうずけ)国を結ぶ道は，「東山道(とうさんどう)」と呼ばれていたことがあります。これらの国ぐにを通って，江戸に向かう街道が江戸時代に整備されました。この街道を何といいますか。

問４ **図A**を見ると，中国(ちゅうごく)地方と中部(ちゅうぶ)地方には国名に**前**，**中**，**後**の文字が入っている国があります。これらの国ぐにがどのような順にならんでいるか，2つの地方に共通することを説明しなさい。

２０２２年度

入学試験問題

社　　会

４０分

1．受験番号・氏名を解答用紙に書くこと。

2．受験番号は算用数字で書くこと。（例：123）

3．鉛筆（えんぴつ）などの筆記用具・消しゴム以外は使わないこと。

4．用紙を立てて見ないこと。

5．質問（印刷不明のところだけ）のある場合，鉛筆などを落とした場合，トイレに行きたくなった場合，気持ちが悪くなった場合は，だまって手をあげること。

6．解答用紙のみ回収します。

4本の苗は実験開始時の重さがちがうので，重さの減り方のちがいについては，**表1**や**図1**からではわかりにくいです。そこで栄一君は，それぞれの苗の最初の重さを100として，重さの変化を比率で表すことにしました。それが**表2**です。また，**表2**の豆苗A，豆苗B，豆苗Cについてグラフにしたものが**図2**です。

表2　最初の重さを100としたときの，豆苗の重さの変化

実験開始からの時間（時間）	豆苗A	豆苗B	豆苗C	豆苗D
0	100	100	100	100
4	67	77	70	79
8	48	61	56	66
12	41	54	49	あ
16				
20				
24	28	35	33	43
28	24	32	29	35
32	20	28	25	29
36	17	24	21	い
40				
44				
48	14	19	17	21

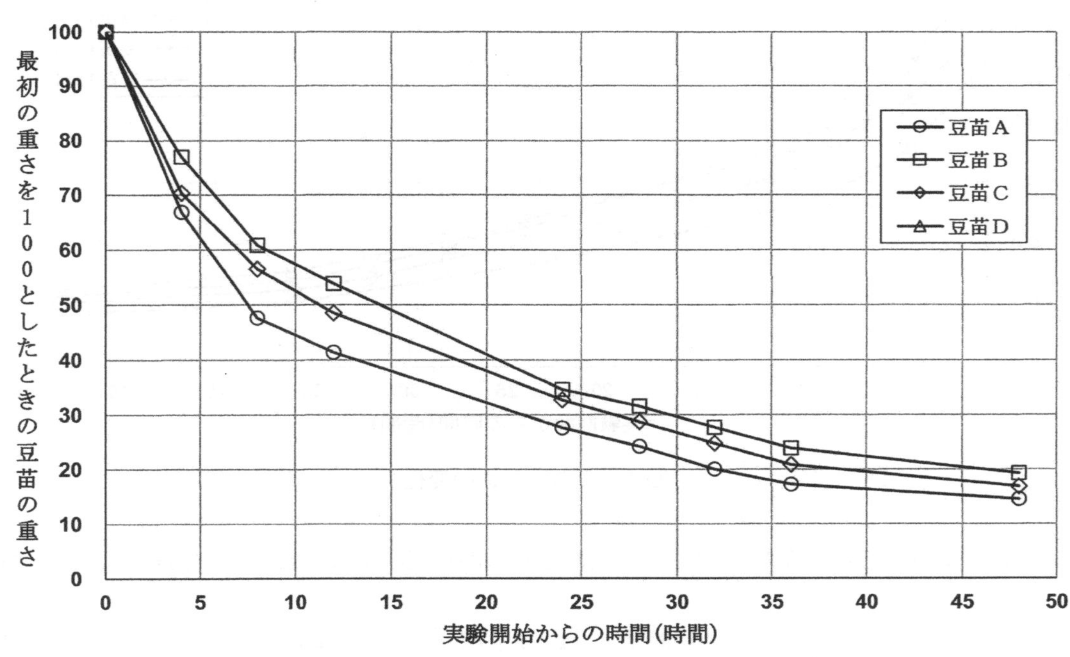

図2　最初の重さを100としたときの，豆苗の重さの変化

表１　豆苗の重さの変化

実験開始からの時間（時間）	豆苗Ａ	豆苗Ｂ	豆苗Ｃ	豆苗Ｄ
0	1.45	1.30	1.01	1.12
4	0.97	1.00	0.71	0.88
8	0.69	0.79	0.57	0.74
12	0.60	0.70	0.49	0.67
16				
20				
24	0.40	0.45	0.33	0.48
28	0.35	0.41	0.29	0.39
32	0.29	0.36	0.25	0.33
36	0.25	0.31	0.21	0.28
40				
44				
48	0.21	0.25	0.17	0.23

（重さの単位はg）

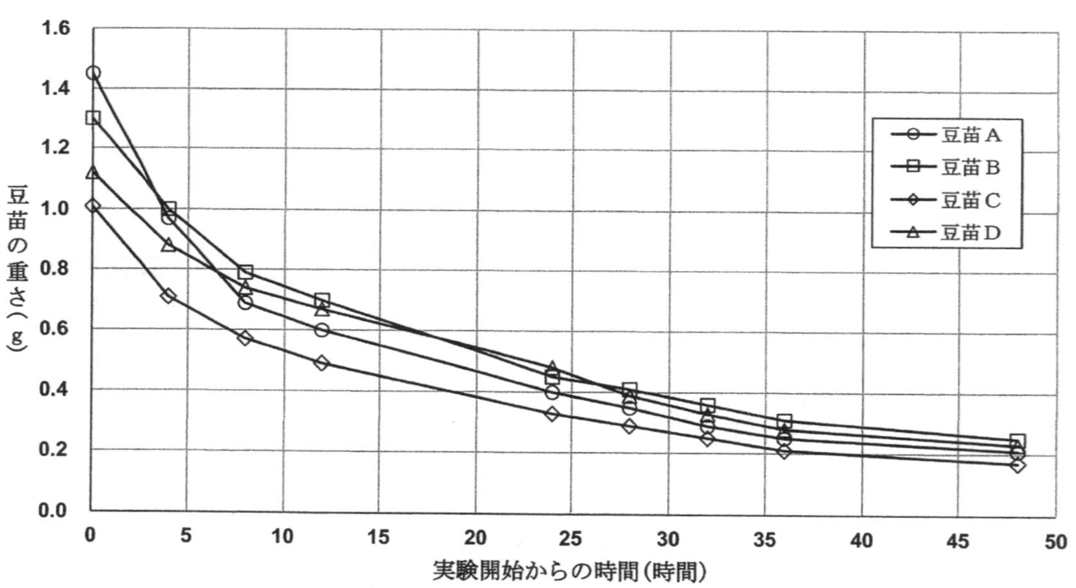

図１　豆苗の重さの変化

問３　表１や図１からわかることをまとめた次の文章を読み，空らんに適当な数字や語句を入れなさい。

豆苗Ａの重さは，はじめの４時間で（　１　）g 減少し，32 時間後から 36 時間後までの４時間では（　２　）g 減少している。豆苗Ａ以外の苗も，はじめの４時間に比べて 32 時間後から 36 時間後までの４時間のほうが減少量は（　３　）くなった。

【実験１】

お店で豆苗（エンドウマメの苗）を買ってきました。ふくろの中にたくさんの苗が入っていて根がからまっている(**写真１**)ので，根を傷つけないように１本ずつ取り外しました。苗には豆（種子）がついているのでそれを取り外し(**写真２**)，根をアルミ箔で包みました(**写真３**)。この状態で豆苗を置いておくと，豆苗はだんだんと乾燥していきます。午前８時にそれぞれの苗の重さを量り，以降４時間ごとに重さを量りました。栄一君がねている間の記録はありません。結果を**表１**に示し，**表１**をグラフにしたものを**図１**に示します。アルミ箔の重さは除いてあります。

写真１

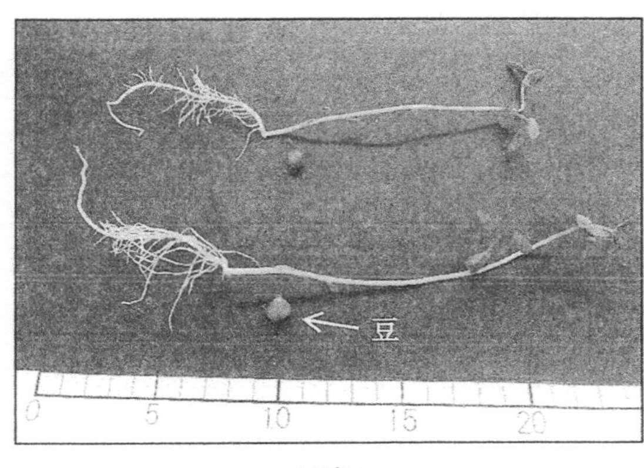

写真２

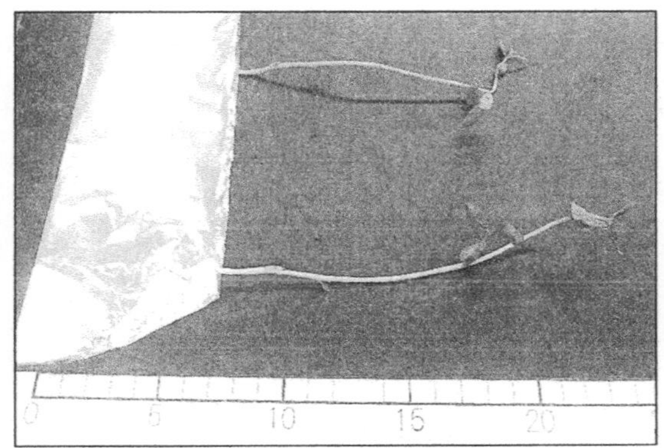

写真３

（ものさしの単位は cm）

栄一君の家では，庭でいろいろな野菜を育てています。庭では野菜の花も咲きます。栄一君は水やりなどの手伝いをしています。

問1　キュウリの花は何色ですか。次の**ア**～**オ**の中から正しいものを選び，記号で答えなさい。

ア　白　　**イ**　黄　　**ウ**　緑　　**エ**　むらさき　　**オ**　赤

問2　大きくなった根を主に食べる野菜を，次の**ア**～**オ**の中からすべて選び，記号で答えなさい。

ア　ニンジン　　**イ**　ダイコン　　**ウ**　レンコン　　**エ**　ジャガイモ　　**オ**　サツマイモ

あるとき，栄一君は水やりを２日間忘れてしまいました。この２日間，雨は降りませんでした。３日目に気がついて，あわてて様子を見に行くと，土の表面はかわいていて，野菜の葉がしおれていました。心配になった栄一君は水をたっぷりやりました。次の日，野菜を見ると，葉はしっかりしていて，いつもの元気を取りもどしていました。「植物ってすごいなぁ。どのくらいしおれると，元にもどらなくなるのだろう？」栄一君は疑問に思ったので，実験してみることにしました。

２０２２年度

入学試験問題

理　　科

４０分

１．受験番号・氏名を解答用紙に書くこと。

２．受験番号は算用数字で書くこと。(例:123)

３．鉛筆(えんぴつ)などの筆記用具・消しゴム・コンパス・配付された定規以外は使わないこと。

４．用紙を立てて見ないこと。

５．質問(印刷不明のところだけ)のある場合，鉛筆などを落とした場合，トイレに行きたくなった場合，気持ちが悪くなった場合は，だまって手をあげること。

６．解答用紙のみ回収します。

3．1周 300 m の池の周りを，A君とB君は同じ地点Xから同時にスタートし，左回り（反時計回り）に走ります。A君は分速 200 m，B君は分速 250 m で走りますが，自分の前 10 m 以内に相手がいるときは速さが 1.2 倍になります。

例えば，スタート直後は，A君の前 10 m 以内にB君がいるので，A君は分速 240 m で走ることになります。一方，B君は分速 250 m で走ることになります。また，B君が1周分の差をつけてA君に追いつく直前では，B君の前 10 m 以内にA君がいるので，A君は分速 200 m，B君は分速 300 m で走ることになります。

(1) A君とB君が初めて 10 m 離(はな)れるまでに，A君が走る距離(きょり)は何 m ですか。

(2) B君がちょうど1周分の差をつけてA君に追いつくまでに，A君が走る距離は何 m ですか。

(3) A君が 10 周してスタート地点Xに戻(もど)ってくるまでにかかる時間は何分何秒ですか。

(1) ルーレットで３と４の目が出ることなくゴールしました。

(ア) スタートに戻ることなくゴールしたとき，考えられる目の出方は何通りありますか。

(イ) ゴールするまでに出た目の和として考えられるものを，小さい方から３つ答えなさい。

(2) ルーレットで１と２の目が出ることなくゴールしました。

(ア) スタートに戻ることなくゴールしたとき，ゴールするまでに出た目の和として考えられるものをすべて答えなさい。

(イ) ゴールするまでに出た目の和が 2022 のとき，何回ルーレットを回しましたか。

(3) スタートに戻ることなくゴールしました。このとき，ゴールするまでに出た目の和として考えられるものをすべて答えなさい。

(4) ゴールしたとき ①～④ のすべてのマスが「スタートに戻る」マスになっていて，ゴールするまでに出た目の和は 12 でした。このとき，考えられる目の出方は何通りありますか。

2．図１のようなすごろくと，１，２，３，４のいずれかの目が出るルーレットがあります。

図１

スタートにあるコマを，以下のルールで，ゴールにぴったり止まるまで動かします。

- ルーレットを回して出た目の数だけ右に動かします。
- ゴールにぴったり止まれない場合は，ゴールで折り返して，余った分だけ左に動かします。
- 折り返した後も，次にルーレットを回したとき，まずは右に動かします。
- 一度止まった ①～④ のマスは「スタートに戻る」マスになり，次以降にそのマスに止まった場合は，コマをスタートに戻します。

例えば，ルーレットの目が １，３，４ の順に出たとき，コマは ①マス，④マスの順に止まった後，ゴールで折り返して ②マスに止まります（図２）。

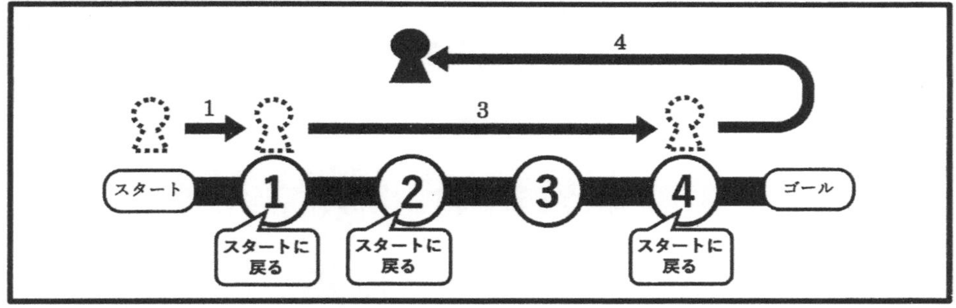

図２

続いて，ルーレットの目が １，１ の順に出ると，コマは ③マス，④マスの順に止まり，④マスはすでに「スタートに戻る」マスになっているので，スタートに戻ります（図３）。
これ以降，ルーレットでどの目が出てもスタートに戻ることになり，ゴールできません。

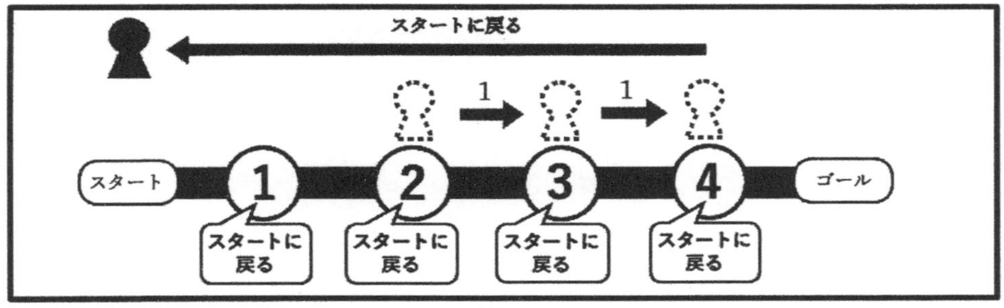

図３

1．1から10までの10個の整数を1つずつ下の□に入れて，分数のたし算の式を作ります。

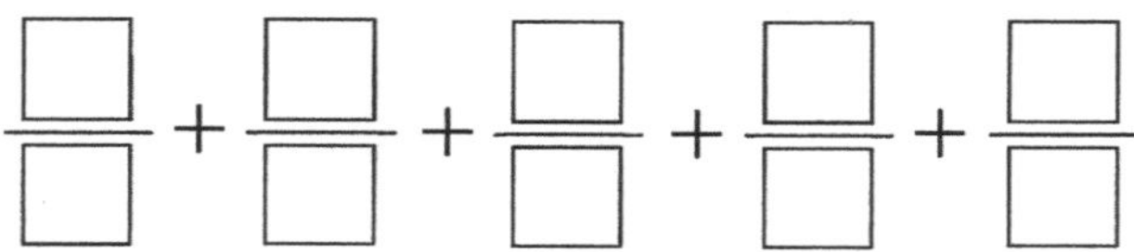

(1) 次のように式を作ったときの計算結果を，これ以上約分できない分数で答えなさい。

$$\frac{2}{1}+\frac{4}{3}+\frac{6}{5}+\frac{8}{7}+\frac{10}{9}$$

(2) 計算結果が $\frac{9}{5}$ より小さくなる式を1つ作りなさい。また，その計算結果をこれ以上約分できない分数で答えなさい。

(3) 計算結果が7以下の整数になる式を1つ作りなさい。また，その計算結果の整数を答えなさい。

次に，1から10までの10個の整数を1つずつ下の□に入れて，分数のかけ算の式を作ります。

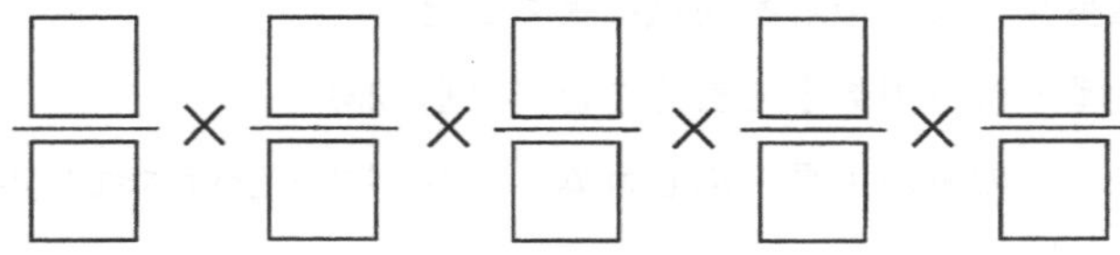

(4) 計算結果が整数になる式のうち，最も小さい整数となるものを1つ作りなさい。また，その計算結果の整数を答えなさい。

(5) 計算結果が整数になる式について，考えられる計算結果の整数をすべて答えなさい。

２０２２年度

入学試験問題

算　　数

６０分

1．受験番号・氏名を解答用紙に書くこと。

2．受験番号は算用数字で書くこと。（例：123）

3．鉛筆（えんぴつ）などの筆記用具・消しゴム・コンパス・配付された定規以外は使わないこと。

4．用紙を立てて見ないこと。

5．問題を解くために，問題用紙を切ったり折ったりしないこと。

6．問題を解くために，問題用紙と解答用紙以外に書き込（こ）みをしないこと。

7．特に指示がある場合を除いて、解答のみ解答用紙に書くこと。

8．質問（印刷不明のところだけ）のある場合，鉛筆などを落とした場合，トイレに行きたくなった場合，気持ちが悪くなった場合は，だまって手をあげること。

9．解答用紙のみ回収します。

【二】 次の文章を読んであとの問に答えなさい。

幼くして両親を亡くした「あたし」(サマー)を引き取り、大切に育てたオブおじちゃんとメイおばちゃんは、深い愛情で結ばれていた。しかし、六ヶ月ほど前の夏、おばちゃんは庭で植物の世話をしている最中に亡くなってしまう。おじちゃんは最近、おばちゃんの気配を感じると言い始め、「あたし」の同級生(中学一年生)であるクリータスと意気投合するようになった。クリータスには、亡くなった祖父の存在を感じ取った体験があり、その話を聞いたおじちゃんは、おばちゃんからのメッセージを通訳してもらうために、後日クリータスを庭へと連れ出した。以下、問題文は三人が冬枯れの庭に立つ場面から始まる。

お詫び
著作権上の都合により、文章は掲載しておりません。
ご不便をおかけし、誠に申し訳ございません。
教英出版

お詫び

著作権上の都合により、文章は掲載しておりません。ご不便をおかけし、誠に申し訳ございません。

教英出版

お詫び

著作権上の都合により、文章は掲載しておりません。

ご不便をおかけし、誠に申し訳ございません。

教英出版

お詫び

著作権上の都合により、文章は掲載しておりません。

ご不便をおかけし、誠に申し訳ございません。

教英出版

（シンシア・ライラント作　斎藤倫子訳『メイおばちゃんの庭』）

（注１）シアーズ　アメリカ合衆国の百貨店。カタログによる通信販売で知られていた。
（注２）トレーラーハウス　自動車につないで運ぶことのできる、生活するための設備を備えた住居。
（注３）物書きってのは……　本文より前の箇所に「あたしがいつも、レイシー先生から作文をほめられてる」という記述がある。
（注４）風舞　「訳者あとがき」によれば、「原文では whirligig という言葉で『くるくる回るもの』のこと」。「動物の手足や翼の根元のほうに風を受けるための羽根がついていて、この羽根が風を受けると、手足や翼がくるくる回る仕組みになってい」る。

問一　傍線部①「それほど期待してたわけじゃない。」、傍線部②「あたしたちは、奇跡がおこるんじゃないかって希望をもてたんだと思う。」とありますが、「あたし」が「おばちゃんが現れる」ことを「期待してたわけじゃない」のに、「奇跡がおこるんじゃないかって希望をもてた」のはなぜですか。

問二　傍線部③「どういうわけかこのときのほうが、おばちゃんのほんとのお葬式のときよりももっとしみじみとして、本物らしく思えた。」とありますが、それはお葬式のとき二人がどうだったからですか。解答欄に合うように六十字以内で答えなさい。

問三　傍線部④「おじちゃんとあたしを社交界の名士みたいにしてしまった。」とありますが、どのようなことを表現していますか。最も適当なものを次の中から選び、記号で答えなさい。

ア　二人が、みんなから距離を置かれる存在になったということ。
イ　二人が、みんなから尊敬される存在になったということ。
ウ　二人が、みんなからうらやましがられる存在になったということ。
エ　二人が、みんなから煙たがられる存在になったということ。
オ　二人が、みんなから注目される存在になったということ。

問四　傍線部⑤「……メイおばさんのおかげだな」とありますが、クリータスが言っているのはどういうことですか。六十字以内で答えなさい。

問五　傍線部⑥「あたしは、まいった！　って思った。」とありますが、サマーはどうしてそのように思ったのですか。最も適当なものを次の中から選び、記号で答えなさい。

ア　おじちゃんの作る風舞が単なるかざりではなく芸術作品であるということが理解できるクリータスにひきかえ、自分には芸術的なセンスがなく、将来、物書きになるような才能はないと、あきらめの気持ちを抱いたから。

イ　サマーがどう言い返そうと、クリータスは言葉につまることもなく、こちらの言いたいことに先回りしてうまく切り返すことができるので、クリータスの頭の回転の良さには到底かなわないと思ったから。

ウ　クリータスがおじちゃんの人間性を深く理解していることだけでもすごいと思うのに、それに加えて、サマーの心のうちまで、当の本人も驚くほど的確に指摘してのけたことに、びっくりさせられたから。

エ　おばちゃんの死後、サマーはどうしてもおじちゃんの気持ちをなぐさめることができなかったのに、クリータスはほんのわずかな時間で、おじちゃんの気持ちをなぐさめることができるなんてすごいと感じたから。

オ　クリータスはサマーのどんな発言も受け止め、そのすべてを肯定してはげましてくれるので、クリータスに冷たくしてきた自分よりも、クリータスのほうが心の広い立派な人間だと思い知ったから。

【三】　次のカタカナの部分を漢字に直しなさい。

1　自然をサンビする。　2　費用をセッパンする。　3　原案にイゾンはない。

4　港のゼイカンを通る。　5　シュクテキをたおす。　6　シフクのひとときを過ごす。

7　飛行機をソウジュウする。　8　ハタイロが悪い。　9　用事をスます。

10　具体例をアげる。

２０２１年度

入学試験問題

国　　語

５０分

1．受験番号・氏名を解答用紙に書くこと。

2．受験番号は算用数字で書くこと。（例：123）

3．鉛筆（えんぴつ）などの筆記用具・消しゴム以外は使わないこと。

4．用紙を立てて見ないこと。

5．質問（印刷不明のところだけ）のある場合，鉛筆などを落とした場合，トイレに行きたくなった場合，気持ちが悪くなった場合は，だまって手をあげること。

6．解答用紙のみ回収します。

栄光学園中学校

【一】 次の文章を読んで、あとの問に答えなさい。（**1**～**16**は段落番号を表しています。）

1 未来のことを考えるのは、とても心が躍(おど)る楽しいことです。たとえば、月に住むことができるだろうか、とか、リニアモーターカーの次の世代の乗りものはどんなものだろう、とか、スカイツリーよりも高い建てものはいつ、どうやってできるだろうか、とか、がんを根治する薬はいつできるのだろうか、とか、とてもワクワクしますね。

2 でも、食べるという行為(こうい)が今後どのように変わっていくのか、そんな未来の予想はあまりなされません。「食べもの」は、「乗りもの」や「建てもの」と比べて地味な印象があるかもしれません。あるいは、人間は食べないと生きていけないから、そんなに変わることはないのでは、と思う人もいるでしょう。けれども、食べものの未来を考えることも、とくに若い人たちにとってはとても重要です。なぜなら、未来が自分たちの望むとおりに変化してくれればよいのですが、必ずしもそうではない可能性があるからです。

3 たとえば、こんな未来だって思い描(えが)くことができます。一日一回、小さな食べものを食べて、それで一日分の栄養補給ができるという世の中です。ある食品会社の広報部の方が、池袋(いけぶくろ)の本屋さんでのトークショーのあと、わたしにこんなことを教えてくれました。これさえ食べられれば一日の栄養を賄(まかな)える食品を開発したけれども、いざ試食をしてみると、とてもまずかった、と。ただし、①<u>これ</u>を理想だと考える人がいることも事実です。知人から聞いたのですが、ある集まりで、食べる体験をヴァーチャルリアリティなどの力を借りて、できるだけリアルにしようと考えている人が、その目的として「食べるという煩(わずら)わしいことから人間を解放するために」と言ったそうです。食べることが「煩わしい」と考える人がいることに、わたしはとても驚(おどろ)きました。そして、この話を聞いて気づきました。もっと仕事をするためには、もっと経済成長するためには、ご飯の時間を削(けず)って働いてくれたほうがよい、と考える人には、こうした技術が完成するのはありがたいことなのかもしれない。人間が食べる時間を節約できれば、もっと人類の文化芸術の発展に役立つと考える人にとっても、やはり素晴(すば)らしい話なのかもしれません。食べることが数秒で終わってしまう未来。その代わり、食べる時間を、映画、読書、ショッピングなど、別の楽しいことに充(あ)てることができる未来。みなさんはいかがでしょうか。

4 ②<u>わたしは食べることをやめて、もっと勉強時間を増やす、とか、人類の文化をより高尚(こうしょう)なものにするとかいうことには大きな疑問を感じる人間です。</u>

5 なぜかといいますと、一つは、食事みたいな楽しいことが人びとの暮らしからなくなってしまうのは、もったいないと思うからです。この楽しみを失ってまで到達すべき高尚な文化などあるのでしょうか。たしかに、わたしだって、食べることを忘れて仕事に没頭することもあります。だけれども、その仕事が終わったあとに食べるご飯はまた格別のおいしさです。わたしが単純に食いしん坊だけなのかもしれませんが、こんなに楽しいことができなくなるなんて、とてもつらいことだと思います。現に病気で食べることが難しくなって元気がなくなる人はたくさんおられます。

6 (注1)言語聴覚士という仕事をしている古くからの親友がこんなことを教えてくれました。鳥取の病院で働く彼は、病気になってご飯を飲み込むことが難しいお年寄りにつきそって、ご飯を噛んで飲み込むためのお手伝いをしています。彼が言うには、胃に穴をあけて、そこからご飯を流し込む「胃ろう」という装置にするよりも、頑張って口からご飯を食べられるようになったときの患者さんはいつもより生き生きとしていた、と。それで彼は、ギターを持って高齢者のまえで歌をうたったりしながら、いい雰囲気をつくることにも労力を割いたと聞いて、自分はいい友だちをもったな、と、とても感激しました。食べることは、実は、人間が人間であるための根源的な行為だと思うのです。けれども、こういう未来はどんどん現実化しています。(注2)サプリメントの誕生や、(注3)プロテインバーなどの携帯食の発達です。ちなみに、『戦争がつくった現代の食卓―軍と加工食品の知られざる関係』(アナスタシア・マークス・デ・サルセド 著、白揚社、二〇一七年)という本に書いてありますが、プロテインバーは、アメリカの軍人のために軍隊が開発したもので、戦争と密接に関わっている食品であることを補足しておきましょう。

7 二つ目に、こんな未来も描けるかもしれません。できるだけ早く食事が済むように、おいしい味や香りのするムースやゼリーがどんどん開発され、売られていく、という未来です。これだと、手軽だし、消化も早く、胃腸への負担も少なくなってよいかも、と思う人もおられるかもしれません。実際に、現在、すぐに食べきれるゼリー食品は薬局やコンビニなどで安く手に入れることができます。

8 実は、こうした未来は、すでにアメリカで求められて来ました。日本語で『家政学の間違い』(ローラ・シャピロ 著、晶文社、一九九一年)と訳された英語の歴史書があります。

9 この本は一九八六年に出版され、現在も読み継がれています。わたしも『ナチスのキッチン』という本を書くとき、参考にした本です。一九世紀から二〇世紀にかけての世紀転換期で料理の合理化、効率化が進んでいくという内容。アメリカで、胃腸の消化を助けるために、今後はできるだけ細かく刻んでドロドロとした、噛む時間があまり必要ないレシピを開発すべきだ、という考えが、一九世紀に流行したと書かれてあります。この考えは一定の評価を得て、流動食のような食べものが普及するのを助けました。

10 歯ごたえをなくす動きです。実は、こうした流れもすでにあります。歯ごたえのある食べものは嫌われるようになり、噛み切りやすいもの、すぐに飲み込めるものが求められています。それがもっと進んでいくと、食べものはすべてゼリーやムースになってしまうかもしれません。

11 ここで思い出すのは、いまから五〇年前の一九六八年、アメリカで公開された映画『二〇〇一年宇宙の旅』です。この映画では、「ハル」という名前の人工知能のようなものが宇宙船の全システムを制御しているのですが、いま見ても本当に面白いです。この映画に、宇宙旅行中に宇宙食を食べるシーンがあります。無重力状態で食べものが浮かないように、さまざまな色彩のムースみたいな食べものがプラスチックの皿にくっついていて、それをスプーンで削ぎ落として食べるのです。お世辞にもおいしそうとは言えませんが、白くてさっぱりとしたツルツルの宇宙船の船内のイメージにぴったりとあっていました。実は、この食事は、ＮＡＳＡ（アメリカ航空宇宙局）が映画製作のために独自に開発したものだったようです。みなさんはいかがでしょうか。

12 食べものから噛みごたえがなくなっていく未来。わたしは望ましいものではないと思います。噛むということは、飲み込むことでは得られない栄養を体内に取り込むために必要な行為でありますが、わたしはもっと重要な意味合いがあると思います。人間は給油される自動車ではありません。できるだけスムーズに栄養が体内に注入されることは、人間を自動車にするようなものだと思っています。しかし、人間は噛みます。脳内に血が巡ります。しかしそれだけではありません。噛むと食事中に時間が生まれます。この時間が、食事に、「共在感覚」、つまり「同じ場所に・ともに・いる」気持ちを生み出すのです。③<u>この遠回りの行為</u>が、給油のように直接消化器官に栄養補給しないことが、人間を人間たらしめているように思えます。たとえば、食材である生きものやそれを育ててくれた農家や漁師のみなさん、あるいは、料理をしてくれた人に対して感謝の気持ちをもつことも、人間ならではの感覚だと思うのです。

13 食べものが一日一回で済むクッキーのようなものになること、栄養素満点のゼリーやムースになること。どちらの未来もすでに進行中の話です。では、以上の二つの未来とは違った未来はどのように描けるでしょうか。これをみなさんと一緒に考えていきたいのですが、そのまえにわたしの考えていることを少しお話させてください。

14 それは、歯ごたえがあって、おいしい食べものが、全部無料になる未来です。いまは、食べものの流通は一部の大企業によってコントロールされており、そうである以上、そんなことは絶対に不可能だ、と言う方もおられるでしょう。しかし、実は実現できないこともない、というのがわたしの実感です。というのも、実際に、わたしの家の近くの中華料理屋では、皿洗いを手伝えば代金は無料になります。もちろん、使用済みのお皿を何枚も洗わなければなりませんから「タダ」ではありませんが、それでもお金に困ったときにこういうお店があると、ちょっとほっとするような気持ちになるのはわたしだけでしょうか。最近は「子ども食堂」といって、夜に家族とご飯を食べることができない子どもたちが自由に入って、信じられないくらい安い値段でおいしい食事をすることができます。かならずしも無料ではありませんが、自由に入って食べられる空間は、いたるところに出てきています。

15 インドのシク教徒の寺院には、足を洗い、頭にターバンを巻けば、宗教、性別、（注4）門地、国籍を問わず、誰でも入れる無料食堂があります。だいたいナンとカレーですが、寺院のヴォランティアと職員さんが、毎日カレーをつくり、無償で提供しています。現在、食糧はつくりすぎの傾向にあり、企業や国の倉庫で眠っています。こんな食堂が世界中に広がれば、その食糧をそこで利用するだけで飢餓はかなり減らせることができます。二〇一六年の国連の統計では、現在飢餓の状態にある人は八億一五〇〇万人と言われ、増加傾向にあるとされています。地球上の一一パーセントが飢えているのです。

16 もちろん、その半分以上は紛争地帯ですから、④戦争を止めることが飢えをなくすために必要です。それは、とても困難な歩みです。ただ、宗教や国籍を問わないで誰でも受け入れる無料食堂の試みは、そういった歩みの難しさをちょっとずつ軽減してくれるように思います。

（藤原辰史『食べるとはどういうことか』）

（注1）言語聴覚士＝言語や聴覚、食べものの飲みこみに関する障がいがある人に対して、指導や支援をする資格を持つ人。
（注2）サプリメント＝健康の維持増進に役立つ成分を濃縮し、錠剤やカプセル状にしたもの。
（注3）プロテインバー＝タンパク質を主にふくんだ棒状の食品。
（注4）門地＝家柄。

問一　傍線部①「これ」とありますが、「これ」の指している内容はどのようなことですか。

問二　傍線部②「わたしは食べることをやめて、もっと勉強時間を増やす、とか、人類の文化をより高尚なものにするとかいうことには大きな疑問を感じる人間です。」とありますが、筆者がそのように言うのはなぜですか。本文中の言葉を使って答えなさい。

問三　傍線部③「この遠回りの行為」とありますが、それはどういうことですか。解答欄に合うように二十字以内で答えなさい。（字数には句読点等もふくみます。）

問四　傍線部④「戦争を止めることが飢えをなくすために必要です。」とありますが、筆者は「戦争を止める」以外に、どうすることで「飢え」を減らせると考えていますか。

問五　本文の内容と一致するものを次の中から一つ選び、記号で答えなさい。

ア　食べものの未来について人々が真剣に考え始めたなかで、特に若者が食事に関心を持つことは重要である。
イ　ゼリーやムースは、アメリカの軍人のために独自に開発された、戦争と密接なつながりを持つ食品である。
ウ　現在コンビニで安く入手できるゼリー食品と、十九世紀にアメリカで普及した流動食とは、無関係である。
エ　『二〇〇一年宇宙の旅』のために開発された宇宙食は、食事から歯ごたえをなくす流れの一つの例である。
オ　大企業による流通のコントロールを利用しさえすれば、食べものを無料で提供することは実現可能である。

問六　この文章を五つの段落にまとめるとすると、次のどの組み合わせがよいですか。最も適当なものを次の中から選び、記号で答えなさい。

ア　1｜2 3 4 5 6 7 8 9 10｜11 12｜13｜14 15 16
イ　1｜2 3 4 5 6 7 8 9 10 11 12｜13｜14 15｜16
ウ　1 2｜3 4 5 6｜7 8 9 10 11 12｜13｜14 15 16
エ　1 2｜3 4 5 6 7 8 9 10｜11 12｜13｜14 15 16
オ　1 2 3 4 5 6｜7 8 9 10 11 12｜13｜14 15｜16
カ　1 2 3 4 5 6｜7 8 9 10｜11 12｜13｜14 15 16

【二】　次の文章を読んで、あとの問に答えなさい。

> 朔は高二の冬、高速バスの事故にあって視力を失った。同じバスに乗っていた弟の新は軽傷ですんだものの、兄の失明に責任を感じ、将来を期待されていたマラソンをやめた。ケガの治療後、盲学校で過ごしていた朔は、一年ぶりに帰宅し、ガールフレンドの梓を通じて新がマラソンをやめたことを知る。

「本当に大丈夫なの？　お母さん、車で送ってあげようか」

昨日から何度も同じことを繰り返す母親に、いい加減、朔もａ閉口した。

「もしなにかあったら」

「母さん、オレいくつだと思ってんの？　アズも一緒なんだし、心配ないから」

朔がため息をつく横で、梓は笑顔を見せた。

「おばさん、この時間なら電車も混んでないし、絶対に無理はしませんから」

梓が言うと、加子は大きく息をついた。

「それじゃあ気を付けてね。そうだ、向こうに着いたら電話してちょうだ」

「母さんっ」

「わかったわよ。梓ちゃんよろしくお願いね」

「はい」

「じゃあ、行ってくるから」

「気を付けてね」

はいはいと頷きながら朔は(注1)白杖を手にして玄関のドアを押した。

朔が家に戻って一ヵ月になる。これまで、近所の店や公園に出かけることはあったけれど、電車を使っての外出は今日が初めてだ。

「母さん、まだこっち見てるんじゃない？」
まさか、と振り返った梓が「わっ」と声を漏らした。
「さすが朔、お見通しだね」
「二十年近く、息子をやってるんで」
なるほどーと、うなる梓に朔は苦笑した。

最寄駅から東京行きの快速に乗ると、梓は朔の腕を引いて座席に座った。
「空いててよかったね」
顔を向けると、朔は①さっきより少しやわらいだ表情をしていた。
外を歩くときの朔は、口数も少なく、表情もかたい。隣を歩いていても、緊張しているのがわかる。
「平日の昼間だからなあ」
「でも少し時間がずれると、けっこう学生がいるよ」
話しながら梓が正面に顔を向けると、前の座席に座っている中年の女が白杖に視線をとめて、朔を見ていた。梓がその女を見返していると、ふいに目が合い、女はまばたきをしながら視線をそらして目をつぶった。
「どうかした？」
「え？　ううん。それよりいまから会う人って、盲学校の先生なんでしょ？」
「境野さんね。先生じゃなくて、月に一、二度学校に来る人」
「ボランティアさん？」
「そんな感じ」
②ふーん、と曇った返事をする梓に「ん？」と朔が首を傾げると、梓は肩をあげた。
「だったら、もう少し気を遣ってくれたっていいのに」
「気を遣う？」
「最寄駅まで来てくれるとか」

4．1とその数自身のほかに約数がない整数を素数といいます。ただし，1は素数ではありません。

素数を小さい順に並べていくと，次のようになります。

2，3，5，7，11，13，17，19，23，29，31，37，41，43，47，53，59，61，67，71，73，79，83，89，97，101，103，107，109，113，127，131，137，139，149，151，157，163，167，173，179，181，191，193，197，199，211，223，227，229，233，239，241，251，257，263，269，271，277，281，283，293，……

異なる2つの素数の積となる数を『素積数』と呼ぶことにします。

例えば，2021＝43×47 となり，43も47も素数であるから，2021は『素積数』です。

素数は『素積数』ではありません。素数以外にも，次のような数は『素積数』ではありません。

・ 121（＝11×11）や169（＝13×13）のような，同じ素数の積となる数
・ 105（＝3×5×7）や117（＝3×3×13）のような，3つ以上の素数の積となる数

(1) 偶数の『素積数』のうち，小さい方から7番目の数を答えなさい。

連続する整数と『素積数』について考えます。例えば，33，34，35 はすべて『素積数』です。

(2) 連続する4つの整数がすべて『素積数』であるということはありません。その理由を説明しなさい。

(3) 100以下の整数のうち，連続する3つの整数がすべて『素積数』であるような組がいくつかあります。上の例で挙げた33，34，35以外の組を，答え方の例にならってすべて答えなさい。

【答え方の例】　(33，34，35)

(4) 連続する7つの整数のうち6つが『素積数』であるような組を，答え方の例にならって1つ答えなさい。

【答え方の例】 31～37の連続する7つの整数が答えの場合……（31～37）

(3) テープA，Bを重ねたとき，図のように，最初の黒い部分が9 cm，その隣の透明な部分が $\frac{2}{3}$ cmになりました。テープBの黒い部分の長さは何cmですか。考えられるものをすべて答えなさい。

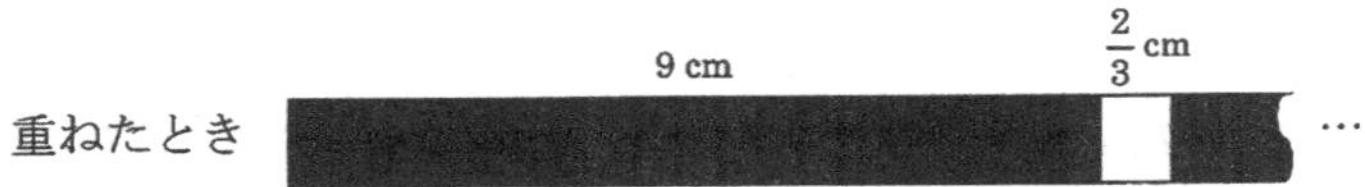

(4) テープA，Bを重ねたとき，図のように，最初の黒い部分が14 cmになり，その隣の透明な部分が1 cm未満になりました。テープBの黒い部分の長さはどの範囲にあると考えられますか。答え方の例にならって，その範囲をすべて答えなさい。

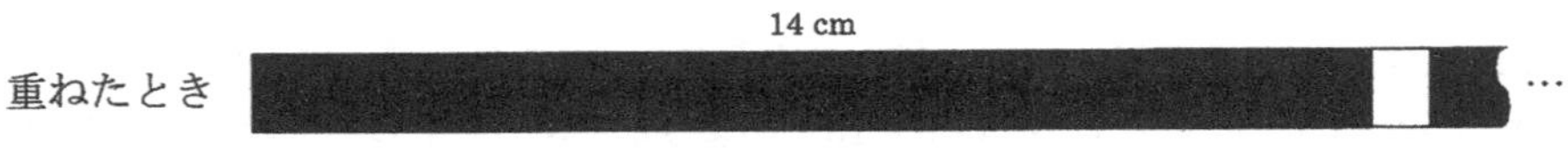

【答え方の例】

2 cmより長く4 cmより短い範囲と，$\frac{11}{2}$ cmより長く8 cmより短い範囲が答えの場合 …… (2～4)，($\frac{11}{2}$～8)

3．図のように，ある一定の長さの黒い部分と，長さ 1 cm の透明(とうめい)な部分が交互(こうご)になっているテープ A，B があります。テープ A の黒い部分の長さは 4 cm です。テープ B の黒い部分の長さは分かりません。

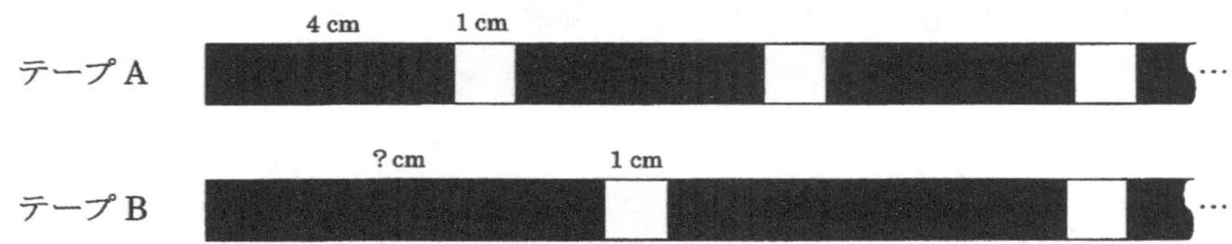

この 2 つのテープを，左はじをそろえて重ねたときの見え方について考えます。ただし，透明な部分と黒い部分が重なると黒く見えるものとします。

例えば，テープ B の黒い部分が 1 cm のとき，図のように，最初の黒い部分が 9 cm，その隣(となり)の透明な部分が 1 cm になります。

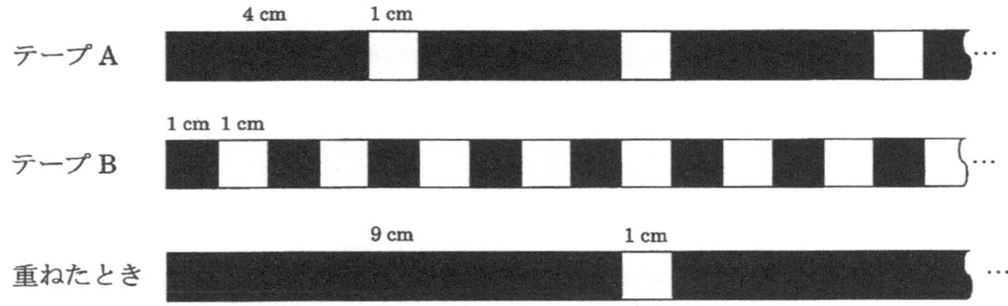

(1) 図のように，テープ B の黒い部分が $\frac{5}{2}$ cm のとき，テープ A，B を重ねると，最初の黒い部分とその隣の透明な部分の長さはそれぞれ何 cm になりますか。

(2) テープ A，B を重ねたとき，図のように，最初の黒い部分が 9 cm，その隣の透明な部分が 1 cm になりました。テープ B の黒い部分の長さは何 cm ですか。上の例であげた 1 cm 以外で考えられるものをすべて答えなさい。

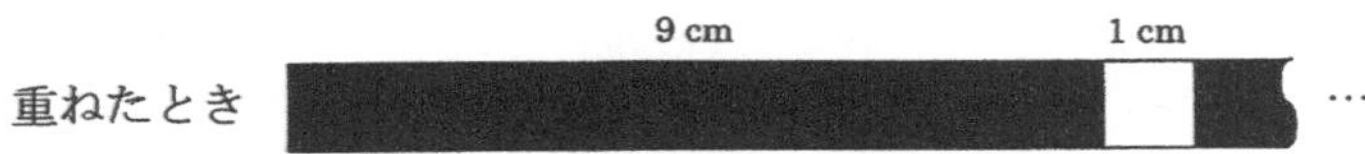

次に，半径が 10 cm の円と一辺の長さが 15 cm の正三角形について考えます。

(4) 正三角形を，向きを保ったまま（回転することなく），円から離れないように円の周りを一周動かしたとき，正三角形が通過する範囲の外周の長さを求めなさい。

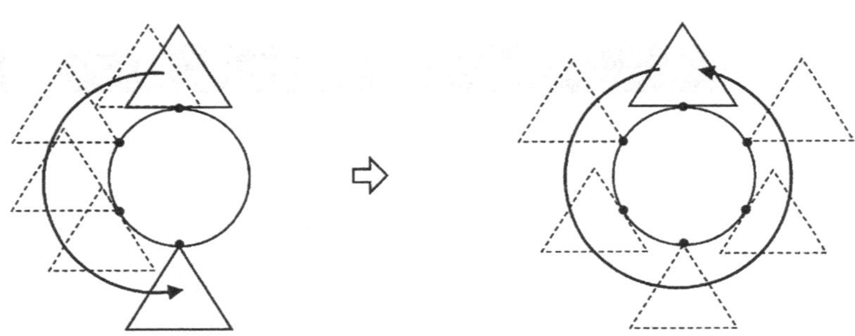

実験4の結果を整理します。

問10　一辺の長さ4mmの粒と1mmの粒のそれぞれについて，流れがないときに比べて，弱い流れがあるときには，沈む時間は何倍になりましたか。小数第2位を四捨五入して小数第1位まで答えなさい。

「おどろいたなぁ。予想とちがって，弱い流れがあると，沈む時間が長くなったね。」

「ただ，流れていないときと流れているときの沈む時間の比は，1mmの粒と4mmの粒とであまり変わらなかったね。」

「でも，流れていないときと流れているときの沈む時間の差は，［　こ　］。
とても小さい粒は，流れがあるとかなり長い時間沈まないということが言えそうだ。」

「それに，粒が沈んでも転がり続けたり，浮き上がったりするというのも予想しなかったことだよ。」

問11　文中の下線部に注意して，空欄［　こ　］に入る適切な文を答えなさい。

流れていない水の中に，大きさのちがう粒が混ざったものを一度に入れると，分かれて底に積もりますが，少しずつ長い時間をかけて入れると，分かれずに混ざったまま積もり，しまもようにはなりません。

しかし，栄一くんたちの実験を参考にすると，大きさのちがう粒が混ざったものを，少しずつ長い時間をかけて入れても，粒の大きさごとに分かれて積もるような方法が考えられます。

問12　一辺の長さ4mmの消しゴムの粒と1mmの消しゴムの粒がたくさんあるとします。この2種類の大きさの消しゴムの粒を混ぜたものを，少しずつ長い時間をかけて水に入れたとき，それらが分かれて積もるようにするには，どのような方法が考えられますか。ただし，実験室で，直方体の水槽1つとその他の必要な材料や道具を用いて行うことにします。その方法と結果の予想を図で示し，簡単な語句を加えて説明しなさい。

実験 4

目的　流れていない水の中と流れている水の中で，粒が沈む時間を測定する。

予想　流れている水の中では，流れていない水の中よりも沈む時間が短くなる。

材料と道具

実験2で作った消しゴムの粒・水
円形の水槽(高さ 15 cm，直径 30 cm)
プラスチックの板
ホース・ガムテープ

図6　プラスチック板で水路をつけた水槽

方法　1. 水槽の中に筒形(つつがた)にしたプラスチックの板をガムテープで固定して，**図6**のような装置を作った。
プラスチックの板より外側の部分を「水路」と呼ぶことにする。
2. 水槽を水で満たし，水が流れていない状態で，**実験2**と同じように粒が沈む時間を測った。1 mm と 4 mm の 2 種類の大きさの粒で行った。
3. 水槽に水道からつないだホースを入れ，水を流して水路を回る水流を作った。そして，**実験2**と同じように粒が沈む時間を測った。1 mm と 4 mm の 2 種類の大きさの粒で行った。
4. 水の流れを強くして 3. を行った。

結果

水の流れと消しゴムの粒が沈む時間

一辺の長さ (mm)	流れ	沈む時間の平均（秒）
4	なし	1.23
4	弱い	2.22
4	強い	測れなかった
1	なし	3.12
1	弱い	5.34
1	強い	測れなかった

沈むときの様子

弱い流れのときには，沈みながら水路を半周から 1 周ほど進んだ。

強い流れのときには，粒が底に沈んでも止まらずに流されて転がり続けたり，底に沈みそうだと思っても水流でうき上がったりしたので，沈む時間をうまく測れなかった。その場合には，粒はかなり長い時間，底にとどまることなく流され続けた。

2021(R3) 栄光学園中
K 教英出版

栄一くんたちは，さらに考えを広げました。

「図３の大地のしまもようも**実験１**と同じようにしてできたと思ってきたけれども，よく考えてみると，そうではないかもしれない。」

「**実験１**では，砂・ビーズ・泥は，最初に１回入れただけだ。そのあとは，静かな水の中でただ沈んでいくだけだった。」

「海には，川によって砂や泥が次々と運ばれてくる。水だって，次々と流れこんでくる。川の流れは，海に出ても急に止まるわけじゃないだろうから，海の中にも，川から続く水の流れがあるはずだ。」

「水の流れによって沈む時間は変わるのかな。水を横向きに流したら，どうなると思う？」

「横向きに水が流れていたって，上から下へ沈む動きとは関係がないから，変わらないんじゃないかな。」

「そうかな。流れにおされて動きが速くなるから，より短い時間で沈むかもしれないよ。」

栄一くんたちは，次の**実験４**を考えて，やってみました。

実験３の結果を整理し，まとめます。

問８　**実験３**の結果を折れ線グラフにしなさい。値を ロ で示しなさい。**問３**と同じ解答欄に記入しなさい。

問９　**問３**と**問８**でかいたグラフから言えることを，次の**ア**～**オ**の中からすべて選び，記号で答えなさい。

ア．同じ大きさの粒の沈む時間は，水に比べて，食塩水でのほうが長い。
イ．沈む時間が同じになる粒の大きさは，水に比べて，食塩水でのほうが大きい。
ウ．食塩水と水とでの沈む時間の差は，粒が大きいほど大きい。
エ．粒の大きさのちがいによる沈む時間の差は，食塩水では，粒が大きいほど大きい。
オ．一辺の長さが 4 mm 以下の粒では，栄一くんたちの予想(**実験３**の予想の 二重線をつけた部分)は正しい。

2021(R3) 栄光学園中
K 教英出版

栄一くんは，食塩水を作るときに，水や食塩の量をはからずに容器に入れてしまいました。このような場合でも，使った水と食塩の量を知る方法があります。

食塩水の同じ体積あたりの重さは，食塩水の重さに対する食塩の重さの割合によって変わります。**図５**は，「食塩水の重さに対する食塩の重さの割合」と「食塩水 100 mL の重さ」との関係を表したグラフです。食塩水 100 mL をとって重さをはかると，**図５**を使ってその食塩水の重さに対する食塩の重さの割合がわかります。その結果を使えば，食塩水に含まれる水と食塩の量を求めることができます。

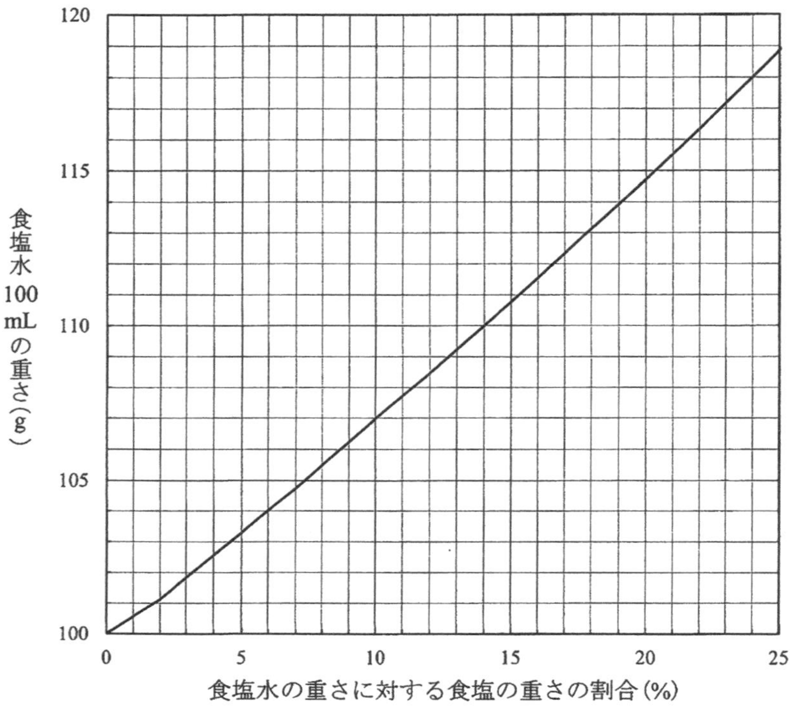

図５　「食塩水の重さに対する食塩の重さの割合」と「食塩水 100 mL の重さ」の関係

問６　作った食塩水を 500 mL とって重さを測ると，550 g でした。この食塩水の，食塩水の重さに対する食塩の重さの割合は 何% ですか。

問７　この食塩水を作るのに使った水がちょうど 1 L だったとすると，使った食塩は何 g だったと考えられますか。小数第１位を四捨五入して整数で答えなさい。

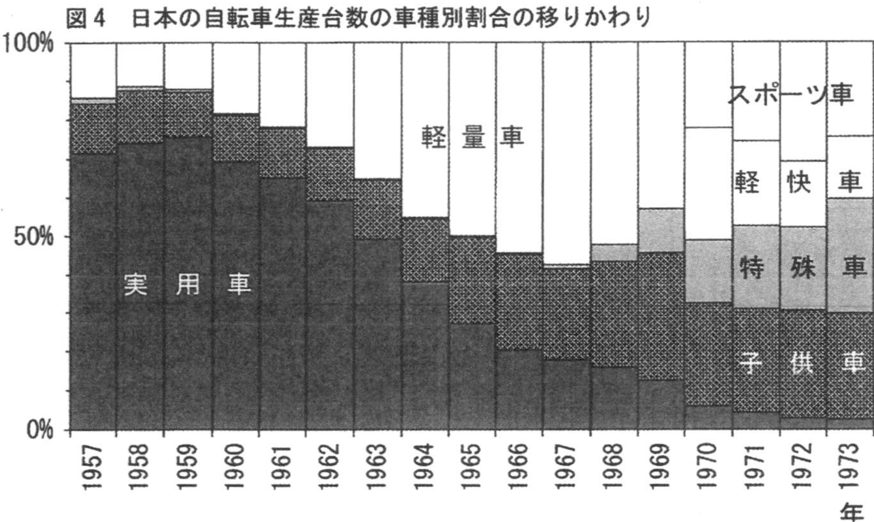

注）1970 年以後，軽量車は軽快車とスポーツ車に分けられた。

実用車：交番で使用されるものや，郵便物などの運搬に使われるもので重い。

子供車：小学生などの子供用につくられたもの。

スポーツ車：サイクリング，レジャー，その他のスポーツ用で軽い。

軽快車：通勤，通学，買い物用などで軽い。

特殊車（とくしゅしゃ）：軽快車よりも車輪の小さい大人用自転車，三輪自転車など。

『自転車統計要覧』をもとに作成。

問１　図３のＤのころに生産台数が落ち込んだのは，自転車工場が軍需品（ぐんじゅひん）をつくるようになったためでもあります。軍需品をつくる工場には女学生や中学生も動員されるようになりましたが，それはなぜですか。理由を説明しなさい。

問２　図３と図４をみて，1960～73 年における自転車生産台数と車種別の割合の変化を説明しなさい。

問３　図３のように，1980 年代の後半から自転車の輸入台数が増えています。人々が輸入自転車を買うようになったのはどうしてですか。おもな理由を答えなさい。

Ⅵ　５ページのⅢ以降の問題文や，問に答えたことをもとに，自転車が明治時代から今日までどのように広まってきたか，自転車の生産・輸入，自転車の使われ方の移りかわりとあわせて説明しなさい。

V　図３は，日本の自転車生産台数と輸入台数の移りかわりを示したものです。図４は，日本で 1957 年から 1973 年までの間に日本で生産された自転車の車種別割合の移りかわりを示したものです。これらの図をみて，あとの問に答えなさい。

図３　日本の自転車生産台数と輸入台数の移りかわり

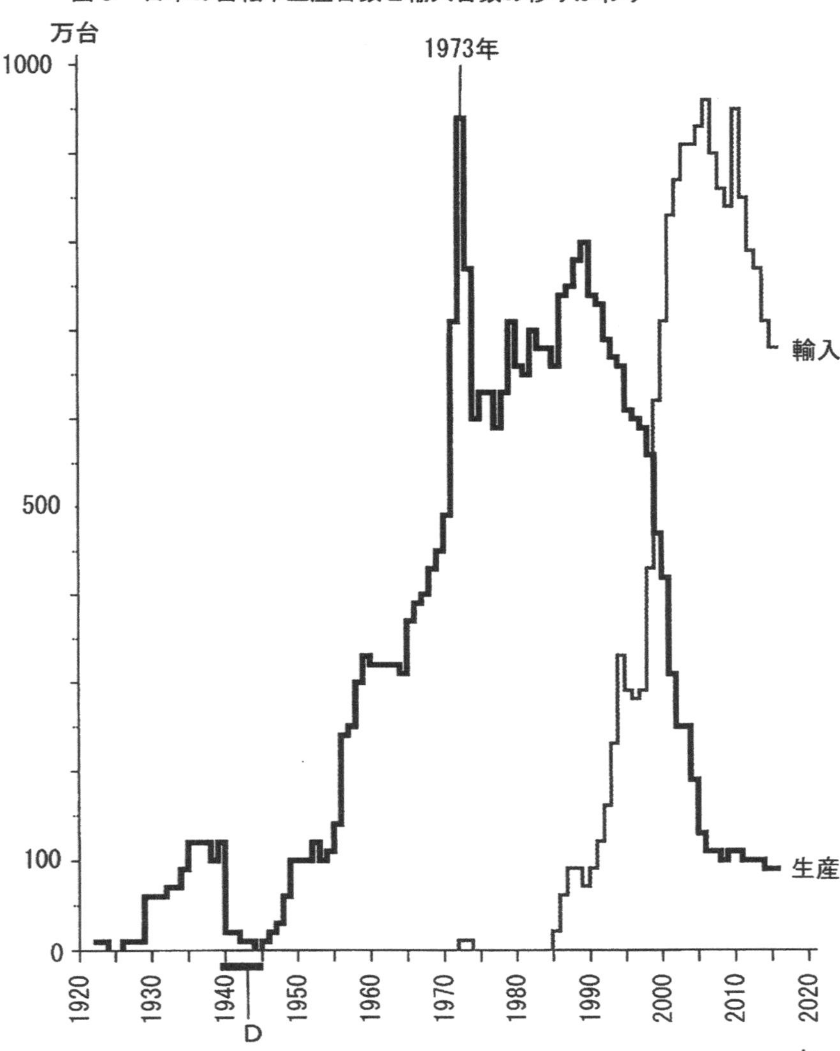

『自転車の一世紀』,『自転車統計要覧』をもとに作成。

〔問題は次のページに続きます。〕

Ⅳ　次の文章を読んであとの問に答えなさい。

日本で使われはじめたころの自転車は，欧米からの輸入品でした。①欧米との不平等条約によって自由に関税をかけることが出来ないころでも，自転車は値段が高くて一般の人には買えませんでした。

やがて日本でも，輸入品を真似て自転車がつくられるようになります。1881 年に東京で国内の博覧会が開かれたときに，はじめて日本人が自分でつくった自転車を出品しました。この博覧会は，政府が②国内の産業をさかんにするためにはじめた催物です。1900 年ごろには大阪府の③堺市で自転車部品を製造する工業がはじまっていました。しかし欧米の自転車にはかなわず，自転車を輸入に頼る時代が続きました。

ところが，④第一次世界大戦がおこると，日本国内で自転車の生産が進みました。日本製の自転車は，国内で売れただけでなく中国や東南アジアにも輸出されました。

日本の自転車生産台数がはじめてわかるのは 1923 年です。その年には 6 万 9000 台を生産し，輸入自転車の約 7 倍になっていました。以後しばらくの間，日本は自転車を輸入に頼ることはありませんでした。

問1　下線部①についてまちがっているものを，**ア**～**エ**から１つ選びなさい。

ア　イギリスは，陸奥宗光との交渉で治外法権を廃止した。
イ　イギリスは，日露戦争がはじまる直前に日本に関税自主権を認めた。
ウ　アメリカは，小村寿太郎との交渉で日本に関税自主権を認めた。
エ　アメリカは，岩倉使節団と条約改正の交渉を行った。

問2　下線部②の政策をなんといいますか。

問3　下線部③で自転車の製造業がさかんになりましたが，その理由として正しいものを，**ア**～**エ**から１つ選びなさい。

ア　古くから商業がさかんで，鉄砲や刀などの金属加工の技術を持った人が多かった。
イ　古くから銀の産地で，銀貨をつくる職人が集まっていた。
ウ　江戸時代の末に日米修好通商条約で開港地となり，海外から金属加工技術が採り入れられた。
エ　明治時代に政府が戦争で得た賠償金を使って製鉄所を建て，鉄鋼の生産をさかんに行った。

問4　下線部④について，その理由を説明しなさい。

問2　1960 年にはおよそ何人に 1 台の割合で自転車があったことになりますか。**図2**をみて，正しいものを**ア**～**エ**から 1 つ選びなさい。

ア　2～3人に1台　　**イ**　4～5人に1台　　**ウ**　6～7人に1台　　**エ**　8～9人に1台

問3　**図2**の**B**のころについて，（1）と（2）に答えなさい。

（1）このころの出来事についてまちがっているものを，**ア**～**エ**から1つ選びなさい。

ア　東京と大阪の間にはじめての新幹線が開通した。

イ　滋賀県と兵庫県の間にはじめての高速道路が開通した。

ウ　郊外の団地に住む人が増え，朝の時間に都会にむかう通勤電車の混雑が激しくなった。

エ　工業だけでなく農業もさかんになり，農業で働く人の数が大きく増えた。

（2）このころから，下の**写真**のような，歩行者が道を渡るための施設がつくられるようになりました。これをなんといいますか。

写真

問4　**図2**の**C**のころから，駅前などの放置自転車が問題になりました。この問題への対策として増やされた施設をなんといいますか。

問5　最近の自転車について，2016年にはおよそ何人に1台の割合で自転車があったことになりますか。**図2**をみて，正しいものを**ア**～**エ**から1つ選びなさい。

ア　1～2人に1台　　**イ**　3～4人に1台　　**ウ**　5～6人に1台　　**エ**　7～8人に1台

【三】

問一

問二

問三

問四

問五

問六

11	6	1
12 む	7	2
13 う	8	3
14 れる	9	4
15 ばす	10	5

2021 年度

算数　解答用紙

受験番号		氏名	

評点	※70点満点 (配点非公表)

1．

(1)

(2)

(3)

1 回目　2 回目　3 回目　4 回目

(4)

2．

(1) cm^2

(2) ① cm

② cm^2

(3) cm^2

(4) cm

２０２１年度　**理科**　解答用紙

注意 ： ※のあるところには記入しないこと。

問１ [　　]　　問２ あ [　　]　い [　　]　※

問３・問８　※

沈む時間の平均（秒）: 0, 2, 4, 6, 8, 10, 12, 14, 16, 18, 20, 22, 24

一辺の長さ（mm）: 0, 1, 2, 3, 4, 5, 6, 7, 8, 9, 10

○ 水（実験2）
□ 食塩水（実験3）

問４ う [　　]　え [　　]　お [　　]　※

か [　　]　き [　　]　く [　　]　※

け

2021年度　**社　会**　解答用紙　（注意　※のあるところには記入しないこと。）

Ⅰ

問１

⑤	⑥	⑦

問２

※

Ⅱ

問１　問２　問３

問４　問５　問６

問７

問８

問９　問10

※

問11

※

Ⅲ

問１（a）（b）（c）

問２　問３（1）（2）

問４　問５

※

Ⅳ

問１　　問２　　問３　　※

問４

Ⅴ

問１　　※

問２

問３　　※

Ⅵ

※

受験番号		氏名	

評点	※ 50点満点（配点非公表）

※評点

※50点満点
（配点非公表）

受験番号		氏名	

※

問５

※

問６　　%

問７　　g

問８は問３と同じ解答欄に記入すること。

問９

※

問10　4㎜の粒　　倍　　1㎜の粒　　倍

問11

※

問12

3.

(1) 最初の黒い部分 cm	隣の透明な部分 cm
(2)	
(3)	
(4)	

4.

(1)
(2)
(3)
(4)

二〇二二年度

国語解答用紙

受験番号

氏名

評点

※70点満点
（配点非公表）

【一】

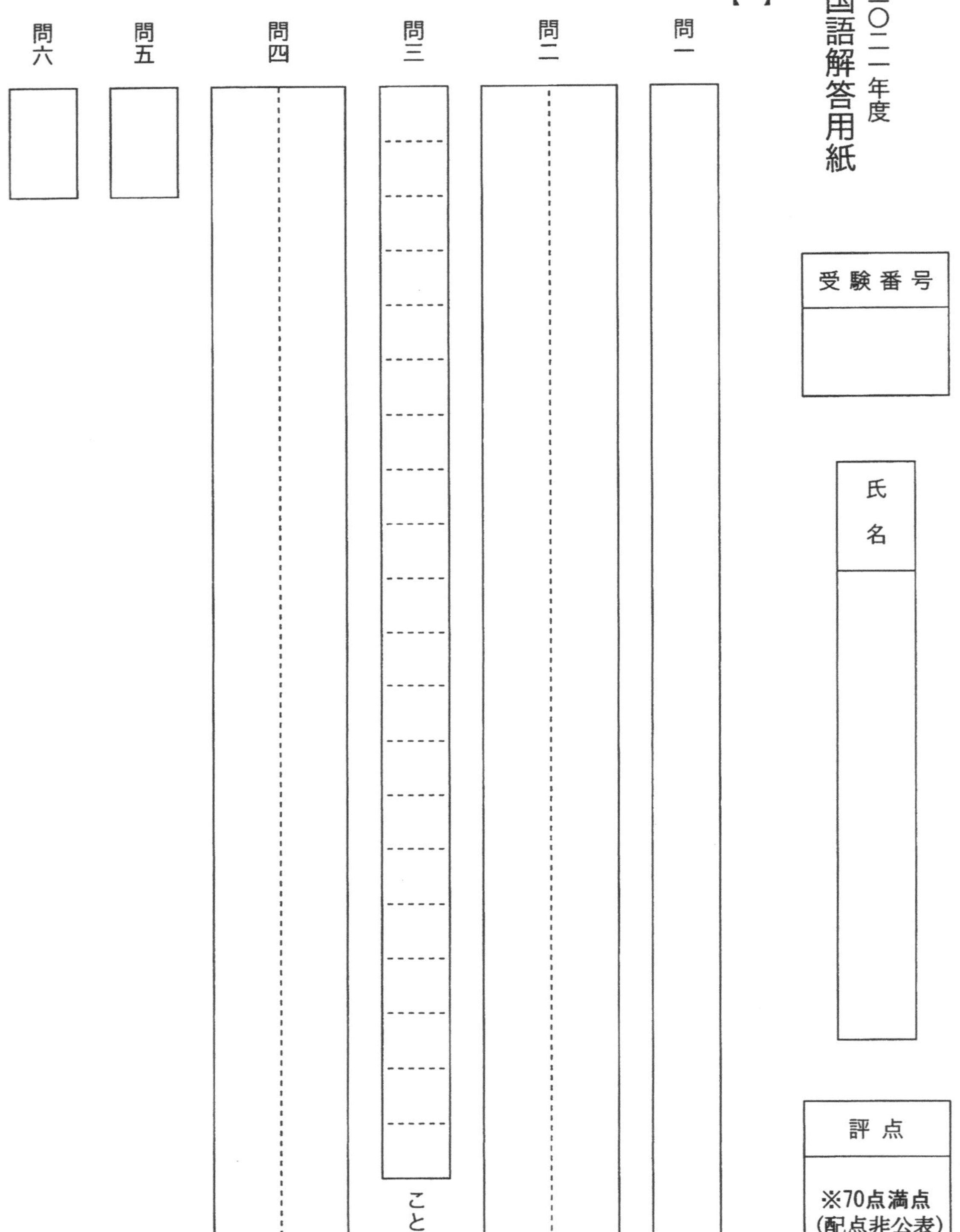

問一

問二

問三

こと。

問四

問五

問六

Ⅲ　自転車は，日本では開国以後に使われはじめ，日本の自転車の台数は 1896 年から記録に残っています。その年には 1 万 9000 台の自転車があり，割合にして 2000 人に 1 台もありませんでした。それ以後の**くるま**の台数と人口の移りかわりを示した**図２**をみて，あとの問に答えなさい。

図２　日本の自転車・オートバイ・自動車の台数と人口の移りかわり

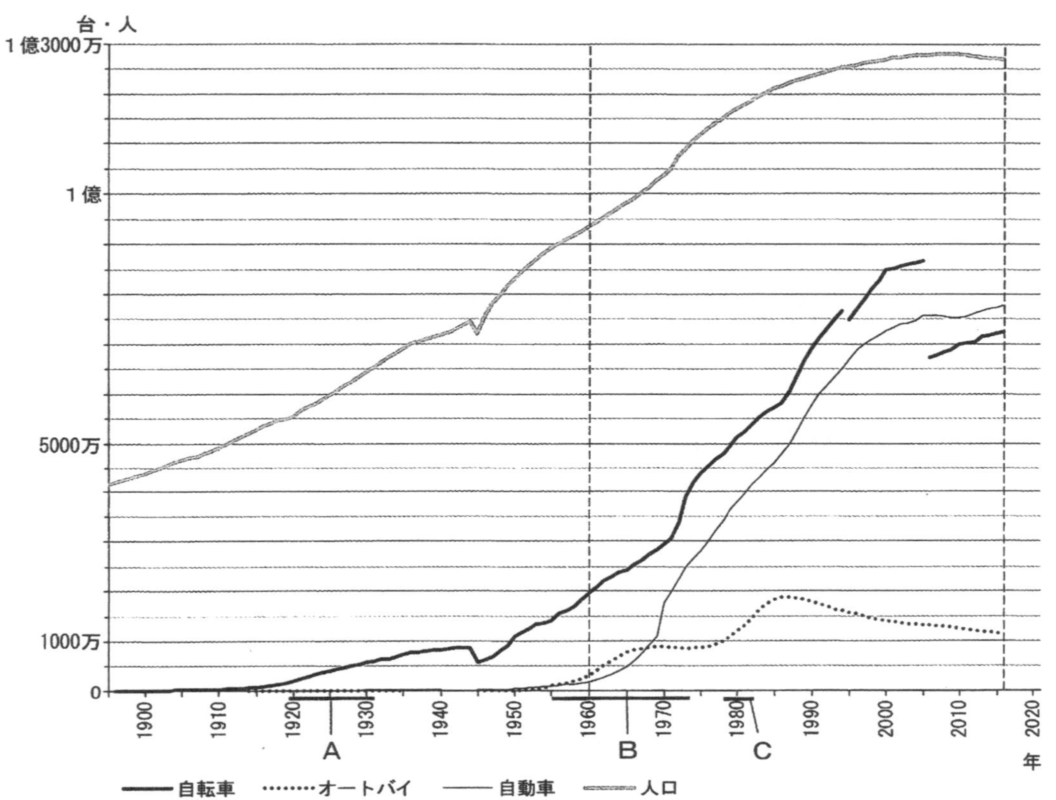

『日本帝国統計年鑑』，『日本帝国統計全書』，『世界歴史統計』，『日本自動車産業史』および自動車工業会資料，『自転車の一世紀』，『自転車統計要覧』，『数字でみる日本の 100年』をもとに作成。1995 年以後の自転車の台数は，調査ごとにわけて示しているため，グラフに途切れているところがある。

問１　次の文章の空らんにあてはまる言葉を答えなさい。

図２のＡのころには，人が乗る**くるま**のほかに荷物を運ぶために人や動物が引く荷車が 220 万台から 260 万台あり，**くるま**も荷車も全国でいまのような（ａ）通行をすることになりました。交差点には（ｂ）が設置されはじめ，それまでの人による交通整理からかわっていきました。歩行者も（ａ）通行と決められていましたが，こちらはのちに（ｃ）通行にかえられていまにいたっています（歩道と車道の区別がある場合などをのぞく）。

問６　下線部⑥の時代の遺跡では，馬の歯や骨のほかに，食べ物の残りが発見される場合がありますが，そのような遺跡をなんといいますか。

問７　下線部⑦の時代に朝鮮や中国から来日して，乗馬の技術や新しい土器や織物の製作方法などを伝えた人々をなんといいますか。

問８　下線部⑧について，鎌倉時代の御家人が馬に乗ってつとめた奉公にはどのようなことがありますか。

問９　下線部⑨から西南戦争までの間に政府が平民について定めたこととしてまちがっているものを，**ア**～**エ**から１つ選びなさい。

ア　自由に刀を身に付けることを認めた。
イ　苗字を名乗ることを認めた。
ウ　軍隊に入ることを義務付けた。
エ　子どもを小学校に行かせることにした。

問10　下線部⑩について，この新しい**くるま**をなんといいますか。

問11　Ⅱの問題文や問に答えたことをもとに，江戸時代までと明治維新以降で，身分によって利用できる乗り物がどのように変化したか，まとめなさい。

Ⅱ 次の文章を読んであとの問に答えなさい。

ここでは，自転車が使われるまでの乗り物の歴史をふりかえってみましょう。

日本でもっとも古い**くるま**は牛車で，平安時代から貴族が乗るようになりました。牛車は，①人を乗せる**くるま**を牛に引かせたものです。貴族たちが牛車に乗る様子は，②『枕草子』などの文学作品に書かれています。身分の低い者は，牛車に乗ることを禁じられていました。

貴族のほかにも，鎌倉幕府や，室町幕府の将軍は牛車に乗りました。しかし，室町時代，③将軍のあとつぎをめぐる争いに有力な武士たちも加わった大きな戦いによって京都が荒廃すると，牛車はすたれました。それから長い間，日本で**くるま**が使われることはめっきりと減りました。

江戸時代には④人がかついで運ぶ乗り物が使われました。これは町の中だけでなく，⑤街道を往来するのにも使われました。この乗り物は武士のほか，百姓や町人も使いました。ただし，身分の高い武士のものは豪華につくられていて，外からは中に乗っている人がわからないようになっていました。

くるまの利用が目につきはじめるのは，開国以後です。外国人が日本に馬車を持ち込んで走らせるようになりました。

馬は⑥縄文時代には日本にいましたが，人が馬に乗るようになったのは⑦古墳時代からでした。武士の時代には，⑧武士にとって馬はなくてはならないものでした。牛車は平安時代から使われていましたが，日本で**くるま**を馬に引かせる馬車が走ることは開国するまでありませんでした。

明治維新後の1869年から，乗客を運ぶ乗合馬車が横浜－東京間を走りました。人々は運賃を払いさえすれば，馬車で横浜－東京間を，徒歩よりも短い時間で行けるようになりました。⑨1871年には，政府が平民に馬に乗ることを許しています。そのころ，馬車にヒントを得て⑩日本人が新しい**くるま**を発明し，人々の足として大歓迎されました。

問１ 牛は下線部①や荷物を運ぶほかに，どのような仕事に使われていましたか。重要なことを１つ答えなさい。

問２ 下線部②の作者は誰ですか。

問３ 下線部③の戦いをなんといいますか。

問４ 下線部④をなんといいますか。

問５ 下線部⑤についてまちがっているものを，ア～エから１つ選びなさい。

ア 荷物を運ぶ人や旅をする人で，宿場町が栄えた。

イ 大名は，参勤交代のために街道を行列して領地と江戸とを往来した。

ウ 街道には関所がおかれ，「入り鉄砲と出女」をきびしく取りしまった。

エ 朝廷のある京都を起点にして，五街道が整備された。

2021(R3) 栄光学園中
教英出版

表　ある都市の通勤・通学者が用いる交通手段の割合　（%）

利用交通手段＼地域	①	②	③	④	⑤	⑥	⑦
徒歩のみ	7	7	7	8	8	6	6
鉄道(他の交通手段との組合せを含む)	64	60	67	53	40	60	67
バス	1	5	1	6	7	3	4
自動車・タクシー	8	12	5	8	10	8	11
オートバイのみ	3	5	2	3	3	3	3
自転車のみ	8	4	11	14	21	10	2
その他 ※	7	9	7	9	12	9	7

2010年国勢調査(こくせいちょうさ)をもとに作成。　注）四捨五入したため，合計が100にならないことがある。

※鉄道以外の交通手段を2種類以上組み合わせた場合など。

図1　ある都市の地表面の傾き

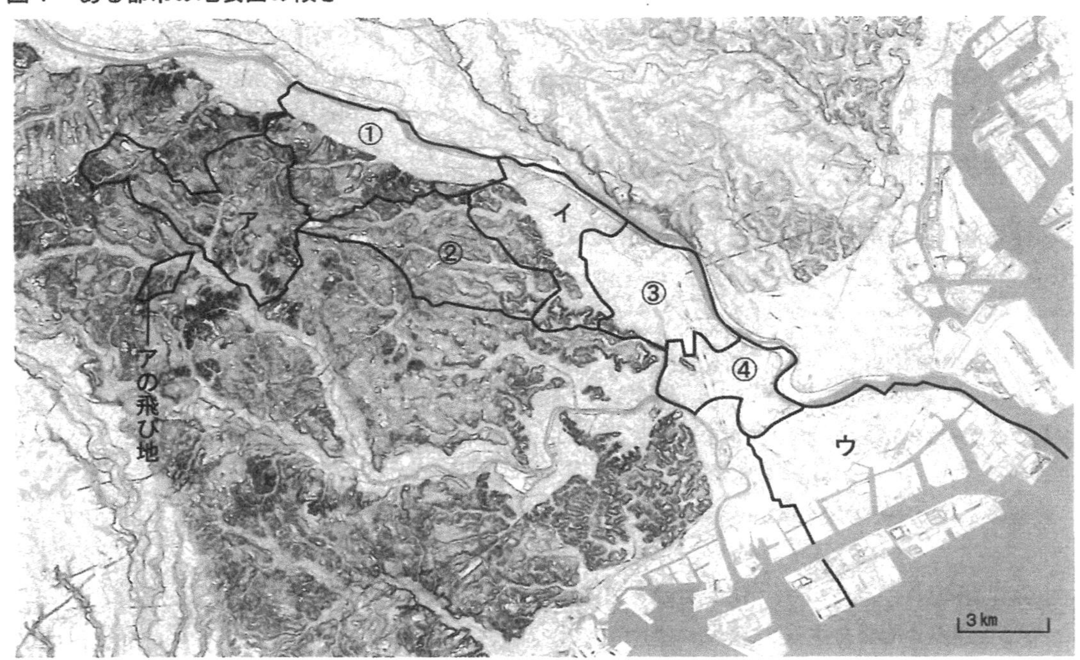

地理院地図(ちりいんちず)より作成。注）水色のところは川や海を表す。

いま，日本の路上でよく使われている**くるま**（車輪がついた乗り物）には，自動車，自転車，オートバイがあります。３つの**くるま**のうち，日本でもっとも古くから使われていて，いちばん台数が多かったのは自転車です。ここでは，自転車を中心にして人が乗る**くるま**のことを考えることにします。

Ｉ　右のページの**表**は，ある都市を①～⑦の地域に分け，それぞれの地域で通勤・通学者が用いる交通手段の割合(%)を表したものです。①～④の地域は，**図１**の①～④にあたります。なお，**図１**は灰色が濃(こ)いところほど，地表面の傾(かたむ)きが急であることを表しています。これらの**表**と**図１**をみて，あとの問に答えなさい。

問１　**表**と**図１**をみて，**表**の①～④について利用交通手段と地表面の傾きの関係をよく表している交通手段を１つ取り上げ，その関係を説明しなさい。

問２　**表**の⑤～⑦は，**図１**の**ア**～**ウ**のうち，それぞれどの地域にあたりますか。**問１**で考えたことをもとに答えなさい。

２０２１年度

入学試験問題

社　　会

４０分

1. 受験番号・氏名を解答用紙に書くこと。
2. 受験番号は算用数字で書くこと。（例:123）
3. 鉛筆(えんぴつ)などの筆記用具・消しゴム以外は使わないこと。
4. 用紙を立てて見ないこと。
5. 質問（印刷不明のところだけ）のある場合，鉛筆などを落とした場合，トイレに行きたくなった場合，気持ちが悪くなった場合は，だまって手をあげること。
6. 解答用紙のみ回収します。

栄一くんたちは，ここまで考えて，あることに気がつきました。

「大地のしまもようは主に海の底で作られると学校で学んだね。海の中でも本当に**実験１**と同じことが起こるだろうか？」

「そうだね，そういえば，海水は塩水だ。塩水の中では物が浮きやすいと聞いたことがあるよ。それなら，小さい粒は塩水の中だとますます沈みにくくなるのではないかな。」

栄一くんたちは，次の**実験３**を考えて，やってみました。

実験３

目的　いろいろな大きさの消しゴムの粒を使って，それぞれの粒が一定の深さの食塩水に沈むのにかかる時間を測定する。

予想　食塩水の中では沈む時間が水より長くなる。さらに，粒の大きさのちがいによる沈む時間の差が水より 大きく なる。

材料と道具　**実験２**で使ったものと 食塩

方法　1.　水に食塩を入れて，食塩水を作った。
2.　水槽に**実験２**と同じ深さまで食塩水を入れた。
3.　**実験２**の 3. ～ 5. と同じことを行った。

結果

いろいろな大きさの消しゴムの粒が食塩水の中で沈むのにかかる時間

一辺の長さ (mm)	沈む時間の平均 (秒)
10	2.70
5	3.76
4	4.04
3	4.69
2	6.19
1	11.50
0.5	23.69

2021(R3) 栄光学園中
K 教英出版

問2　**実験2**の結果の表の空欄（くうらん） あ ・ い のそれぞれにあてはまる小数第2位までの数値を1つずつ答えなさい。

問3　**実験2**の結果の平均を折れ線グラフにしなさい。値（あたい）を ○ で示しなさい。

問4　**実験2**の結果からわかることを述べた次の文章の空欄 う ～ け を埋（う）めなさい。

か ～ く は**問3**でかいたグラフを参考にして，実験結果の表の数値から計算して求めなさい。小数第3位を四捨五入して小数第2位まで答えなさい。

（1）　大きさが う ほど沈む時間が長く，大きさが え ほど沈む時間が短い。沈む時間が長いということは，沈む速さが お ということである。

（2）　一辺の長さが 0.5 mm ちがうものどうしで沈む時間の差を比べてみると，たとえば，0.5 mm と 1 mm とでは か 秒，2.5 mm と 3 mm とでは き 秒，9.5 mm と 10 mm とでは く 秒の差である。
つまり， け 。

問5　**実験1**で使った砂・ビーズ・泥を顕微鏡（けんびきょう）で観察した写真を**図4**に示します。これらの写真と**実験2**の結果をもとに，**実験1**のようなしまもようができたしくみを説明しなさい。

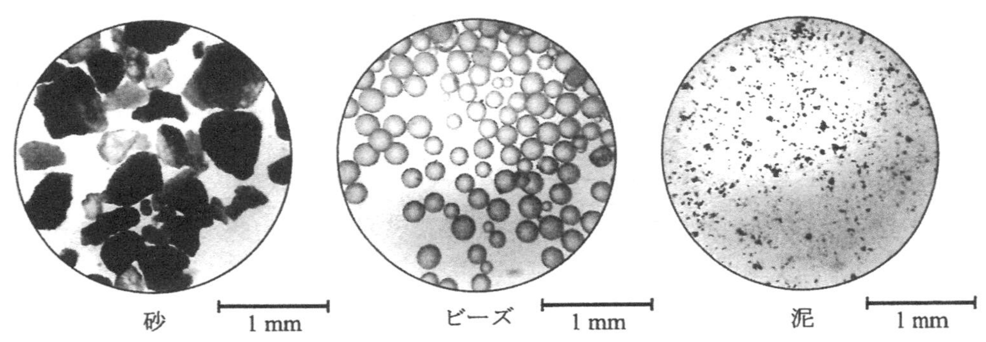

図4　**実験1**で使った砂・ビーズ・泥を顕微鏡で観察した写真

実験 2

目的　いろいろな大きさの消しゴムの粒を使って，それぞれの粒が一定の深さの水に沈むのにかかる時間を測定する。

予想　粒の大きさがちがうと沈むのにかかる時間もちがう。

材料と道具　消しゴム・水・カッターナイフ・ものさし・虫めがね・ピンセット・深い水槽（すいそう）
ストップウォッチ

方法
1. 消しゴムをカッターナイフで切って，いろいろな大きさの立方体の粒を作った。立方体は一辺の長さが 10 mm，5 mm，4 mm，3 mm，2 mm，1 mm，0.5 mm の 7 種類で，5 個ずつ作った。小さいものは虫めがねで見ながら切った。
2. 水槽に水を入れた。
3. 一人がピンセットを使って粒を 1 個つまみ，水槽の水面で静かに放した。
4. 別の一人が，粒が沈み始めてから水槽の底につくまでの時間をストップウォッチではかり記録した。
5. 作ったすべての粒について， 3. ～ 4. を行い，平均を求めた。

立方体の粒の一辺の長さを「一辺の長さ」，粒が水面から底まで沈むのにかかった時間を「沈む時間」と呼ぶことにする。

結果

いろいろな大きさの消しゴムの粒が水の中で沈むのにかかる時間

一辺の長さ (mm)	沈む時間（秒）					
	1 個目	2 個目	3 個目	4 個目	5 個目	平均
10	2.06	2.25	あ	1.90	2.15	2.10
5	2.72	2.99	3.01	2.74	3.14	2.92
4	3.09	3.20	3.31	3.23	3.12	い
3	3.58	3.74	3.72	3.77	3.44	3.65
2	4.61	4.22	4.90	4.24	4.53	4.50
1	7.32	7.04	7.21	7.48	7.00	7.21
0.5	15.45	14.37	14.00	16.55	14.63	15.00

2021(R3) 栄光学園中
教英出版

栄一くんは，この実験で観察した砂・ビーズ・泥のしまもようが，旅行のときにがけで観察した大地のしまもよう（**図３**）によく似ていることに気がつきました。

図３　大地のしまもよう

問１　**図３**のような大地のしまもようを何といいますか。漢字で答えなさい。

「なぜこのようなしまもようができるのだろう？」
そう疑問に感じた栄一くんは，友達といっしょに，さらに実験をやってみることにしました。

栄一くんは学校の理科の授業で，次のような実験をしました。

実験 1

方法 1. 高さ 30 cm の透明(とうめい)な容器に砂・白いビーズ（細かいガラスの粒(つぶ)）・泥(どろ)を入れ，水で満たし，ふたをした。

2. 容器を何度かひっくり返して，中のものをよく混ぜた。（図１）

3. 容器を平らな台の上に立てて置き，しばらくそのままにした。

結果 砂・ビーズ・泥が沈(しず)んで水は透明になり，容器の底に下から順に砂・ビーズ・泥が分かれて積もり，しまもようができた。（図２）

図１ 混ぜたところ

図２ 砂・ビーズ・泥が積もったようす

２０２１年度

入学試験問題

理　　科

４０分

1．受験番号・氏名を解答用紙に書くこと。

2．受験番号は算用数字で書くこと。(例:123)

3．鉛筆(えんぴつ)などの筆記用具・消しゴム・コンパス・配付された定規以外は使わないこと。

4．用紙を立てて見ないこと。

5．質問(印刷不明のところだけ)のある場合，鉛筆などを落とした場合，トイレに行きたくなった場合，気持ちが悪くなった場合は，だまって手をあげること。

6．解答用紙のみ回収します。

2．次の問に答えなさい。ただし，円周率は 3.14 とします。

半径が 10 cm の円と一辺の長さが 15 cm の正方形について考えます。

(1) 円を，正方形から離(はな)れないように正方形の周りを一周転がしたとき，円が通過する範囲(はんい)の面積を求めなさい。

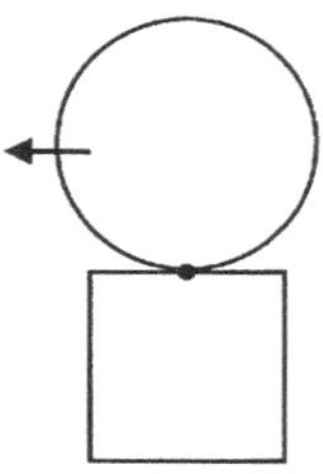

(2) 正方形を，向きを保ったまま（回転することなく），円から離れないように円の周りを一周動かすと，下の図のようになります。

① 正方形が通過する範囲の外周（右はじの図の太線部）の長さを求めなさい。

② 正方形が通過する範囲の面積を求めなさい。

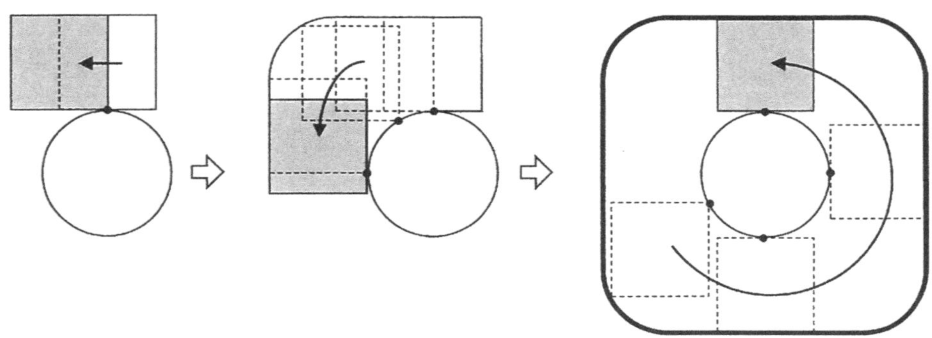

(3) 円の半径は 10 cm のままで，正方形の一辺の長さを変えました。(1)のように円を動かしたときに円が通過する範囲の面積と，(2)のように正方形を動かしたときに正方形が通過する範囲の面積が等しくなりました。このとき正方形の面積を求めなさい。

(4) このさいころを3回ふったところ，出た目は大きくなっていきました。また，手前の面は下の図のようになりました。

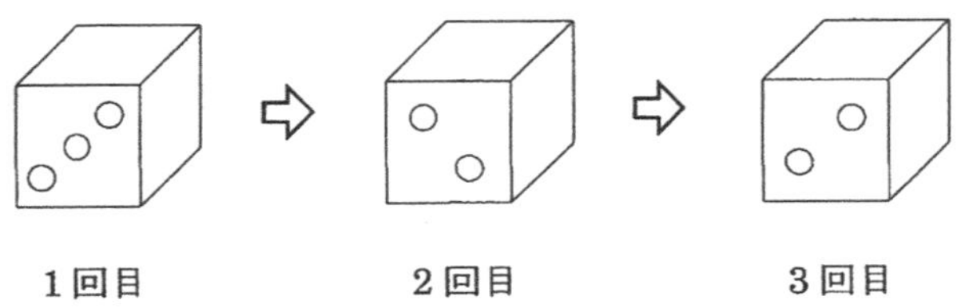

出た目として考えられる組み合わせを，答え方の例にならってすべて答えなさい。

【答え方の例】 1，2，3の順に出た場合……（1，2，3）

1．立方体の各面に，下のような1～6の目がかかれたシールを1枚ずつ貼り，さいころを作りました。

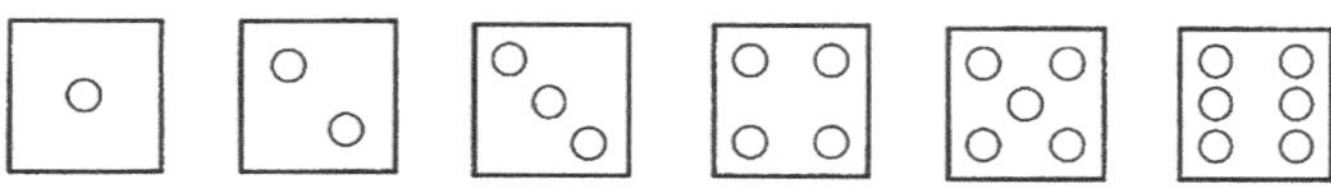

このとき，さいころの向かい合う面の目の和が7になるようにしました。

(1)　このさいころを2の目を上にして，ある方向から見ると図1のように見えました。また，1の目を上にして，ある方向から見ると（図2），見えた目は図1で見えた目とはすべて異なりました。手前の面（斜線が引かれた面）の目を算用数字で答えなさい。

図1　　　　　図2

(2)　下の図はこのさいころの展開図です。□と□，□と□，□と□の目の向きの違いに注意して，展開図を完成させなさい。

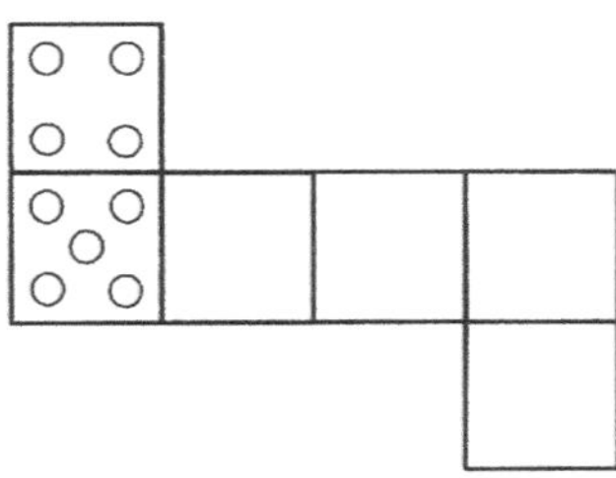

(3)　このさいころを4回ふったところ，出た目（上面の目）は大きくなっていきました。また，手前の面（斜線が引かれた面）の目はすべて2でした。□または□を正しくかきいれなさい。

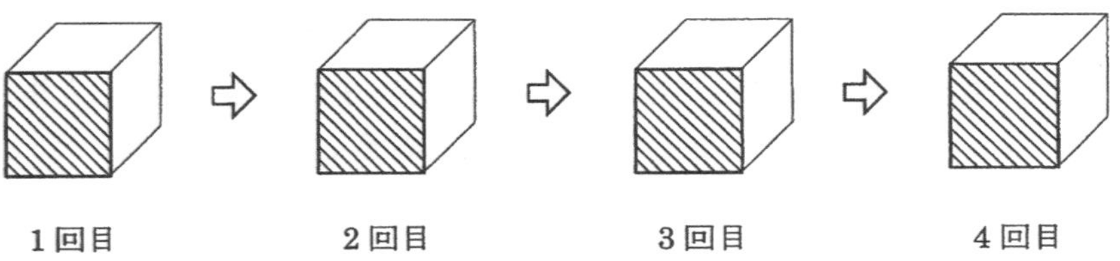

1回目　　2回目　　3回目　　4回目

２０２１年度

入学試験問題

算　数

６０分

1．受験番号・氏名を解答用紙に書くこと。

2．受験番号は算用数字で書くこと。（例:123）

3．鉛筆（えんぴつ）などの筆記用具・消しゴム・コンパス・配付された定規以外は使わないこと。

4．用紙を立てて見ないこと。

5．問題を解くために，問題用紙を切ったり折ったりしないこと。

6．問題を解くために，問題用紙と解答用紙以外に書き込（こ）みをしないこと。

7．特に指示がある場合を除いて、解答のみ解答用紙に書くこと。

8．質問（印刷不明のところだけ）のある場合，鉛筆などを落とした場合，トイレに行きたくなった場合，気持ちが悪くなった場合は，だまって手をあげること。

9．解答用紙のみ回収します。

梓は窓の外に目を向けた。
「それは、違うんじゃないかな」
「えっ？」
「だってオレから連絡して、都合つけてもらってるわけだし」
「それはそうかもしれないけど」
梓の不満気な声に朔は鼻をこすった。
「アズは、オレが視覚障がい者だから、境野さんは気を遣うべきだって思ってるんじゃない？」
③梓は朔を見て、視線をさげた。
「オレは嬉しかった。境野さんが新宿でって言ってくれて」
「………」
「て言っても、結局アズに迷惑かけちゃってるんだけど」
「迷惑なんて思ってないよ」
「うん……。ありがとう」
「ありがとうとかもいらない。ふたりで出かけるのって久しぶりだし、わたしだって嬉しいし」
梓が言うと、朔は柔らかく口角をあげた。
三十分ほどして新宿駅に着いた。車内は空いていたけれど、新宿駅は平日の日中でも大勢の人が足早に行きかっている。
ホームに降りた途端、発車を知らせるメロディーや構内放送、行きかう人の足音に話し声……、あらゆる音が洪水のように朔の耳に流れ込んできた。白杖を握る手が汗ばむ。すっと息を吸い、白杖を握り直したとき、うしろからどんと誰かが肩にぶつかった。
バランスを崩す。一瞬、朔は立っている方向を見失った。
「朔、大丈夫？」
梓の手を背中に感じて首肯したけれど、声が出なかった。前から横からうしろから、あらゆる方向に人が行きかう。へたに白杖を動かすとはじかれそうになる。梓は朔の左腕をつかんでぴたりとからだを寄せた。

「エスカレーター、点検中だ。階段で行くけど」
「大丈夫」
階段の前で梓が足を止めると、うしろの男が舌打ちして抜(ぬ)かしていった。足の裏で丸い点字ブロックをとらえる。
「手すり持ったほうがいいでしょ」
梓が右側に移って背中に手を当てた。
階段の高さや幅(はば)を白杖で確かめて、朔は足を上げた。わきが汗ばみ、呼吸が浅くなる。
「あともう少し」
梓の声の直後、手すりが水平になり足元にまた点字ブロックを感じた。
梓が左側に立つと、朔は反射的に梓の腕をつかんだ。
新宿駅は何度も利用したことのある駅だ。ホームから改札口までの構造もだいたい頭に入っている。そのつもりだったのに、立っている方向がわからなくなった途端、すべてが飛んだ。
「ごめん」
「なに？」と首を傾げる梓に、ううん、と朔はかぶりを振った。

待ち合わせの店は、駅から徒歩五分ほどのところにあるカフェだった。
入り口のドアを開けると、カランコロンとカウベルが音を立て、珈琲(コーヒー)の香(こう)ばしい匂(にお)いがした。
「④滝本(たきもと)君！」
店の奥(おく)から声が聞こえると、朔はほっと息をついて声のほうにからだを向けた。梓が同じほうに顔を向けると、窓際(まどぎわ)の席で四十歳(さい)くらいの細身の男が右手をあげていた。
「元気そうだね」
「境野さんも」
「なんとかね。えっと、彼女(かのじょ)は？」
境野は梓のほうに目をやって、どうもと笑(え)みを浮(う)かべた。

「上城梓です。初めまして」

「こんにちは。なんだ滝本君は彼女いたのか。ちっともそんな話しないからさ」

「聞かれてませんし、言いませんよ、わざわざ」

朔は苦笑した。

「まあ座ろう。ここの珈琲美味しいんだよ。滝本君、珈琲好きだろ。上城さんはなににする？」

境野はメニューを広げて梓のほうに向けた。

「じゃあ、わたしも同じもので」

境野は珈琲を三つ注文すると、「水の入ったグラスは正面、その左におしぼり置くよ」と、グラスを朔の前に、左側におしぼりを置いた。

「どうも」と朔はグラスに手を伸ばして、口を湿らせると顔をあげた。

「それで、電話でお話ししたことなんですけど」

「ああ、(注2)ブラインドマラソンのことだよね」

「やってみたいんです、オレ」

「えっ！」

梓の声に、境野が驚いたように顔をあげた。

「あ、すみません。ちょっとびっくりしちゃって」

そう言って梓はちらと朔を見た。

お待たせしました、とウエートレスが珈琲カップをテーブルにのせて向こうへ行くと、朔は背筋を伸ばした。

「スポーツって小学校の頃にやってたくらいで、走るのも得意じゃないし、正直言うと体力とか自信ないんですけど」

境野はうんうんと頷いて、イスの背からからだを離した。

「体力云々っていうのは気にしなくてもいいと思うよ。そんなのはトレーニングしていけば自然とついていくしね。それにマラソンっていったっていきなり四十二・一九五キロ走らなきゃいけないなんてことはないんだから。大会にしたってハーフもあるし、五キロとか十キロなんていうレースもあるから。僕としてはランナーが増えてくれるっていうのは嬉しい」

「あの、境野さんって」
[b]おずおずと梓が口を挟(はさ)むと、朔が口角をあげた。
「盲学校の先生でブラインドマラソンをやってる人がいて、境野さんはその先生の伴走者(ばんそうしゃ)。で、陸上部のコーチもやってくれてる」
「コーチっていっても月に一、二度行けるかどうか、って程度なんだけどね」
境野は額をこすりながら、まあ僕のことはどうでもいいんだけどと眉(まゆ)を動かした。
「滝本君がやってみたいっていうなら、もちろん協力はするよ。まずは練習だけど、日曜に代々木公園で練習会をやってるから、そこに参加してみたらどうだろう」
「代々木公園ですか」
「毎月第一日曜にやってるから」
「でも、いきなりそんなところへ行って大丈夫？」
梓が朔の表情をうかがうように言うと、境野はにっと笑った。
「ウォーキングの人もいるし、走力に応じて練習するから心配はないよ。走れる格好だけしてきてくれれば、伴走者もそのときに(注3)マッチングするし」
「伴走者ですけど」
「ん？」
「練習会に、伴走者も一緒に参加することはできますか？」
「え、もう決まってるの？」
驚いたように言う境野に、「はい」と朔は頷いた。
「あ、もしかして上城さん？」
「わたし？」
「じゃないです」と朔はかぶりを振った。
「弟に、頼(たの)むつもりです」

梓はことばを呑み込むようにして、朔の横顔を見た。

「弟クンかぁ、いまいくつ？」

「高校一年で、もうすぐ十六になります」

境野は低くうなりながらカップを口に運んだ。

「高校生は、ダメですか？」

「ダメっていうことはないんだよ」

カチャッと音を立ててカップをソーサーの上に戻した。

「でも」

「でも？」

「兄弟っていうのは、なかなか難しいと思うよ」

「それでも、オレは弟に伴走してもらいたいんです」

境野は朔をじっと見て、ゆっくり頷いた。

「それなら今度の日曜日、代々木公園に来られる？　僕が君たちの練習付き合うよ」

「でも、練習会があるならそのときに」

「今月はもう終わっちゃったんだよね。代々木公園ではほかの団体も練習会をやってるから、そこに参加してもいいんだけど……。最初は僕のほうが気兼ねないだろ？」

「それは、はい」

「なら日曜日、ふたりで来なよ。言っておくけど、(注4)レクチャーを受けないまま練習を始めさせるわけにはいかないからね」

境野の口調は柔らかいけれど、ことばには毅然とした厳しさが混じっていた。

「伴走者には資格もなければ、特別な技術が必要なわけでもない。それでも視覚障がい者についての基礎的な知識や、伴走にあたっての注意点を知らないまま練習をスタートするのは、僕は認めないからね」

「わかりました。よろしくお願いします」

境野は「おう」と応えてカップを口に運んだ。

小一時間ほど話をしたあと、境野は一足先に店を出た。梓は苺のパフェを追加で注文してから、視線をあげた。
「新ちゃんのため？」
「ん？」
「ブラインドマラソン」
「そういうわけじゃないよ」
「じゃあどういうわけ？」
朔は水滴のついたグラスに指を当てた。
「べつに。なにか始めてみたいと思って」
「でも、走るの好きじゃないでしょ。なにか始めてみたいっていうのは、わかるんだけど、マラソンって朔っぽくないよ」
「だからだよ」
「だから？」
そう、と朔はひと言言って冷めた珈琲を口に含んだ。
「いままでのオレとは違うことをしてみたいんだ。どうせ始めるなら、見えていたときのオレなら絶対にしていなかったことをしたい」
「………」
お待たせしました、とウエートレスがパフェを運んできた。
梓は生クリームをスプーンですくって、いたずらそうな笑みを浮かべて朔の顔に近づけた。
「⑤じゃあ、これも食べてみる？」
甘いクリームの匂いに朔は苦笑した。
「それはいいや」
「なーんだ、つまんない」と梓はクリームをぱくりとした。

（いとうみく『朔と新』）

（注１）白杖＝視覚に障がいのある人が歩行する際、使用する白い杖。
（注２）ブラインドマラソン＝視覚に障がいのある人が走るマラソン。
（注３）マッチング＝組み合わせること。
（注４）レクチャー＝説明。

問一　波線部ａ「閉口した」、ｂ「おずおずと」の意味として最も適当なものを次の中から選び、それぞれ記号で答えなさい。

ａ「閉口した」
ア　疲れ果ててしまった
イ　飽き飽きしてしまった
ウ　怒りで心を閉ざした
エ　あわれみの情がわいた
オ　困り果ててしまった

ｂ「おずおずと」
ア　ごく自然なふるまいで、さりげない様子
イ　おそるおそる、ためらいながら行動する様子
ウ　あわてず、ゆっくりと静かにふるまう様子
エ　気になることがあって、落ち着かない様子
オ　納得のいかないことがあって、不満げな様子

問二　傍線部①「さっきより少しやわらいだ表情をしていた。」とありますが、それはなぜですか。

問三　傍線部②「ふーん、と曇った返事をする」とありますが、ここから梓のどのような気持ちが読み取れますか。

問四　傍線部③「梓は朔を見て、視線をさげた。」とありますが、それはなぜですか。最も適当なものを次の中から選び、記号で答えなさい。

ア　自分が朔のことを、手助けしてあげなければならない対象として見ていたことに気がついて、気まずくなったから。
イ　盲学校のボランティアであるならば障がい者を深く理解するべきだと決めつけていたことを、恥ずかしく思ったから。
ウ　久しぶりの二人きりの外出であるのに、自分がもちかけた話題で暗い雰囲気になってしまったと、後悔したから。
エ　ボランティアの境野の方が自分よりも良き理解者であると朔が考えていることが分かり、がっかりしているから。
オ　自分が朔のことを思って発言した意見に対して、批判的なことを言ってくるので、じわじわと憎しみを感じたから。

問五　傍線部④「滝本君！」と声をかけられたことで、朔は境野の存在に気づきます。この後の文中に、境野が視覚障がい者一般（いっぱん）に対して必要な配慮（はいりょ）を示している箇所（かしょ）があります。そのふるまいが描（えが）かれた一文を抜き出し、最初の五文字を答えなさい。（字数には句読点等もふくみます。）

問六　傍線部⑤「じゃあ、これも食べてみる？」とありますが、「じゃあ」の部分を、その内容がはっきりするように、分かりやすく言いかえなさい。

【三】　次のカタカナの部分を漢字に直しなさい。

1　エンガンで漁業を営む。
2　台風で屋根がハソンした。
3　被災地（ひさいち）にトイレをカセツする。
4　ザッシを毎月買っている。
5　店のカンバンをかたづける。
6　ユウビン局で葉書（はがき）を買う。
7　母のキョウリは岩手県である。
8　ヨウジ教育にかかわる。
9　親族のケイズを調べる。
10　シフクを肥やす。
11　ムネが苦しい。
12　セーターをアむ。
13　入学をイワう。
14　ほめられてテれる。
15　締（し）め切りをノばす。

２０２０年度

入学試験問題

国　　語

５０分

1．受験番号・氏名を解答用紙に書くこと。

2．受験番号は算用数字で書くこと。（例：123）

3．答はすべて解答用紙に記入すること。

4．配付されたもの以外の下じき・用紙は使わないこと。

5．用紙を立てて見ないこと。

6．質問（印刷不明のところだけ）のある場合，鉛筆（えんぴつ）などを落とした場合，トイレに行きたくなった場合，気持ちの悪くなった場合は，だまって手をあげること。

栄光学園中学校

2020(R2) 栄光学園中
K 教英出版

【一】 次の文章を読んで、あとの問に答えなさい。

見えない人が「見て」いる空間と、見える人が目でとらえている空間。それがどのように違うのかは、一緒に時間を過ごす中で、ふとした瞬間に明らかになるものです。

たとえば、先ほども登場していただいた(注1)木下路徳さんと一緒に歩いているとき。その日、私と木下さんは私の勤務先である東京工業大学(注2)大岡山キャンパスの私の研究室でインタビューを行うことになっていました。

私と木下さんはまず大岡山駅の改札で待ち合わせて、交差点をわたってすぐの大学正門を抜け、私の研究室がある西9号館に向かって歩きはじめました。その途中、一五メートルほどの緩やかな坂道を下っていたときです。木下さんが言いました。「大岡山はやっぱり山で、いまその斜面をおりているんですね」。

私はそれを聞いて、かなりびっくりしてしまいました。なぜなら木下さんが、そこを「山の斜面」だと言ったからです。毎日のようにそこを行き来していましたが、私にとってはそれはただの「坂道」でしかありませんでした。

つまり私にとってそれは、大岡山駅という「出発点」と、西9号館という「目的地」をつなぐ道順の一部でしかなく、曲がってしまえばもう忘れてしまうような、空間的にも意味的にも他の空間や道から(注3)分節化された「部分」でしかなかった。それに対して木下さんが口にしたのは、もっと(注4)俯瞰的で空間全体をとらえるイメージでした。

確かに言われてみれば、木下さんの言う通り、大岡山の南半分は駅の改札を「頂上」とするお椀をふせたような地形をしており、西9号館はその「ふもと」に位置しています。その頂上からふもとに向かう斜面を、私たちは下っていました。

けれども、見える人にとって、そのような俯瞰的で(注5)三次元的なイメージを持つことはきわめて難しいことです。坂道の両側には、(注6)サークル勧誘の立て看板が立ち並んでいます。学校だから、知った顔とすれ違うかもしれません。前方には混雑した学食の入り口が見えます。目に飛び込んでくるさまざまな情報が、見える人の意識を奪っていくのです。あるいはそれらをすべて(注7)シャットアウトしてスマホの画面に視線を落とすか。そこを通る通行人には、自分がどんな地形のどのあたりを歩いているかなんて、想像する余裕はありません。

そう、私たちはまさに「通行人」なのだとそのとき思いました。「通るべき場所」として定められ、方向性を持つ「道」に、いわばベルトコンベアのように運ばれている存在。それに比べて、まるでスキーヤーのように広い平面の上に自分で線を引く木下さんのイメージは、より開放的なものに思えます。

物理的には同じ場所に立っていたのだとしても、その場所に与える意味次第では全く異なる経験をしていることになる。それが、木下さんの一言が私に与えた驚きでした。人は、物理的な空間を歩きながら、実は脳内に作り上げたイメージの中を歩いている。私と木下さんは、同じ坂を並んで下りながら、実は全く違う世界を歩いていたわけです。

①彼らは「道」から自由だと言えるのかもしれません。道は、人が進むべき方向を示します。もちろん視覚障害者だって、個人差はあるとしても、音の反響や（注８）白杖の感触を利用して道の幅や向きを把握しています。しかし、目が道のずっと先まで一瞬にして見通すことができるのに対し、音や感触で把握できる範囲は限定されている。道から自由であるとは、予測が立ちにくいという意味では特殊な慎重さを要しますが、だからこそ、道だけを特別視しない俯瞰的な（注９）ビジョンを持つことができたのでしょう。

全盲の木下さんがそのとき手にしていた「情報」は、私に比べればきわめて少ないものでした。少ないどころか、たぶん二つの情報しかなかったはずです。つまり「大岡山という地名」と「足で感じる傾き」の二つです。しかし情報が少ないからこそ、それを解釈することによって、見える人では持ち得ないような空間が、頭の中に作り出されました。

木下さんはそのことについてこう語っています。「たぶん脳の中にはスペースがありますよね。見える人だと、そこがスーパーや通る人だとかで埋まっているんだけど、ぼくらの場合はそこが空いていて、見える人のようには使っていない。でもそのスペースを何とか使おうとして、情報と情報を結びつけていくので、そういったイメージができてくるんでしょうね。さっきなら、足で感じる『斜面を下っている』という情報しかないので、これはどういうことだ？　と考えていくわけです。だから、②見えない人はある意味で余裕があるのかもしれないね。見えると、坂だ、ということで気が奪われちゃうんでしょうね。きっと、まわりの風景、空が青いだとか、スカイツリーが見えるとか、そういうので忙しいわけだよね」。

まさに情報の少なさが特有の意味を生み出している実例です。都市で生活していると、目がとらえる情報の多くは、人工的なものです。大型スクリーンに映し出されるアイドルの顔、新商品を宣伝する看板、電車の中吊り広告……。見られるために設えられたもの、本当は自分にはあまり関係のない＝「意味」を持たないかもしれない、純粋な「情報」もたくさんあふれています。視覚的な注意をさらっていくめまぐるしい情報の洪水。確かに見える人の頭の中には、木下さんの言う「脳の中のスペース」がほとんどありません。

それに比べて見えない人は、こうした洪水とは無縁です。もちろん音や匂いも都市には氾濫していますが、それでも木下さんに言わせれば「頭のなかに余裕がある」。さきほど、見えない人は道から自由なのではないか、と述べました。この「道」は、物理的な道、つまりコンクリートや土を固めて作られた文字通りの道であると同時に、比喩的な道でもあります。つまり、「こっちにおいで」と人の進むべき方向を示すもの、という意味です。

人は自分の行動を一〇〇パーセント自発的に、自分の意志で行っているわけではありません。知らず知らずのうちにまわりの環境に影響されながら行動していることが案外多いものです。

「寄りかかって休む」という行為ひとつとっても、たいていは寄りかかろうと思って壁を探すのではなくて、そこに壁があるから寄っかかってしまう。子どもの場合は特にその割合が高くなります。「いたずら」とはたいていそうしたものです。ボタンがあるから押したくなるし、台があるからよじ登ってしまう。環境に埋め込まれたさまざまなスイッチが（注10）トリガーになって、子どもたちの行動が誘発されていきます。

いわば、人は多かれ少なかれ③環境に振り付けられながら行動している、と言えるのではないでしょうか。

あるトリガーから別のトリガーへとめまぐるしく注意を奪われながら、人は環境の中を動かされていきます。人の進むべき方向を示す「道」とは、「こっちに来なさい、こっちに来てこうしなさい」と、行為を次々と導いていく環境の中に引かれた導線です。

たとえば京都の（注11）桂離宮に行くと、その場所でどこを見るべきかというまなざしの行方までもが計算されていることに気づきます。人の行動をいざなう「道」が随所に仕掛けられているわけです。実際に訪れてみて、桂離宮というのはまるで（注12）舞踏譜のようだなとしきりに感心しました。

桂離宮ではひとつの道が明瞭に引かれていますが、都市においては無数の道が縦横無尽に引かれています。しかもその多くは、人の欲望に強く訴えてくる。真夏のかんかん照りの道にコーラの看板があれば飲みたくなってしまうし、「本日三割引き」ののぼりを見ればついスーパーに入って余計な買い物をしてしまう。その欲望がもともと私の中にあったかどうかは問題ではありません。視覚的な刺激によって人の中に欲望がつくられていき、気がつけば「そのような欲望を抱えた人」になっています。

（注13）資本主義システムが過剰な視覚刺激を原動力にして回っていることは言うまでもないでしょう。それを否定するのは簡単ではないしするつもりはありませんが、都市において、④私たちがこの振り付け装置に踊らされがちなのは事実です。最近

ではむしろ、パソコンのデスクトップやスマートフォンの画面上に、こうしたトリガーは増殖しているかもしれません。仕事をするつもりでパソコンを開いたら買い物をしていた……よくあることです。私たちは日々、軽い記憶喪失に見舞われています。いったい、私が情報を使っているのか、情報が私を使っているのか分かりません。

（伊藤亜紗『目の見えない人は世界をどう見ているのか』光文社新書）

（注1）木下路徳さん＝一九七九年生まれ。生まれつき弱視で十六歳のときに失明。現在は全く目が見えない。
（注2）大岡山＝東京都の地名。
（注3）分節化＝切り分けること。区別すること。
（注4）俯瞰＝高所から見おろしてながめること。
（注5）三次元的＝立体的ということ。
（注6）サークル＝趣味を同じくする人の集まり。
（注7）シャットアウト＝閉め出すこと。
（注8）白杖＝目の不自由な人が歩行する際、使用する白い杖。
（注9）ビジョン＝展望。
（注10）トリガー＝引き金。ある物事を引き起こすきっかけになるもの。
（注11）桂離宮＝京都にあるたてものと庭園。江戸時代のはじめにつくられた。
（注12）舞踏譜＝舞踏の動きを文字や記号を用いて記録したもの。
（注13）資本主義システム＝経済のしくみのひとつ。

問一　傍線部①「彼らは『道』から自由だと言えるのかもしれません。」とありますが、「彼らは『道』から自由だ」とは、どういうことですか。

問二　傍線部②「見えない人はある意味で余裕がある」とは、木下さんによれば、どういうことですか。

問三　傍線部③「環境に振り付けられながら行動している」とは、どういうことですか。次の解答欄に合うように本文中から三十字以内で抜き出し、その最初と最後の五文字を答えなさい。（字数には句読点等もふくみます。）

□□□□□～□□□□□ということ。

問四　傍線部④「私たちがこの振り付け装置に踊らされがちなのは事実です。」とありますが、「この振り付け装置に踊らされ」るとは、どういうことですか。次の解答欄に合うように四十字以内で答えなさい。（字数には句読点等もふくみます。）

コーラの看板や「本日三割引き」ののぼりといった視覚刺激によって

ということ。

【二】 次の文章を読んで、あとの問に答えなさい。

誕生日に猟犬のブルーを買ってもらったマール・ヘンリーは、毎朝学校に行く前、仕かけたわなをブルーと森まで見に行くのを日課としていた。あるとき、学校でバーンズ先生の口まねをして先生を怒らせたマール・ヘンリーは翌朝早く学校に来るように命じられた。次の日の朝、学校に向かうマール・ヘンリーのあとについてきたブルーをマール・ヘンリーは森の入り口に置き去りにしてしまう。その日の午後、マール・ヘンリーは森に仕かけたわなに引っかかって脚を血まみれにしたブルーを発見した。

著作権に関係する弊社の都合により
本文は省略いたします。

教英出版編集部

2020(R2) 栄光学園中
K 教英出版

1．1からある数までのすべての整数の中から1つだけ取り除き，残った整数を考えます。
例えば，1から7までの整数から3を取り除くと，

1, 2, 4, 5, 6, 7

が残ります。
次の問に答えなさい。

(1)　1から100までの整数の中から1つだけ取り除きました。残った整数の平均は，$\frac{554}{11}$になりました。取り除いた整数を答えなさい。求め方も書きなさい。

(2)　1からある数までの整数の中から1つだけ取り除きました。残った整数の和は，600になりました。取り除いた整数を答えなさい。

(3)　1からある数までの整数の中から1つだけ取り除きました。残った整数の平均は，$\frac{440}{13}$になりました。取り除いた整数を答えなさい。

2．時針（短針）・分針（長針）・秒針がすべてなめらかに動く時計があります。この時計の針と針のなす角について，次の問に答えなさい。

ただし，針と針のなす角とは，2 本の針が作る角のうち，その大きさが 180 度以下のものを指します。

例えば，下の図において，時針と分針のなす角とは，印をつけた角のことです。

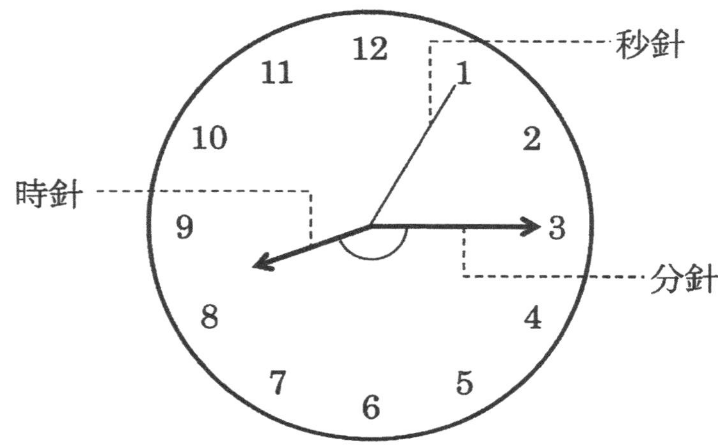

(1) 1 時 23 分 45 秒での，時針と秒針のなす角の大きさを答えなさい。

(2) 12 時 0 分 0 秒に，時針・分針・秒針の 3 本はぴったり重なります。この次に時針と分針がぴったり重なる時刻について考えます。

① 12 時 0 分 0 秒からこの時刻までに，時針は何度動きましたか。

② この時刻での，時針と秒針のなす角の大きさを答えなさい。

(3) 時針・分針・秒針の 3 本がぴったり重なるとき以外で，時針と分針がぴったり重なるときを考えます。これらの時刻の，時針と秒針のなす角のうち，最も小さいものの大きさを答えなさい。

(4) 時針・分針・秒針の 3 本がぴったり重なるとき以外で，いずれか 2 本がぴったり重なるときを考えます。これらの時刻の，重なっている 2 本の針ともう 1 本の針とのなす角のうち，最も小さいものの大きさを答えなさい。

3．図１のような１辺の長さが１cmの正六角形ABCDEFの内部を，まっすぐ進む点Pの道すじを考えます。点Pは辺に到達(とうたつ)すると，図２のようにはね返ります。ただし，頂点に到達した場合は，そこで止まります。

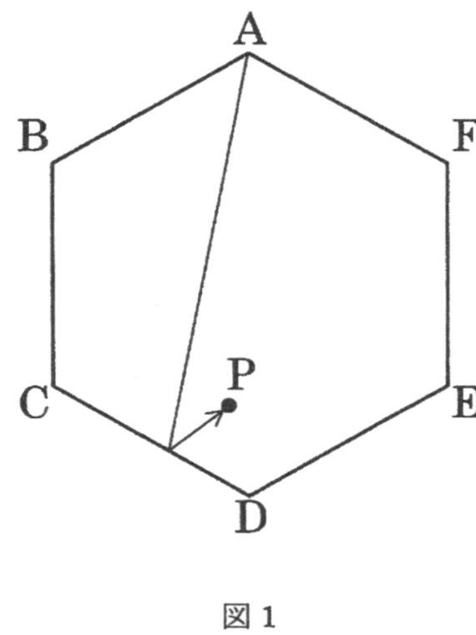

図１

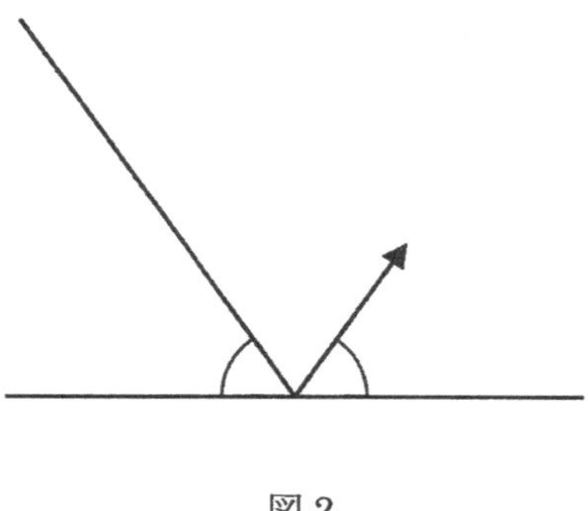

印をつけた２つの角の大きさが
等しくなるようにはね返る。

図２

点Pは頂点Aから出発して，はじめに辺CD上のどこかではね返りました。次の問に答えなさい。

(1)　はじめに辺CDではね返った後，次に到達する辺として考えられるものをすべて答えなさい。

(2)　はじめに辺CD上の点Xではね返り，次に到達する辺でもう１回はね返って，頂点Dに到達しました。CXの長さを答えなさい。

(3)　はじめに辺CD上の点Yではね返り，さらにもう２回はね返って，頂点Dに到達しました。CYの長さを答えなさい。

(4)　はじめに辺CDではね返り，さらにもう１回はね返った後，次に到達する辺または頂点を考えたとき，到達できない部分があります。その部分の長さの合計を答えなさい。

２０２０年度

入学試験問題

理　　科

４０分

1．受験番号・氏名を解答用紙に書くこと。

2．受験番号は算用数字で書くこと。（例：123）

3．答はすべて解答用紙に記入すること。

4．配付されたもの以外の下じき・用紙は使わないこと。

5．用紙を立てて見ないこと。

6．質問（印刷不明のところだけ）のある場合，鉛筆（えんぴつ）などを落とした場合，トイレに行きたくなった場合，気持ちの悪くなった場合は，だまって手をあげること。

必要ならば以下の値を使ってもよい。

$1.28 \times 1.28 = $ 約1.64

$1.28 \times 1.28 \times 1.28 \times 1.28 = $ 約2.68

$1.45 \times 1.45 = $ 約2.10

$1.45 \times 1.45 \times 1.45 \times 1.45 = $ 約4.42

$1.68 \times 1.68 = $ 約2.82

$1.68 \times 1.68 \times 1.68 \times 1.68 = $ 約7.97

$1.85 \times 1.85 = $ 約3.42

$1.85 \times 1.85 \times 1.85 \times 1.85 = $ 約11.7

$2.78 \times 2.78 = $ 約7.73

$2.78 \times 2.78 \times 2.78 \times 2.78 = $ 約59.7

$3.14 \times 3.14 = $ 約9.86

$3.14 \times 3.14 \times 3.14 \times 3.14 = $ 約97.2

1． 次に示した植物A～Dの名前を後のア～エから1つずつ選び，記号で答えなさい。図の縮尺は同じとは限りません。

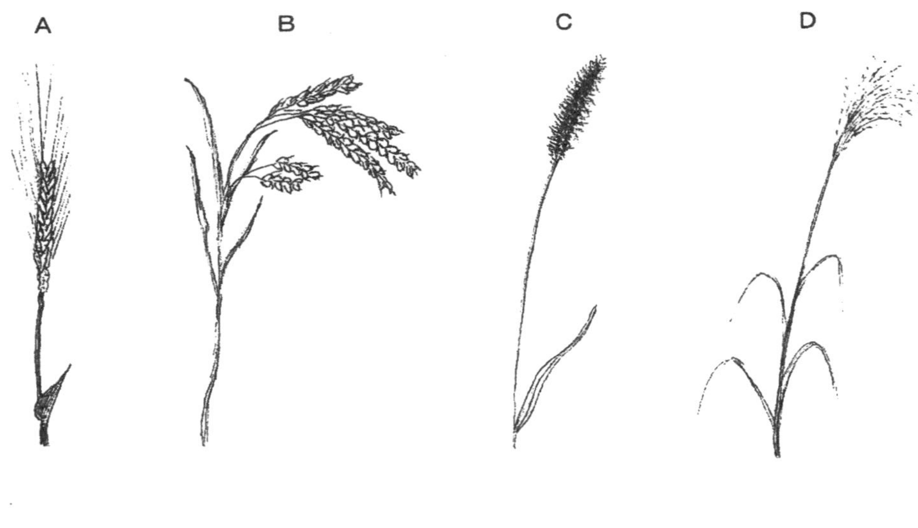

ア． イネ　　**イ．** ススキ　　**ウ．** コムギ　　**エ．** エノコログサ

2．小麦粉にはデンプンが多くふくまれていますが，他の成分もふくまれています。スパゲッティの材料となる小麦粉に水を加えてねり混ぜるとグルテンができます。水の中でもみ洗いすると，デンプンが外に流されてグルテンを取り出せます。グルテンはスパゲッティの「こし」の強さのもとになります。

問1　デンプンは，おもにエネルギーのもとになる栄養素です。この栄養素の種類として，最も適当なものを次の**ア**～**エ**から1つ選び，記号で答えなさい。

ア．炭水化物　　**イ**．脂質(ししつ)　　**ウ**．たんぱく質　　**エ**．ビタミン

問2　グルテンについて説明した次の文の空欄(くうらん)①に入る栄養素の種類として，最も適当なものを後の**ア**～**エ**から1つ選び，記号で答えなさい。

「グルテンは，［　①　］の一種です。［　①　］はおもに体をつくるもとになる栄養素です。」

ア．炭水化物　　**イ**．脂質　　**ウ**．たんぱく質　　**エ**．ビタミン

2020(R2) 栄光学園中
K 教英出版

3．栄一君は乾燥(かんそう)したスパゲッティの強さに興味を持ち，スパゲッティの太さや長さと，強さの関係を調べることにしました。

図1　スパゲッティの例

ふつうのスパゲッティは細長い円柱形をしています。まず，直径1.68mmのスパゲッティを100本とり，まとめて重さをはかりました。結果は82.5gでした。次に，この100本から1本ずつとって長さを測りました。結果は**表1**のようになりました。

表1　直径1.68mmのスパゲッティの長さと本数

長さ(mm)	本数
240	0
241	0
242	0
243	2
244	2
245	4
246	15
247	26
248	24
249	19
250	7
251	1
252	0
253	0
254	0
255	0
計	100

問1　直径1.68mmのスパゲッティの平均の長さは何mmですか。小数第1位まで求めなさい。

スパゲッティをわずかに曲げて両端をおさえるように持ち，少しずつ力をかけて曲げていくと，はじめのうちはしなり（力を受けて曲がること）が大きくなりますが，ある強さの力になるとスパゲッティは急にくだけて数本のかけらになります。このときの力の強さとスパゲッティの太さや長さの関係を調べてみることにしました。

直径1.28mm，1.45mm，1.68mm，1.85mmの4種類のスパゲッティを用意しました。各直径のスパゲッティを100mm，120mm，140mm，160mm，180mmの長さに10本ずつ切断しました。1本ずつについて以下の操作をしました。

1. キッチンスケール（はかり）の上に軽いゴム板とスパゲッティ1本をのせ，このときに表示の値が0になるように調整した。
2. ゴム板の上にスパゲッティを垂直に立て，スパゲッティの上の端を手でおさえた。
3. はじめスパゲッティを少しだけ横向きにしならせてから，折れるまで，下に向かって力を少しずつかけていった。
4. スパゲッティが折れる直前にキッチンスケールで表示されていた重さの値（単位g）を，スパゲッティが折れる力として記録した。

図2 折れる力の測定

太さと長さが同じスパゲッティ10本の折れる力の平均値をそれぞれ求めました。結果は**表2**のようになりました。

表2 スパゲッティが折れる力

長さ(mm)	折れる力(g)			
	直径1.28mm	直径1.45mm	直径1.68mm	直径1.85mm
100	53	90	150	239
120	40	64	115	167
140	28	47	86	128
160	21	36	68	98
180	18	30	54	78

問2 直径1.68mmのスパゲッティと直径1.85mmのスパゲッティは，成分も長さの平均値も同じであるとします。直径1.85mmのスパゲッティ1本の重さは，直径1.68mmのスパゲッティ1本の重さの何倍ですか。小数第1位まで求めなさい。

問3 横軸をスパゲッティの長さ，縦軸をスパゲッティが折れる力として，4種類のスパゲッティの測定の結果をグラフに表しなさい。直径のちがいが分かるように示しなさい。

問4 横軸をスパゲッティの直径，縦軸をスパゲッティが折れる力として，長さ100mm，140mm，180mmのスパゲッティの測定の結果をグラフに表しなさい。長さのちがいが分かるように示しなさい。

２０２０年度

入学試験問題

社　　会

４０分

１．受験番号・氏名を解答用紙に書くこと。
２．受験番号は算用数字で書くこと。(例:123)
３．答はすべて解答用紙に記入すること。
４．配付されたもの以外の下じき・用紙は使わないこと。
５．用紙を立てて見ないこと。
６．質問(印刷不明のところだけ)のある場合，鉛筆(えんぴつ)などを落とした場合，トイレに行きたくなった場合，気持ちの悪くなった場合は，だまって手をあげること。

私たちが生活すると，必ずごみが出ます。ごみは，私たちが「必要ない」と思って捨てるものです。ごみはどこに行くのでしょうか。

清掃工場は，ごみを焼却する施設のことをいいます。ここでは，焼却施設と呼ぶことにします。ごみを焼却することは，ごみ処理の方法のひとつです。しかし，すべてのごみが焼却されるわけではありません。

以下，家庭や学校，会社の事務所などから出るごみ（工場などから出るごみはのぞく。）について，考えてみましょう。

Ⅰ **表 1** や**図 1** を見て，問に答えなさい。

問 1　**表 1** は，2017 年に出されたごみの総量を都道府県別にまとめ，その上位 6 つとそれぞれの人口を示したものです。**表 1** の（　A　）と（　B　）にあてはまる道府県を次の**ア**〜**オ**からそれぞれ選び，記号で答えなさい。

ア　愛知県　**イ**　神奈川県　**ウ**　京都府　**エ**　福岡県　**オ**　北海道

表 1　おもな都道府県で出されたごみの総量（2017 年）

都道府県	出されたごみの総量	人口
東京都	441.7 万 t	1362.7 万人
大阪府	305.4 万 t	885.5 万人
（ A ）	287.3 万 t	917.2 万人
（ B ）	252.2 万 t	754.7 万人
埼玉県	230.4 万 t	735.9 万人
千葉県	207.5 万 t	629.9 万人
全国	4289.4 万 t	12771.8 万人

環境省環境再生・資源循環局『日本の廃棄物処理（平成 29 年度版）』をもとに作成。

問2　**図1**は，2017年に東京23区で集められたごみのおもなゆくえや，それぞれの量を長方形で示そうとしたものです。**図1**中の**[1]**は，集められたごみの量とその内わけを表しています。**[2]**は，焼却施設とそれ以外の施設で処理されたごみの量を表しています。**[3]**は，ごみが最後にどのような量になるのかを表そうとしたものです。ここでは，ごみの量をくらべやすいように，**[1]**～**[3]**それぞれの図の縦の長さをそろえてあります。

図中に示した数字を見て，うめ立てられたごみと資源に変えられたごみの量がそれぞれわかるように，**[2]**のかき方にならって，**[3]**の図のつづきをかいて長方形を完成させなさい。

図1　東京23区で集められたごみのおもなゆくえ

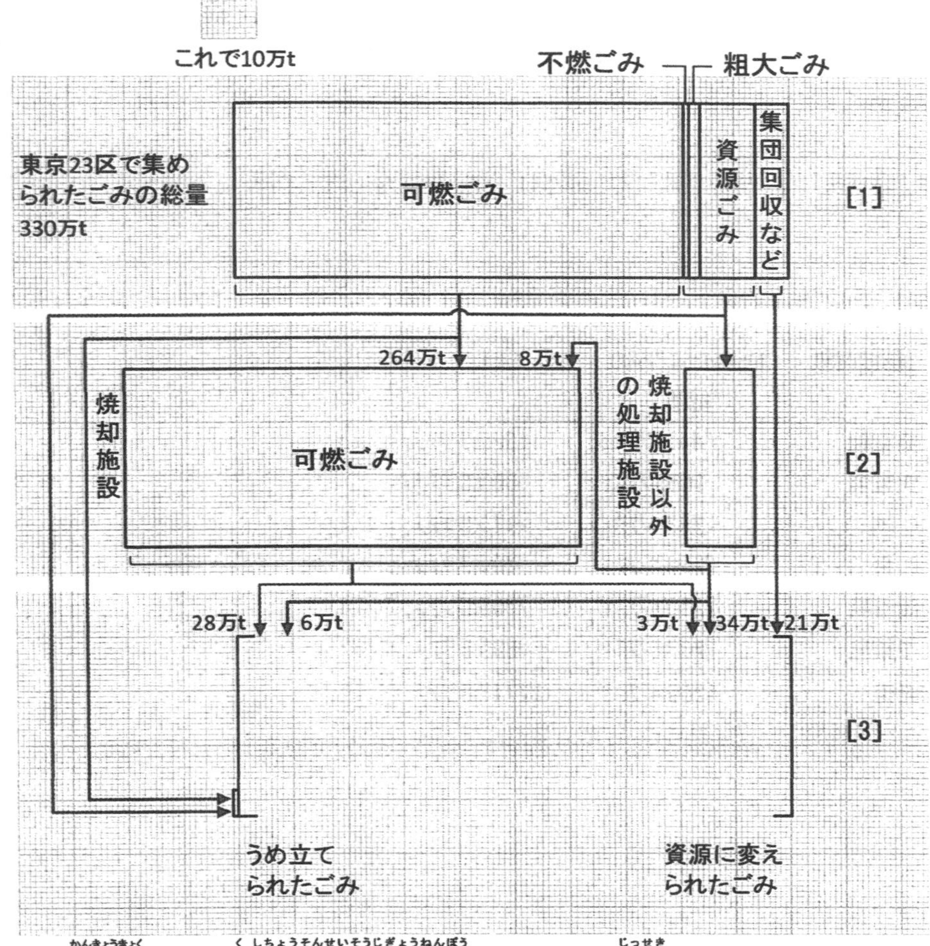

東京都環境局『東京都区市町村清掃事業年報　平成29年度実績』をもとに作成。

※「可燃ごみ」には，紙，生ごみ，プラスチックなどがふくまれる。「不燃ごみ」「粗大ごみ」「資源ごみ」には，金属・ガラス・焼き物，ふとんや家具，缶などがふくまれる。また，「集団回収」とは，資源として地域などのグループで自主的に集めて出されたもののことをいう。

問 3　問 2 で完成させた**図 1** を見て，焼却施設に運ばれた可燃ごみの量と，焼却施設から出されたごみの量をくらべて，その差がどのようにして生まれるのか，説明しなさい。

問 4　**図 1** 中の「粗大ごみ」について，次の(1)(2)に答えなさい。

(1) 粗大ごみは「焼却施設以外の処理施設」でどのように処理されますか。**図 1** を参考にして答えなさい。

(2) かつておもに粗大ごみとして出されていたテレビ，冷蔵庫，エアコン，洗たく機は，現在は法律により，販売店（はんばいてん）などによって回収されることになっています。この法律を答えなさい。

問 5　**図 1** 中の「資源ごみ」について，次の文章を読んで，後の(1)(2)(3)に答えなさい。

資源ごみのうち，スチール缶は，とかされて鉄製品に生まれ変わります。（　**C**　）は，たとえば洋服や定規，卵のパックなどに生まれ変わります。①さまざまな種類の紙も，いろいろな製品に再生されています。家具などは，別の人が再利用することもあります。

このように，ごみを資源に変えること（リサイクル）や，ものをくりかえし使うこと（リユース）は，私たちが地球環境のためにできることを表す「3R」にふくまれています。しかし，資源にしきれないごみや再利用できないごみもあり，くり返し使うことにも限度があることから，②「リデュース」が不可欠であるといえるでしょう。

(1) 文中の（　**C**　）にあてはまるものを答えなさい。

(2) 文中の下線部①について，紙のリサイクルでは，古紙の種類によって異なる紙の原料になります。このうち，牛乳パックはおもに何に再生されますか。次の**ア**～**ウ**から 1 つ選び，記号で答えなさい。

ア　新聞紙　　**イ**　段ボール　　**ウ**　トイレットペーパー

(3) 文中の下線部②について，ここでいう「リデュース」とはどのようなことか，答えなさい。

Ⅱ 次の文章を読んで，後の問に答えなさい。

都市から発生したごみをうめ立てることは，古くから行われていました。東京では江戸時代以来，町で発生したごみのほとんどは東京湾の近くの低い土地や，人工的に造られた島に運ばれて，そのままうめられてきました。

ごみの処理方法について，ごみの量が特に多い東京 23 区を例にしながら，もう少し考えてみましょう。

第二次世界大戦が終わり高度経済成長期に入ると，人びとの生活も豊かになりました。特に東京 23 区では，①急激な人口増加や都市開発が進み，昼間東京に働きにくる人も増加しました。それにともなって，②生じるごみの量もそれまでよりもはるかに多くなりました。そうした中，昭和のはじめころから使用していた人工島（8 号地）へのごみのうめ立てが 1962 年に完了し，さらに沿岸に造られた「夢の島」（14 号地）のうめ立てが進められました。しかしこのころになっても，東京 23 区で発生したごみは，生ごみもふくめてその大半がまだそのままうめ立てられていました。

このような処理の結果，ごみのうめ立て地やその周辺では，③地域の人たちの健康を害する問題が起きました。ごみが増えたことで，人びとの暮らしに多くの悪影響が出てきたため，東京都は直接うめ立てるごみの量を減らすとともに，衛生的にごみ処理を行うことを目指しました。そのための方法が，ごみの焼却です。

この時期にはごみの種類も多様になりました。中でも特に量が増えたのがプラスチックのごみでした。それまで使われていた木材や紙などに代わって，容器や包装，おもちゃなどの用途に，軽くてじょうぶなプラスチックが使われるようになったためです。しかし，④ごみとなったプラスチックは，これまでとちがう新たな問題を引き起こすことがありました。

同じころ，⑤東京都は各区に焼却施設を新設しようとしましたが，これは計画通りには進みませんでした。その後 1970 年代になると，都は「自分の区で出たごみは自分の区で処理する」という原則をおし進め，焼却施設は増えていきました。現在では多くの区に焼却施設ができており，これらの施設では⑥かつての焼却施設にあったような問題点を解消するためのくふうがなされています。また，⑦ごみを燃やすことによって発生するものをさまざまな形で利用しています。

一方，ごみのうめ立ては現在でも行われています。うめ立てられるごみ自体が完全になくなることはないのです。ですから，今使用しているうめ立て処分場も，このままではいずれいっぱいになってしまいます。

問 1　下線部①について，右のページの**図 2** は，東京 23 区の 1955 年から 1972 年にかけての建物の用途別床面積を表したものです。図中の**D**が示しているものを，次の**ア**～**エ**から 1 つ選び，記号で答えなさい。

ア　工場
イ　倉庫
ウ　店，旅館，ホテル，事務所，銀行
エ　劇場，映画館，病院，浴場

二〇二〇年度
国語解答用紙

受験番号

氏名

評点

※70点満点
(配点非公表)

【一】

問一

問二

問三

〜

ということ。

問四　コーラの看板や「本日三割引き」ののぼりといった視覚刺激によって

ということ。

【二】

4．

(1) ①

	Ⓐ	Ⓑ	Ⓒ	Ⓓ
Ⓔ				
Ⓕ				
Ⓖ				
Ⓗ				

②

	Ⓐ	Ⓑ	Ⓒ	Ⓓ
Ⓔ				
Ⓕ				
Ⓖ				
Ⓗ				

(2)

(3) ①

	Ⓐ	Ⓑ	Ⓒ	Ⓓ
Ⓔ	○	○	△	×
Ⓕ		△	×	
Ⓖ				△
Ⓗ				

②

	Ⓐ	Ⓑ	Ⓒ	Ⓓ
Ⓔ		△	○	○
Ⓕ				
Ⓖ	×	×		
Ⓗ				○

(4)

(5)

50

0

100 120 140 160 180

長さ (mm)

50

0

0 0.5 1 1.5 2

直径 (mm)

問5 A B C D ※

問6 ①

②

※

問7 ③ ④ ※

問8 E F G

問9 ⑤ ※

Ⅱ

問1 問2 問3

問4 そのままうめ立てる場合

焼却する場合

※

問5

問6

※

問7 ⇒ 利用例

⇒ 利用例

※

Ⅲ

問1 a b c d 問2

※

問3

※

Ⅳ

問1

※

問2

問3

※

2020年度　**社　会**　解答用紙　（注意　※のあるところには記入しないこと。）

受験番号		氏名	

評点	※ ※50点満点 （配点非公表）

I

問1　A　　B　　※

問2

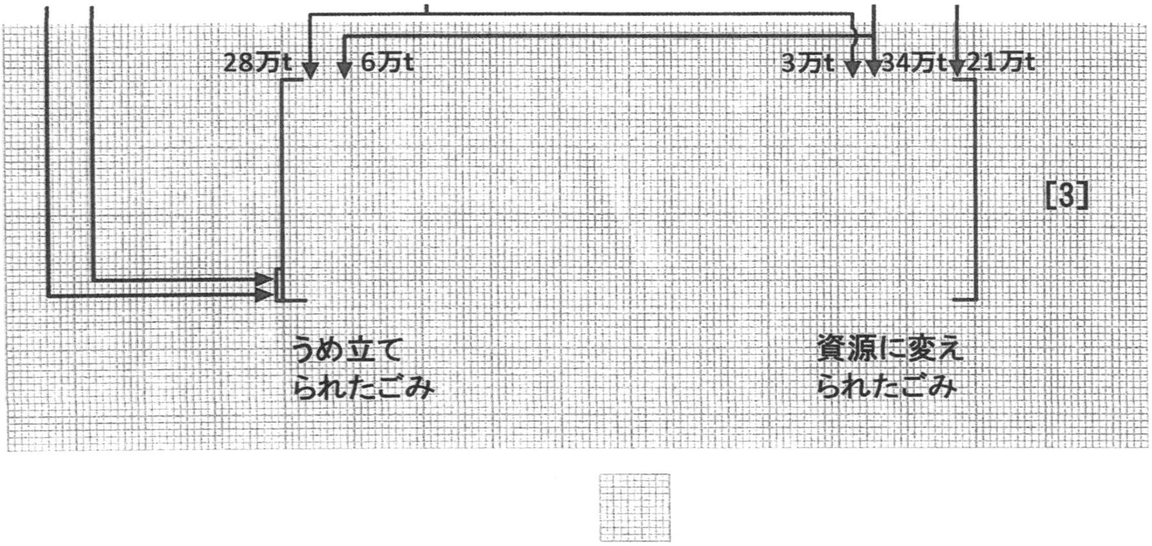

28万t　6万t　3万t　34万t　21万t

［3］

うめ立てられたごみ

資源に変えられたごみ

これで10万t

※

問3　※

問4　(1)

(2)　法

問5　(1)　(2)

(3)　こと。　※

２０２０年度

理科　解答用紙

受験番号		氏名	

※評点

※50点満点
(配点非公表)

注意：※のあるところには記入しないこと。

1．A　B　C　D　2．問１　問２　※

3．問１　mm　問２　倍　※

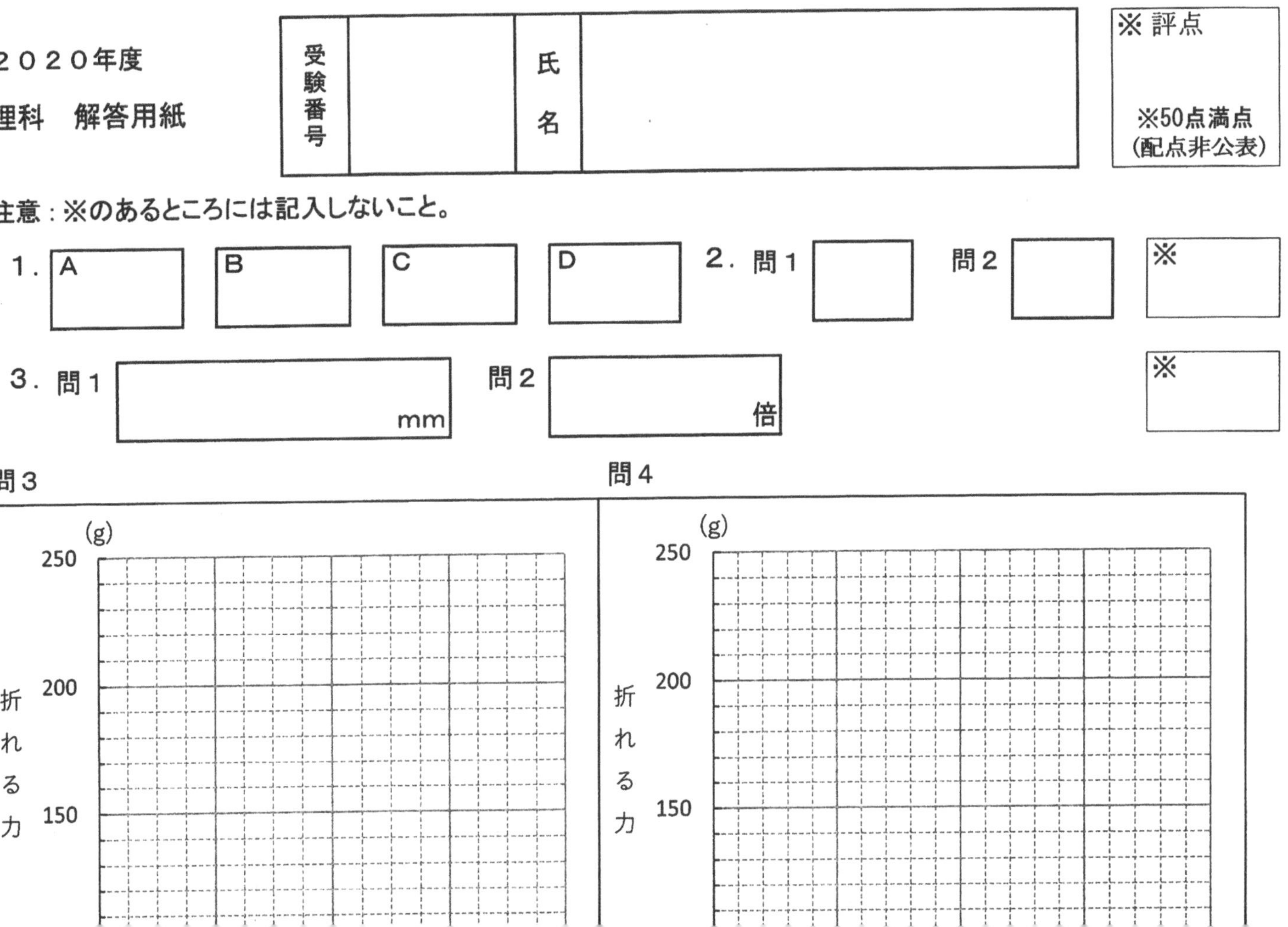

【解答用

2020 年度

算数　解答用紙

受験番号		氏名		評点	※70点満点 (配点非公表)

1.

(1) 求め方 答え＿＿＿＿＿＿＿＿	
(2)	(3)

2.

(1)　　　　度	
(2) ①　　　　度	②　　　　度
(3)　　　　度	(4)　　　　度

3.

(1)	(2)　　　　cm
(3)　　　　cm	(4)　　　　cm

問二

問三

問四

問五

【三】

1	6	11 かる
2	7	12 えた
3	8	13 ねる
4	9	14 める
5	10	15 く

図 2 東京 23 区の建物の用途別床面積

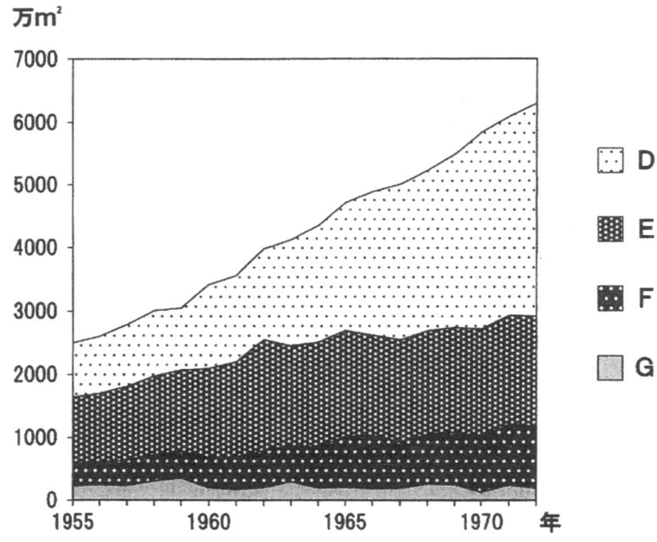

大都市統計協議会『大都市比較統計年表』各年版をもとに作成。

問 2　　下線部②について，高度経済成長期に東京 23 区で生ごみなどに混ざって捨てられたものの中で，もっとも増えたものを次の**ア**～**エ**から 1 つ選び，記号で答えなさい。

ア 衣類　**イ** 紙　**ウ** ガラス　**エ** 缶

問 3　　下線部③について，これはどのような問題か，1 つ答えなさい。

問 4　　下線部④について，プラスチックをごみとして処理する際，環境に悪影響を与える点を，「そのままうめ立てる」場合と「焼却する」場合について 1 つずつあげなさい。

問 5　　下線部⑤について，東京都はいくつかの区で建設計画を立てましたが，近隣の住民からは反対の声があがりました。これらの中には，焼却施設そのものについての反対だけでなく，周囲の交通への影響に対する心配の声もありました。これはどのような影響か，考えて答えなさい。

問 6　　下線部⑥について，このような問題点を解消するためのくふうの例を 1 つあげなさい。

問 7　　下線部⑦について，焼却施設で発生するものを 2 つあげ，それぞれの利用例を答えなさい。

Ⅲ 次の**表2** は，東京 23 区におけるごみ処理の内わけを示したものです。**表2** と 2 ページの**図1** を見て，後の問に答えなさい。

表2 東京 23 区におけるごみ処理の内わけ（万t）

	集められたごみの総量	うめ立てられたごみの量	焼却されたごみの量	資源に変えられたごみの量
1961 年	158	134	17	0
1975 年	516	297	240	0
1989 年	557	303	297	4
2003 年	400	78	300	55
2017 年	（ a ）	（ b ）	（ c ）	（ d ）

東京都清掃局『清掃局年報(せいそうきょくねんぽう)』および東京都環境局『東京都区市町村清掃事業年報』をもとに作成。

問 1　**図 1** を見て，**表 2** の（ a ）～（ d ）にあてはまる数字を答えなさい。

問 2　**1961 年から 1989 年にかけて**の東京 23 区でのごみ処理の変化について，**表 2** から読み取れることを説明した文として誤りのあるものを，次の**ア**～**エ**から 1 つ選び，記号で答えなさい。

ア 集められたごみの総量は，3 倍以上に増加した。
イ 集められたごみの総量に対するうめ立てられたごみの量の割合は，増加を続けている。
ウ うめ立てられたごみの量は 3 倍に達していないが，焼却されたごみの量は 15 倍以上になった。
エ 集められたごみの総量に対する資源に変えられたごみの量の割合は，1989 年でも 1%未満である。

問 3　**1989 年から 2017 年にかけて**の東京 23 区でのごみ処理の変化とその背景を，これまでの問題や**表 2** をふまえてまとめなさい。

〔問題は次のページに続きます。〕

Ⅳ 次の**図 3** と**表 3** は，東京23区で集められたごみのおもなうめ立て処分場を示したものです。これらを見て，後の問に答えなさい。

図 3 東京 23 区のごみのおもなうめ立て処分場

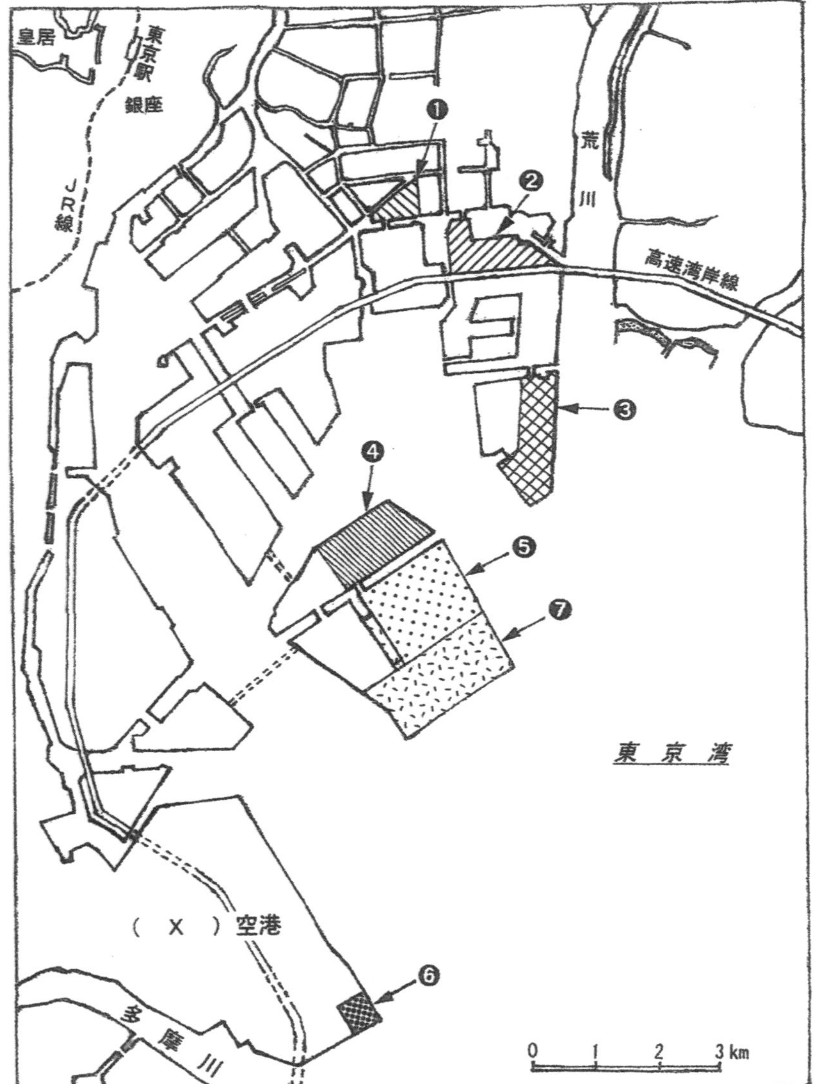

国土地理院5 万分の 1地形図（平成 17 年および平成 19 年発行），東京都清掃局『東京ごみ白書』をもとに作成。

表 3 東京 23 区のごみのおもなうめ立て処分場

	処分場	うめ立て量	うめ立て期間
❶	8 号地	約 371 万 t	1927～1962 年度
❷	14 号地	約 1034 万 t	1957～1966 年度
❸	15 号地	約 1844 万 t	1965～1974 年度
❹	中央防波堤内側埋立地（ちゅうおうぼうはていうちがわうめたてち）	約 1230 万 t	1973～1986 年度
❺	中央防波堤外側埋立処分場（ちゅうおうぼうはていそとがわうめたてしょぶんじょう）	約 5471 万 t 2016 年度末現在	1977 年度～(うめ立て中)
❻	(X)沖（おき）	約 168 万 t	1984～1991 年度
❼	新海面処分場（しんかいめんしょぶんじょう）	約 777 万 t 2016 年度末現在	1998 年度～(うめ立て中)

東京都環境局ホームページをもとに作成。

問 1　**図 3** および**表 3** 中の(X)にあてはまる地名を答えなさい。

問 2　うめ立て地の場所はどのように変化してきたか，**図 3** と**表 3** からわかることを答えなさい。

問 3　**図 3** および**表 3** 中の❷❸の 14 号地・15 号地と，❺中央防波堤外側埋立処分場とでは，うめ立ての期間にちがいがあります。その理由を，うめ立てられるものの変化に注目して，2 ページの**図 1** や 6 ページの**表 2** をもとに説明しなさい。

栄一君は，ブカティーニという，スパゲッティに似たものがお店で売られているのを見つけ，買って家に帰りました。

図3　ブカティーニの例

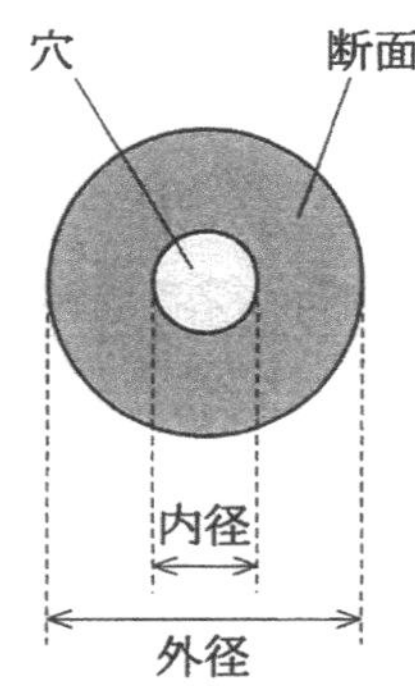

図4　ブカティーニの断面

ブカティーニは全体としてストローのような形をしており，断面の中心には**図4**のように円形の穴があいています。1本あたりの平均値は，長さが257.6mm，重さが2.07gでした。またブカティーニの外径は2.78mmでした。ブカティーニの成分はスパゲッティと同じであるとみなします。

今までの結果から，ブカティーニの重さは，同じ長さで直径1.68mmのスパゲッティの約2.4倍だと計算できます。

問5　次の式は，同じ長さで比べた場合に，ブカティーニの重さが直径1.68mmのスパゲッティの何倍かを求めるものです。空欄**A**～**D**にあてはまる数をそれぞれ，今までの問題文中の数値や解答欄の数値から選んで答えなさい。

［A］÷［B］×［C］÷（［D］÷ 100）

スパゲッティと同じ方法でブカティーニが折れる力をはかり，ブカティーニの長さと折れる力の関係をグラフにしたところ，**表3**および**図5**のようになりました。

表3　ブカティーニが折れる力

長さ(mm)	折れる力(g)
100	833
120	679
140	570
160	486
180	418

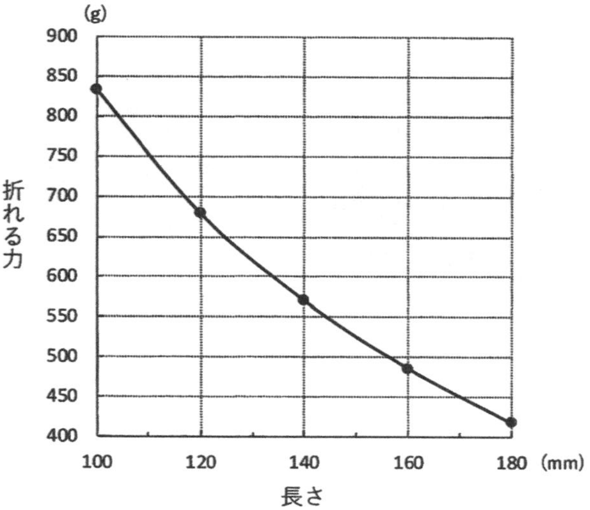

図5　ブカティーニの長さと折れる力の関係

栄一君はこれらの実験結果から，スパゲッティやブカティーニの折れる力について次のように考えました。

[1]　スパゲッティの折れる力は，同じ長さで比べたときは［　①　］，同じ太さで比べたときは［　②　］ことがわかった。

[2]　スパゲッティの太さと折れる力の強さの間には決まった関係がありそうだ。学校の先生のアドバイスから，すでにかいた長さ140mmのスパゲッティの「直径と折れる力の関係」のグラフ(**問4**の答)の他に，

「直径に直径をかけた値と折れる力の関係」(**図6**)，

「直径に直径を2回かけた値と折れる力の関係」(**図7**)，

「直径に直径を3回かけた値と折れる力の関係」(**図8**)，

「直径に直径を4回かけた値と折れる力の関係」(**図9**)，

のグラフをそれぞれかいてみた。

これらのグラフをくらべて見た結果，どの直径のスパゲッティでも「直径に直径を3回かけた値」と折れる力の比はほぼ一定だということがわかった。直径が1mmのときに折れる力は約［　③　］g，直径が2mmのときに折れる力は約［　④　］gである。

[3]　長さ140mmのブカティーニは約［　E　］gで折れる。ブカティーニの外径2.78mmと同じ直径のスパゲッティの場合では，[2]で見つけた比が成り立つとして計算すると，約［　F　］gで折れるはずである。また，ブカティーニの断面の面積と同じ面積のスパゲッティの場合では，約［　G　］gで折れるはずである。これらのことから，ブカティーニが折れる力の強さは，［　⑤　］。

2020(R2) 栄光学園中
K 教英出版

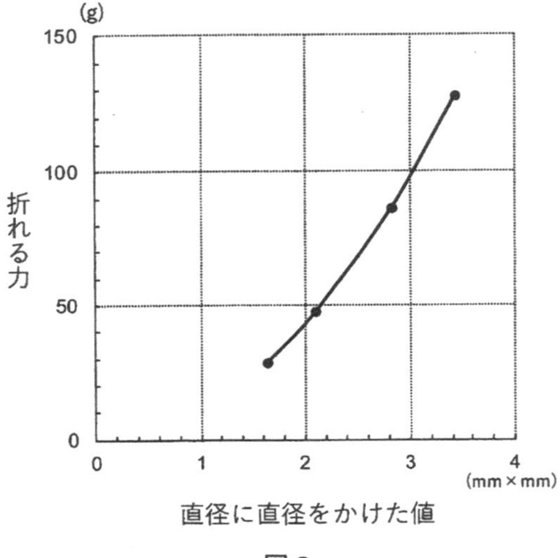
(g)
150
100
50
0
折れる力
0
1
2
3
4
(mm × mm)
直径に直径をかけた値

図6

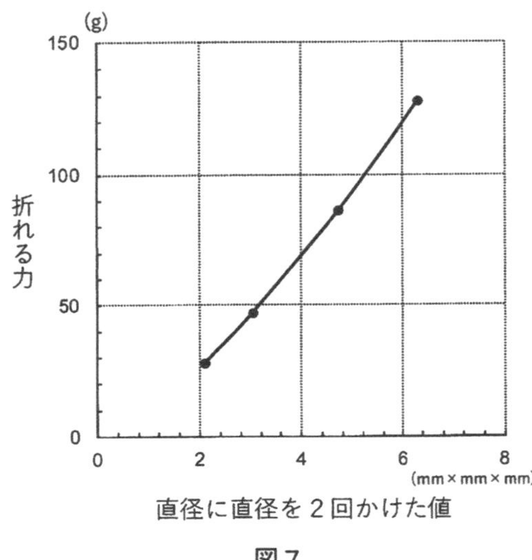
(g)
150
100
50
0
折れる力
0
2
4
6
8
(mm × mm × mm)
直径に直径を２回かけた値

図7

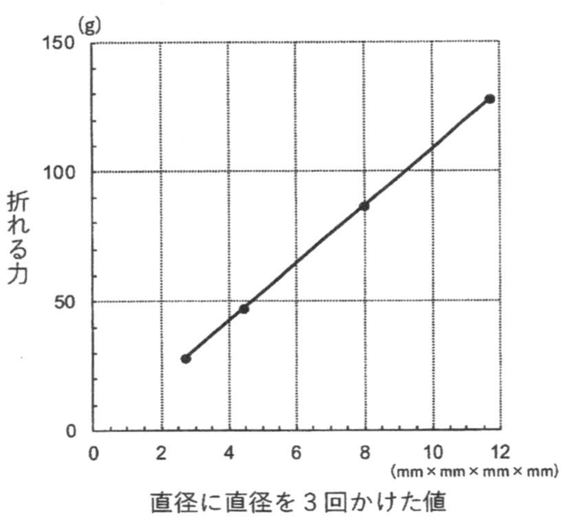
(g)
150
100
50
0
折れる力
0
2
4
6
8
10
12
(mm × mm × mm × mm)
直径に直径を３回かけた値

図8

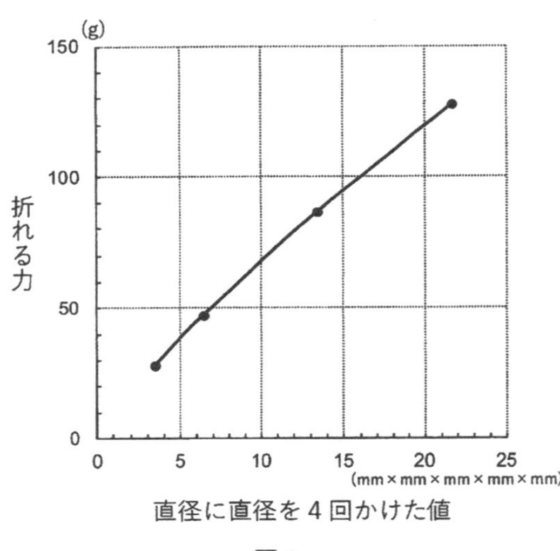
(g)
150
100
50
0
折れる力
0
5
10
15
20
25
(mm × mm × mm × mm × mm)
直径に直径を４回かけた値

図9

（問題は次のページに続きます）

問6　栄一君が考えたことの文章が正しい内容になるように，空欄①，②を埋めなさい。

問7　栄一君が考えたことの文章が正しい内容になるように，空欄③，④にあてはまる最も近い数を，それぞれの選択肢から1つずつ選び，記号で答えなさい。

空欄③の選択肢　**ア**．7　**イ**．11　**ウ**．18　**エ**．33　**オ**．61

空欄④の選択肢　**ア**．22　**イ**．55　**ウ**．100　**エ**．180　**オ**．4100

問8　栄一君が考えたことの文章が正しい内容になるように，空欄**E**～**G**にあてはまる数を，それぞれ四捨五入して**10の倍数**で答えなさい。

問9　栄一君が考えたことの文章が正しい内容になるように，空欄⑤にあてはまるものを次の**ア**～**ク**から1つ選び，記号で答えなさい。

ア．同じ外径のスパゲッティより強い
イ．同じ外径のスパゲッティと変わらない
ウ．ブカティーニの内径と同じ値の直径のスパゲッティと変わらない
エ．断面の面積が同じスパゲッティと同じである
オ．同じ外径のブカティーニと比べると，内径が大きいほど強くなる
カ．同じ外径のスパゲッティと比べると，より少ない量の材料で同じ強さとなる
キ．同じ長さのスパゲッティと比べると，より少ない量の材料で同じ強さとなる
ク．長さや外径と無関係に，使われている材料の量が同じであれば同じ強さである

— おわり —

2020(R2) 栄光学園中
K 教英出版

4．図１のような，16 枚のパネルと８つのボタン A, B, C, D, E, F, G, H があります。最初は，すべてのパネルに「○」が表示されています。

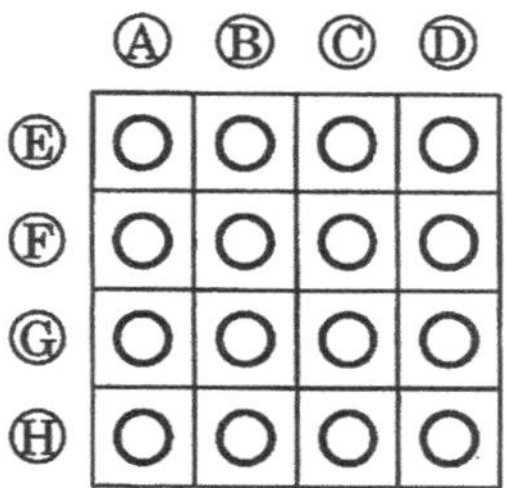

図１

ボタン A, B, C, D はそれぞれのボタンの下に並ぶ縦４枚のパネルに対応し，ボタン E, F, G, H はそれぞれのボタンの右に並ぶ横４枚のパネルに対応しています。各パネルは，対応するボタンが押(お)されるたびに，○→△→×→○→△→×→○→……と，表示されている記号が変化していきます。
例えば，最初の状態から，ボタン A を押すと図２のようになり，さらにボタン E，ボタン A の順番で押すと，図３，４のように変化します。

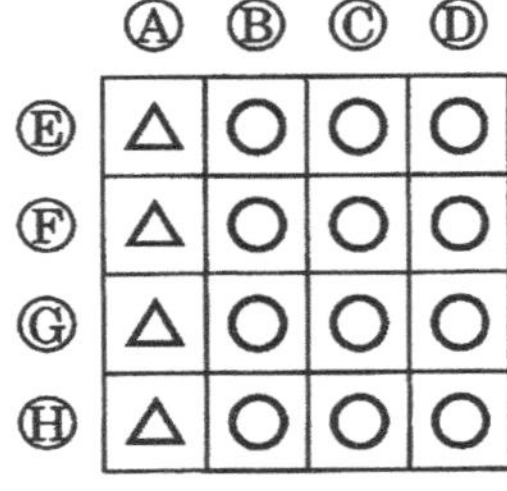

図２

	Ⓐ	Ⓑ	Ⓒ	Ⓓ
Ⓔ	×	△	△	△
Ⓕ	△	○	○	○
Ⓖ	△	○	○	○
Ⓗ	△	○	○	○

図３

	Ⓐ	Ⓑ	Ⓒ	Ⓓ
Ⓔ	○	△	△	△
Ⓕ	×	○	○	○
Ⓖ	×	○	○	○
Ⓗ	×	○	○	○

図４

(1)　最初の状態から，ボタンを次のような順番で押すと，どのようになりますか。パネルに表示される記号を解答用紙の図にかき入れなさい。

①　A を１回，B を１回，C を２回，E を２回，F を２回，H を１回

②　A を３回，C を２回，D を５回，E を２回，G を３回，H を４回

(2) 最初の状態から何回かボタンを押したところ，一番上の 4 枚のパネルに表示されている記号は，図 5 のようになりました。このとき，ボタン A, B, C, D はそれぞれ何回押しましたか。以下の答え方にならって，考えられる組み合わせをすべて答えなさい。ただし，それぞれのボタンを押した回数は，最大で 2 回とします。

【答え方】( )の中に，A, B, C, D の順に押した回数を記入する。
例えば，A を 1 回，C を 2 回押し，B, D を押さなかった場合，(1, 0, 2, 0) と書く。

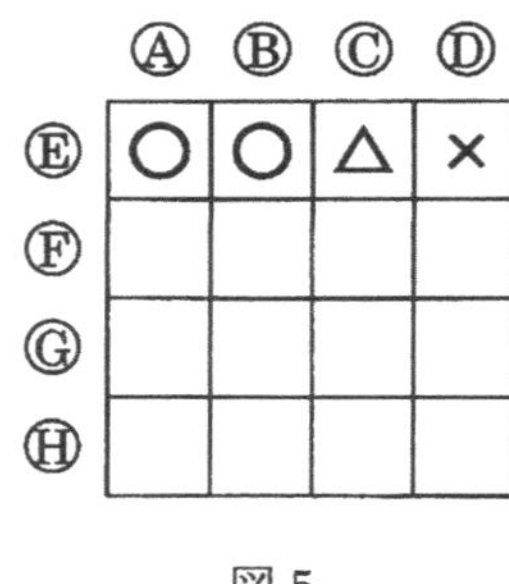

図 5

(3) 最初の状態から何回かボタンを押したところ，いくつかのパネルに表示されている記号は次の図のようになりました。記号のかかれていないパネルのうち，記号が 1 つに決まるパネルにはその記号を，決まらないパネルには「？」をかき入れなさい。

①

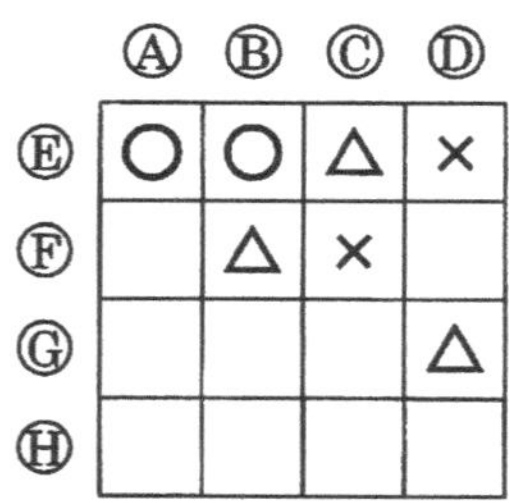

②

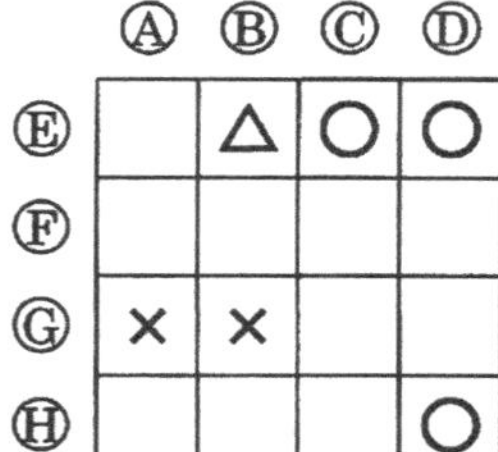

(4) 最初の状態から，ボタン A, B は 1 回も押さず，ボタン C は 1 回，ボタン D は 2 回押しました。E から H のボタンはどのように押したか分からないとき，○が表示されているパネルの枚数として考えられるものをすべて答えなさい。

(5) 最初の状態から何回かボタンを押したとき，○が表示されているパネルの枚数として考えられるものをすべて答えなさい。

２０２０年度

入学試験問題

算　　数

６０分

1．受験番号・氏名を解答用紙に書くこと。

2．受験番号は算用数字で書くこと。（例：123）

3．指定された箇所（かしょ）以外の計算は問題用紙の余白にすること。

4．鉛筆（えんぴつ）などの筆記用具・消しゴム・コンパス・配付された下じき以外は使わないこと。

5．問題を解くために，問題用紙を切ったり折ったりしないこと。

6．問題を解くために，問題用紙と解答用紙以外に書き込（こ）みをしないこと。

7．質問（印刷不明のところだけ）のある場合，鉛筆などを落とした場合，トイレに行きたくなった場合，気持ちの悪くなった場合は，だまって手をあげること。

著作権に関係する弊社の都合により本文は省略いたします。

教英出版編集部

著作権に関係する弊社の都合により本文は省略いたします。

教英出版編集部

著作権に関係する弊社の都合により本文は省略いたします。

教英出版編集部

著作権に関係する弊社の都合により
本文は省略いたします。

教英出版編集部

（キンバリー・ウィリス・ホルト作　谷口由美子（たにぐちゆみこ）訳『ローズの小さな図書館』）

（注1）『黄色い老犬』＝以前にマール・ヘンリーが読んだ本の名前。

（注2）ゴーディ＝マール・ヘンリーの兄。マール・ヘンリーと同じ学校に通っている。

（注3）ガンボ＝とろみのあるスープ。アメリカ南部の家庭料理のひとつ。

（注4）ポッサムおじさん＝「母さん」の弟。マール・ヘンリーにわなの仕かけ方を教えた。マール・ヘンリーはおじさんのことが大好きだったが、若くして亡（な）くなってしまう。亡くなった当日、「母さん」は隣町（となりまち）ルコントにある〈ホイップディップ・アイスクリーム〉という店にマール・ヘンリーを連れて行き、おじさんをしのんでソフトクリームを食べた。

問一　傍線部a「うなだれた」、b「くたびれた」の意味として最も適当なものを次の中から選び、それぞれ記号で答えなさい。

a「うなだれた」
ア　大きくうなずいた
イ　力なく下を向いた
ウ　苦しげな声をもらした
エ　必死に涙をこらえた
オ　思わずしゃがみこんだ

b「くたびれた」
ア　形が変わった
イ　足になじんだ
ウ　価値があがった
エ　役に立たなくなった
オ　使い古した

問二　傍線部①「医者のいるグレンモーラの町までは、近道を行って八キロくらいだったが、今日はとてつもなく長い旅に思えた。」とありますが、「とてつもなく長」く感じられたのは、なぜですか。

問三　傍線部②「ガンボが煮えてるの。おいしいわよ」とありますが、このとき、「母さん」はどのような気持ちで言ったのですか。

問四　傍線部③「なんだかほっとした。」とありますが、それはなぜですか。

問五　傍線部④「顔をあげるのがこわかった。」とありますが、それはなぜですか。

【三】　次のカタカナの部分を漢字に直しなさい。

1　面会シャゼツ。
2　ショウフクしかねる条件。
3　選挙のコウホ者。
4　神社のトリイをくぐる。
5　さじカゲンが分からない。
6　負傷者をキュウゴする。
7　キンセイのとれた体つき。
8　きびしいカンパにおそわれる。
9　コウゴウ陛下のお召し物。
10　情報をテイキョウする。
11　荷物をアズかる。
12　よくコえた土地を耕す。
13　新聞紙をタバねる。
14　大学で学問をオサめる。
15　アツく切ったステーキ肉。